항균잉크란?

코로나19 바이러스
"친환경 99.9% 항균잉크 인쇄"
전격 도입

언제 끝날지 모를 코로나19 바이러스

99.9% 항균잉크(V-CLEAN99)를 도입하여 「안심도서」로

독자분들의 건강과 안전을 위해 노력하겠습니다.

TEST REPORT

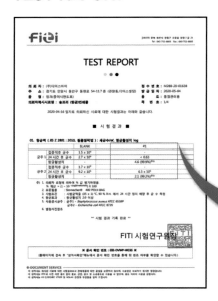

항균잉크(V-CLEAN99)의 특징

◉ 바이러스, 박테리아, 곰팡이 등에 항균효과가 있는 산화아연을 적용

◉ 산화아연은 한국의 식약처와 미국의 FDA에서 식품첨가물로 인증받아 **강력한 항균력**을 구현하는 소재

◉ 황색포도상구균과 대장균에 대한 테스트를 완료하여 **99.9%의 강력한 항균효과** 확인

◉ 잉크 내 중금속, 잔류성 오염물질 등 **유해 물질 저감**

#1
-
< 0.63
4.6 (99.9%)주1)
6.3 x 10^3
2.1 (99.2%)주1)

Clean Zone

이슈& 시사상식

vol.179

발행일 ┃ 2021년 12월 25일(매월 발행)

발행인 ┃ 박영일

책임편집 ┃ 이해욱

편저 ┃ 시사상식연구소

편집/기획 ┃ 김준일, 김은영, 이세경,
남민우, 김유진, 박영진,
한수정, 손현원

표지디자인 ┃ 김지수

내지디자인 ┃ 장성복, 곽은슬, 안아현

마케팅홍보 ┃ 오혁종

동영상강의 ┃ 조한

인쇄 ┃ 미성아트

발행처 ┃ (주)시대고시기획

등록번호 ┃ 제10-1521호

창간호 ┃ 2006년 12월 28일

주소 ┃ 서울시 마포구 큰우물로 75
[도화동 538번지 성지B/D] 9F

대표전화 ┃ 1600-3600

홈페이지 ┃ www.sidaegosi.com

월간 이슈&시사상식은 대한민국 상식도서의 대표 브랜드입니다.

임
인
년

용맹스런 호랑이처럼
용감하고 뚝심있게
목표를 이루는 한 해로!

안녕하십니까. 시대교육그룹 회장 박영일입니다.

지난 한 해 동안 '이슈&시사상식'을 애독해주신 독자 여러분께 깊은 감사의 말씀을 드립니다. 창간 이후 매월 발행되어 온 '이슈&시사상식'은 독자 여러분께 도움이 될 수 있는 정보를 전해드리기 위해 늘 고민하고 노력한 결과, 어느덧 제179호까지 발행되었습니다. 2022년에도 유익하고 알찬 시사정보를 전해드릴 수 있도록 더욱 정진하겠습니다.

여전히 기세가 꺾이지 않고 있는 코로나19로 인해 2022년에도 혼란과 갈등이 지속될 것으로 예상됩니다. 그러나 우리 사회는 어려운 현실 속에도 위기를 기회로 만들기 위해 끊임없이 변화를 추구해왔습니다. 취업시장 역시 비대면 채용의 확대를 통해 혁신을 추구하는 등 꾸준히 변화를 거듭하고 있습니다. 아울러 전문성을 갖춘 맞춤형 인재에 대한 기업들의 선호도가 높아지면서 효율적으로 정보를 선별하는 능력이 더욱 중요해졌습니다. '이슈&시사상식'은 독자 여러분의 입장에서 꼭 알아야 하는 이슈, 필요한 정보를 전해드릴 수 있도록 최선을 다하겠습니다.

올해는 임인년(壬寅年)으로 '용맹스런 호랑이의 해'라고 합니다. 우리 선조들은 오래전부터 호랑이를 지혜롭고 용맹한 동물로 여겨왔습니다. 또한 호랑이의 용맹한 기상은 민족이 어려움에 처했을 때 이를 헤쳐나가는 강인한 정신의 상징으로 강조되기도 했습니다. 2022년에는 호랑이처럼 굳센 마음으로 독자 여러분께서 뜻한 바를 이뤄나가시길 바랍니다.

시대교육그룹은 독자 여러분들의 성공의 발판이 되기 위해 2022년 슬로건을 '성공시대, 합격시대!'로 정하였습니다. 이 슬로건 정신을 기반으로 어떤 역경에도 굴하지 않고 배우고 도전하여 독자 여러분의 꿈이 이루어지는 한 해가 되기를 기원하겠습니다. 목표를 향해 나아가는 여러분의 곁에 시대교육그룹이 늘 함께하겠습니다.

시대교육그룹 회장 **박영일** 拜上

2 0 2 2 공공기관 채용정보

박람회

행사 일정
2022년 1월 중순 경(예정)

행사 장소
서울 코엑스 홀(예정),
홈페이지

참여 기관
140여 개 주요 공공기관

※ 잠정 계획이므로 세부일정과 장소 등은 추후 변경될 수 있음

기획재정부가 2022년 1월 공공기관 채용정보 박람회를 개최한다. 매년 열리고 있는 이 행사는 2021년에는 코로나19의 여파로 온라인으로만 개최되었으나, 2022년에는 온라인과 오프라인에서 동시에 열릴 예정이다. 2021년 박람회에서는 홈페이지와 유튜브 송출 방식으로 비대면 채용설명회와 인사담당자들의 토크콘서트 등을 선보였는데, 2022년에는 오프라인에서도 운영하는 만큼 더욱 폭넓고 풍성한 정보를 제공할 것으로 기대된다. 이번 호에서는 2022 공공기관 채용 박람회와 공공기관 채용에 대한 이모저모를 알아보도록 하겠다.

운영 방향

❶ 콘텐츠 중심의 실속 운영
- 온라인 · 오프라인 동시 개최
- 실질적인 도움을 줄 수 있는 현장 프로그램 중심
- 기업인사담당자, 전문가 초청으로 특강 및 프로그램 추가 운영

❷ 공공기관 채용정책에 대한 투명성·공정성 홍보
- 공공기관 채용정책에 대한 기초 정보 전달
- 블라인드 채용과 NCS 특강 및 체험 프로그램 제공
- 합동채용, 지역인재채용, 채용비리 극복 사례 등 다양한 정책 소개

❸ 구직자별 맞춤형 정보 제공
- 고졸과 대졸 구직자에 따라 세분화된 구직정보 전달
- 오프라인 현장부스 · 온라인 취업설계상담 행사 진행
- 공공기관의 채용정책에 대한 세부정보 제공을 위해 특별 섹션 마련

?

공공기관이란?
정부의 출연 · 출자 또는 재정지원 등으로 설립 · 운영되는 기관으로서 공기업과 준정부기관, 나머지 기타 공공기관으로 분류된다. 공공기관의 채용정보와 동향은 공공기관 경영정보 공개시스템 홈페이지와 모바일 서비스인 잡알리오(JOB_ALIO)에서 쉽게 확인할 수 있다.

예 상 운 영 프 로 그 램

공공기관 청년인턴이란?

현재 전국 공공기관에서는 청년들의 일 경험을 지원하고 취업 가능성을 제고하기 위한 청년인턴을 채용하고 있다. 정규직 채용으로 연결되는 채용형과 5개월가량 입사하게 되는 체험형 두 유형으로 진행 중이다. 특히 정부에서는 체험형 인턴을 2021년에만 22만명 규모로 채용하도록 가이드라인을 제시하는 등 청년들의 취업역량 강화를 위해 힘을 기울이고 있다.

그러나 채용형 공고가 눈에 띄게 적은데다가, 체험형 청년인턴도 실질적인 실무교육이 이뤄지지 않고 현장수요와 무관하게 채용되는 등 사실상 '무늬만 인턴'이라는 비판도 제기되고 있다. 이에 정부에서는 청년인턴을 대상으로 수시 간담회를 개최하고, 각 공공기관의 인턴 채용 실적보고서 점검을 연 2회로 늘리는 등 인턴제도를 손볼 것으로 알려졌다.

2020년에 진행된 오프라인 박람회에서는 기업별 채용설명회와 인사담당자와의 질의응답(토크콘서트), 인기 공공기관 공개면접과 함께 한국사 모의시험, NCS 특강 등의 행사가 신설되어 치러졌다. 2년 만에 다시 개최되는 오프라인 박람회인 만큼 2022년에도 구직자를 위한 다양한 프로그램이 진행될 것으로 기대된다. 아울러 온라인·오프라인에서 동시에 개최되어 운영 측에서도 이 같은 이점을 살릴 것으로 예상된다.

2022년 박람회 홈페이지 개설

- 각 공공기관별 홈페이지를 별도로 구축하여 기관 소개 및 기관별 채용정보(규모, 일정 등)를 게시할 예정이다.
- 채용 과정별 설명회를 온라인으로 동시 개최하고 채팅 상담과 취업 컨설팅 등의 서비스를 제공할 예정이다.
- 최근 트렌드인 메타버스를 활용한 자소서 작성 특강 등의 행사를 개최할 예정이다.
- 기획재정부의 유튜브 채널과 박람회 홈페이지 등을 통해 오프라인 박람회 실황을 송출할 계획이다.

통합채용을 실시하는 공공기관은?

2017년부터 지방자치단체에서는 채용과정을 일원화하여 지자체 산하 공공기관 통합채용을 진행하고 있다. 2021년에는 경기도, 전라남도, 제주특별자치도, 인천·대전·광주·부산광역시에서 공공기관 통합채용이 진행됐다. 지자체 통합채용은 해마다 채용일정 및 필기시험 과목 등 채용전형의 변경이 잦고 유동적인만큼, 구직을 희망하는 사람이라면 지자체의 공고를 수시로 관심 있게 찾아보아야 한다.

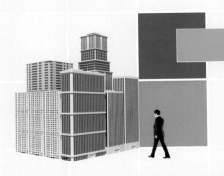

1월 공모전 · 대외활동 · 자격증 접수/모집 일정

SUN	MON	TUE	WED
2 채 한국가스안전공사 필기 **실시** 공 무비온넷 학생영화 공모전 접수 **마감**	**3**	**4**	**5** 채 한전엠씨에스 필기 **실시**
9 대 참지마요 대학생 온라인 교육봉사단 모집 **마감** 대 서울기업 OJT 프로젝트 콘텐츠 마케터 모집 **마감** 공 에브리타임 대학생 캐릭터 공모전 접수 **마감**	**10** 대 UN SDGs 청소년 미래정책포럼 신청 **마감** 채 선박해양플랜트연구소 필기 **실시** 자 한국사능력검정시험 제57회 접수 **시작**	**11** 공 내가 왕이 될 (0)상인가 비디오콘 공모전 접수 **마감**	**12** 채 대전도시공사 필기 **실시** 공 DB금융경제 공모전 접수 **마감** 공 위밋플레이스 기업 영상 공모전 접수 **마감** 자 기능사(정기) 제1회 접수 **시작**
16	**17**	**18**	**19**
23/30 채 한국문화예술위원회 필기 **실시** 자 TOEIC 제453회 **실시** 자 기능사(정기) 제1회 필기 **실시**	**24/31**	**25** 자 기사 제1회 접수 **시작**	**26** 대 이아포 서포터즈 6기 모집 **마감** 자 산업기사 제1회 접수 **시작**

THU	FRI	SAT
		1
6	7	8
	대 DB 장학생 봉사단 동아리 모집 **마감** **공** KPR 대학생 PR 아이디어 공모전 접수 **마감**	**채** 부산광역시교육청·세종특별자치시교육청·경상남도교육청 필기 **실시** **채** 한국과학기술대학교·경기대학교 필기 **실시** **자** 매경TEST 제79회 **실시** **자** TOEIC 제452회 **실시**
13	14	15
		채 저축은행중앙회 필기 **실시** **공** 콘텐츠 머니타이제이션 공모전 접수 **시작** **공** 신발 디자인 공모전 접수 **마감** **자** TESAT 제71회 **실시**
20	21	22
	자 간호사 국가시험 **실시**	**자** 사회복지사 1급 시험 **실시** **자** 재경관리사 1회 시험 **실시** **자** ERP정보관리사 시험 제1회 **실시** **자** 회계관리 1·2급 시험 제1회 **실시**
27	28	29
	공 충주시 랜드마크 조형작품 기획 아이디어 공모전 접수 **마감** **공** 행복더함 사회공헌 캠페인 아이디어 공모전 접수 **마감**	

대외활동 Focus　10일 마감

청소년 미래정책포럼

SDGs 청소년 미래정책포럼
UN의 지속가능한 발전 17개 목표를 중심으로 중·고등학생 청소년들이 학교에서 배운 지식을 이용해 사회 현안을 조사·발표·토론하는 장이다. 개인 또는 팀 단위로 참가할 수 있다.

채용 Focus　2일 실시

가스안전 국민행복
한국가스안전공사
KOREA GAS SAFETY CORPORATION

한국가스안전공사
한국가스안전공사에서 정규직 신입·경력직을 채용한다. 행정·기술 직군을 채용하며 신입은 총 38명을 선발한다. 2일 필기시험이 치러지고 이후 이달 말까지 인성검사와 1·2차 면접이 진행된다.

공모전 Focus　9일 마감

최.에.캐를 찾습니다!
"최고의 에브리타임 캐릭터를 찾아주세요."

에브리타임 대학생 캐릭터 공모전
대학생 커뮤니티 플랫폼인 에브리타임에서 대표 캐릭터 디자인을 공모한다. 에브리타임의 서비스와 잘 어울리고, 주 이용층인 대학생이 좋아할 만한 캐릭터 디자인을 요한다.

자격증 Focus　22일 실시

ERP 정보관리사

EPR정보관리사
ERP정보관리사는 한국생산성본부에서 주관하는 국가공인 민간자격 시험으로 회계, 생산, 인사, 물류 등 4과목의 시험을 치른다. 경영 관리 시스템인 ERP의 전문 지식을 평가하는 시험으로 22일 치러질 예정이다.

JANUARY

2022. 01.
CONTENTS

이슈&시사상식 vol. 179

HOT이슈 31

필수 시사상식

취업! 실전문제

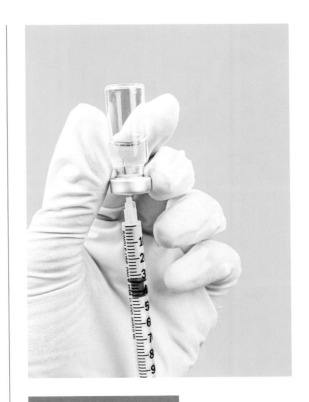

상식 더하기

HOT이슈 31

우려변이 '오미크론' 등장,
세계는 4차 팬데믹 중

코로나19 새 변이 바이러스 'B.1.1.529'에 의한 감염 사례가 세계 곳곳에서 발견되면서 전 세계에 비상이 걸렸다. 이에 세계보건기구(WHO)는 남아프리카공화국(남아공)에서 처음 발견된 이 변이 바이러스를 11월 26일(현지시간) '오미크론(O)'으로 명명하고 우려변이로 지정했다.

스파이크단백질 32가지 유전자 변이

11월 9일 처음 확인된 변이 바이러스 오미크론의 발견지역은 남아공 가우텡이다. 이 지역에서 코로나19 신규 확진자가 급증했고 이곳을 중심으로 빠르게 퍼졌다. 이에 남아공 과학자들이 **스파이크단백질*** 에 32가지 유전자 변이를 일으킨 새로운 변이가 발견됐다고 보고하면서 알려졌다. WHO는 이 변이가 기존 코로나19보다 급속한 전파속도를 가진 것으로 확인하고 발견 17일 만에 '우려변이'로 지정했다. 앞서 2020년 10월 발생한 인도발 변이 바이러스 델타(δ)를 9개월 후인 2021년 7월 우려변이로 지정한 것에 비하면 이례적으로 빠른 속도다.

스파이크단백질(Spike Glycoprotein)

전자현미경을 통해 볼 수 있는 바이러스 외피에서 바깥으로 돌출된 돌기형태의 단백질을 말한다. 우리말로는 돌기단백질이라고 한다. 코로나19 바이러스는 표면에 이 스파이크단백질 돌기를 가지고 있으며, 이를 이용해 폐세포에 많이 분포하고 있는 ACE2 수용체와 결합함으로써 숙주세포인 폐세포 안으로 침투한다.

남아프리카공화국 코로나19 신규 확진자 추이

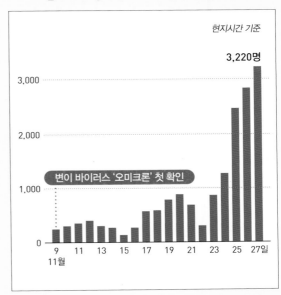

자료 / 남아프리카공화국 보건부

오미크론은 돌연변이를 통해 인체세포와 더 잘 결합하고 항체공격은 회피할 수 있는 형태로 진화했다. 코로나19 바이러스는 돌기처럼 돋은 스파이크를 인체세포에 결합해 감염에 이르게 한다. 이 스파이크가 인체로 들어가는 일종의 열쇠인 셈이다. 그런데 오미크론은 스파이크단백질에서 32개의 돌연변이가 발견됐다. 인도발 변이 델타에서 발생한 돌연변이가 16개인 것과 비교해도 2배가 넘는다. 특히 스파이크단백질 중 인체세포와 가장 먼저 접촉하는 수용체 결합영역에서 델타는 2개의 돌연변이가 생겼지만, 오미크론은 무려 10개가 발생했다. 아직까지는 오미크론의 보고사례가 적어 델타보다 더 전염성이 있는지는 단언할 수 없지만, 이론적으로는 인체 감염력, 즉 전파력이 강력해질 가능성이 크다는 의미다. 이 때문에 발견 초기에는 델타보다 6배 이상 감염력이 높다는 주장도 나왔다.

재확산에 오미크론까지, 위드코로나 위기

강력한 전파력을 증명하듯 WHO가 오미크론으로 명명한 바로 다음 날인 11월 27일 오미크론 확진이 확인된 국가는 이미 남아공, 보츠와나, 영국, 독일, 이탈리아, 체코, 오스트리아, 벨기에, 호주, 이스라엘, 홍콩, 네덜란드 등 12개국이나 됐고, 홍콩은 2차 감염 가능성까지 제기됐다.

이에 코로나19 2년 차였던 지난해(2021년) 8월부터 그린패스를 적용하고 소위 '위드코로나'로 전환하며 일상생활로 복귀하고 있던 유럽은 선제적으로 남아공과 인근 국가에서 오는 항공편을 속속 중단하는 등 국경을 다시 봉쇄하고 방역조치를 강화하고 나섰다. 미국도 11월 26일 신종변이가 발생한 남아프리카 지역 8개 국가에 대한 여행 제한조치를 긴급하게 내렸다.

조 바이든 미국 대통령은 11월 26일 성명을 통해 자문역인 앤서니 파우치 국립알레르기·전염병연구소(NIAID) 소장으로부터 오미크론에 대해 보고를 받았다며 "우리가 추가정보를 갖기까지 예방조치로서 남아프리카공화국을 포함해 8개국에 대한 추가적 비행 여행제한을 명령한다"고 밝혔다. 해당 국가는 남아공을 비롯해 보츠와나, 짐바브웨, 나미비아, 레소토, 에스와티니, 모잠비크, 말라위 등 8개국이다. 이번 조치는 비행금지는 포함하지 않으며 미국인을 포함해 합법적인 영구 체류자에 대해서는 예외라고 로이터는 전했다.

오스트리아는 12월 13일까지 업무, 학업, 가족과 관련된 사유 없이 관광객 입국을 허용하지 않았고, 프랑스 또한 코로나19 확산세를 억제하기 위해 국경통제를 강화했다. 독일도 11월 21일부터 코로나19 고위험 지역으로 분류한 벨기에, 아일랜드, 그리스, 네덜란드에서 오는 여행객 중 백신 미접종자에게 최대 10일까지 자가격리를 요구하고 있다. 알파(α) 변이가 처음 발견됐던 영국은 새 변이종의 유입을 막기 위해 남아공, 나미비아, 보츠와나, 짐바브웨, 레소토, 에스와티니 6개국에서 들어오는 항공편 운항을 일시 중단했고, 이탈리아와 체코, 이스라엘도 남아공을 비롯한 아프리카 남부 국가에서 출발하는 항공기 입국을 금지했다.

오미크론 공포에 글로벌 증시·유가 폭락

한편 새 변이가 코로나19 3차 팬데믹의 '주범'으로 꼽히는 델타보다 전파력과 침투력이 높다는 소식이 전해지자 11월 26일 국제유가가 10%대 급락했다. 미국 경제방송 CNBC에 따르면 뉴욕상품거래소에서 2022년 1월 인도분 미국서부텍사스산원유(WTI) 가격은 배럴당 11.3% 폭락한 69.50달러로 마감했다. 미국이 전략비축유 5,000만배럴을 방

출키로 결정한 때에 오미크론 출현으로 공급과잉에 빠질 수 있다는 우려가 원유시장을 강타한 것이다. WTI 근월물 가격이 배럴당 70달러를 밑돈 것은 2021년 9월 21일 이후 처음이다.

국제유가가 급락했다는 소식에 뉴욕증시 에너지주들도 일제히 고개를 숙였다. 미국 최대 정유사인 엑슨모빌(−3.51%)을 비롯해 할리버튼(−6.72%), 마라톤오일(−6.71%), 쉐브론(−2.29%), 코노코필립스(−4.48%) 등 주요 정유사들이 급락세로 마감하면서 뉴욕증시도 들썩였다. 국경봉쇄에 나선 유럽 주요국 증시는 뉴욕증시보다 더 떨어져서 영국 런던증시의 FTSE 100 지수는 3.64%, 프랑스 파리증시의 CAC 40 지수는 4.75%, 독일 프랑크푸르트증시의 DAX 30 지수는 4.15% 각각 하락했다. 한국, 중국, 일본 등 아시아 주요 증시도 일제히 하락했다.

백신접종률 저조한 지역에서 변이 발생

오미크론이 우려변이로 지정되면서 코로나19 전파 이후 WHO가 지정한 우려변이는 총 5개가 됐다. 오미크론 이전 우려변이는 2020년 9월에 발견된 영국발 알파, 2020년 5월에 발견된 남아공발 베타(β), 2020년 11월에 발견된 브라질발 감마(γ), 2020년 11월에 발견된 델타다. 2차 팬데믹을 주도한 알파의 전파력은 기존 바이러스의 1.5배로서 193개국에 빠르게 퍼지면서 출현 초기에 우세종으로 자리를 잡았다. 델타 또한 알파의 전파력보다 1.6배에 달하는

코로나19 주요 변이 바이러스

구분	α	β	γ	δ	ο
명칭	알파	베타	감마	델타	오미크론
계통	B.1.1.7	B.1.351	P.1	B.1.617.2	B.1.1.529
발견시기	2020.09.	2020.05.	2020.11.	2020.10.	2021.11.
진원지	영국	남아공	브라질	인도	남아공

자료 / 세계보건기구(WHO)

강력한 전파력과 더불어 2차 감염률과 입원율 또한 증가시키면서 3차 팬데믹을 주도했다. 국내에서도 누적 2만여 명의 확진자를 기록하는 등 매우 공격적인 변이다.

문제는 앞선 우려변이들이 모두 방역에 실패했거나 백신접종이 미미한 지역에서 발견됐다는 점이다. 영국은 초기에 방역을 포기하면서 코로나19 확진자를 양산했고, 남아공·브라질·인도 등은 방역실패와 10%대 이하의 백신접종률을 보이는 지역이다. 선진국들이 90% 이상의 백신을 독점하는 상황에서는 또 다른 변이 바이러스의 출현을 막을 수 없다는 의미다. 또한 이미 높은 수준의 백신접종률을 달성한 대부분의 선진국은 오미크론에 대응하기 위해 부스터샷을 서두르고 있지만, 저개발국들은 1차 접종도 쉽지 않은 상황이다. 때문에 오미크론이 고소득국과 저소득국 간 백신접종률 차이를 더욱 벌어지게 할 것이라는 우려가 나온다.

우리나라는 나이지리아에서 입국한 40대부부에서 시작된 인천 교회발 오미크론 확진자 수가 60여 명을 넘었고, 800여 명을 추적관리 중이다. 앞서 우리나라는 11월 1일에 시행된 단계적 일상회복(위드코로나) 이후 확진자 수가 급격하게 증가해 12월 10일 기준 신규확진자가 7,000명을 넘겼다. 특히 18세 이하 소아·청소년 확진자가 10만명당 99.7명으로 성인 확진자(76명) 수를 넘어섰다. 이에 정부는 성인의 부스터샷과 청소년 및 아동의 백신접종을 강력하게 권고하고 있다. 또한 12월 18일부터는 위드코로나를 중단하고 전국의 사적 모임 허용인원을 4인으로 제한하는 등의 강력한 방역조치를 다시 시행하게 됐다. 시대

95만명 5조 7천억
초강력 종부세

2021년 집값 상승과 세율 인상 등의 영향으로 인해 주택분 종합부동산세(종부세) 부과 대상자가 크게 늘어나 95만명에 이르는 것으로 나타났다. 고지 세액도 5조 7,000억원까지 늘어났는데, 특히 다주택자와 법인의 부담이 큰 폭으로 증가했다. 기획재정부(기재부)는 2021년 12월 22일부터 국세청이 이런 내용의 주택분 종부세 고지서를 발송한다고 밝혔다.

종부세 고지 인원은 42%, 세액은 217% 상승

2021년 주택분 종부세 고지 인원은 94만 7,000명, 고지 세액은 5조 7,000억원이다. 다만 납세자

의 합산배제 신고 등에 따라 최종 결정세액은 고지 세액보다 약 10% 정도 줄어든 5조 1,000억원 수준이 될 전망이다. 홍남기 부총리 겸 기획재정부 장관은 "전 국민의 98%는 고지서를 받지 않는다"며 "일각에서는 전 국민을 기준으로 하는 것이 아니라 세대 또는 가구 기준으로 과세대상 수준을 판단해야 한다는 주장이 있으나 종부세는 인별 과세체계이므로 인별 기준으로 판단하는 것이 타당하다"고 강조했다. 홍 부총리는 전체 인구 대비 종부세 부과 인원을 2%로 계산했으나, 유주택자 중 종부세 부과 인원을 계산하면 비중은 소폭 올라간다. 2020년 기

준 유주택자 1,469만 7,000명 중 종부세 부과 인원은 6.4%다. 고지 기준으로 2020년과 비교하면 인원은 42.0%(28만명) 늘었고 고지 세액은 216.7%(3조 9,000억원) 증가했다. 2021년 주택분 종부세 고지 인원은 앞서 더불어민주당 부동산특별위원회가 전망한 76만 5,000명보다 20만명 가까이 많다. 토지분 종부세까지 고려하면 종부세를 내는 인원은 처음으로 100만명을 돌파할 것으로 예상됐다. 기재부는 예년과 달리 이례적으로 브리핑을 통해 상세 인원과 세액을 공개했다. 종부세부담 증가를 두고 들끓는 여론을 의식한 것으로 보인다.

'초강력' 종부세로 인해 2주택 이상 다주택자와 법인의 부담이 크게 늘었다. 고지 인원 중 2주택 이상 다주택자는 51.2%(48만 5,000명)로 이들이 부담하는 세액은 전체의 47.4%(2조 7,000억원)다. 종부세 고지를 받은 다주택자는 2020년 35만 5,000명에서 13만명 더 늘었다. 이들의 세액은 9,000억원에서 1조 8,000억원 증가했다. 다주택자의 2021년 종부세는 평균적으로 2020년의 3배에 이르는 셈이다. 특히 다주택자 중 85.6%(41만 5,000명)인 조정대상지역 2주택자나 3주택 이상자가 다주택자 세액 2조 7,000억원 중 96.4%(2조 6,000억원)를 부담하는 것으로 나타났다. 기재부가 소개한 사례를 보면 조정대상지역인 서울 강남구에 시가 26억원의 아파트 1채와 시가 27억원의 주택 1채를 보유한 사람의 경우 2021년 5,869만원의 종부세를 부과받았다. 재산세까지 합치면 보유세부담은 더 많이 늘어나게 된다. 다만 정부는 다주택자에 대해서도 재산세와 종부세를 합친 보유세액이 직전 연도의 3배(3주택 이상 및 조정대상지역 2주택)를 넘지 않도록 하는 세부담 상한제도를 시행하고 있다. 종부세가 많이 늘어난 만큼, 다주택자 중에는 재산세와 종부세를 합친 보유세가 세부담 상한인 2020년

의 3배에 달하는 경우도 속출할 것으로 보인다. 법인은 고지 인원의 6.5%(6만 2,000명)를 차지하고 고지 세액의 40.4%(2조 3,000억원)를 부담하는 것으로 집계됐다. 다주택자와 법인이 전체 고지 인원의 57.8%이며 이들의 부담분이 고지 세액의 88.9%를 차지했다. 2020년보다 늘어난 종부세 고지 세액 3조 9,000억원 중 91.8%는 다주택자(1조 8,000억원)와 법인(1조 8,000억원)의 몫이다. 1세대 1주택자는 다주택자나 법인만큼 부담이 급증하지는 않았으나 종부세 고지 인원과 세액이 모두 늘었다. 1세대 1주택자는 고지 인원의 13.9%(13만 2,000명)로 이들은 고지 세액의 3.5%(2,000억원)를 부담하는 것으로 나타났다.

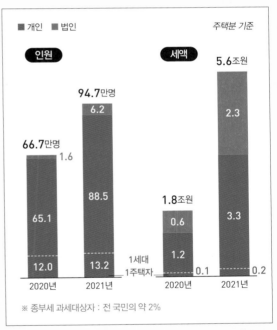

종합부동산세 고지 현황

자료 / 기획재정부

다주택자는 "부담 과도해", 정치권은 공방 격화

2021년 다주택자 종부세율 인상과 공시가격 급등, 공정시장가액비율 상향 등으로 이미 '역대급' 고지서가 날아올 것으로 예고됐지만 막상 크게 늘어

난 종부세액을 확인한 다주택자들은 동요하는 모습이 역력했다. 종부세 과세가 시작되자 부동산 관련 커뮤니티 등에는 생각보다 큰 세부담 충격으로 불만을 터트리는 글들이 속속 올라왔다. 다주택자로 예상되는 A씨는 "2020년보다 보유세가 4배나 더 나와서 분노가 치솟는다"며 "앞으로 집을 갖고 있어야 할지, 팔아야 할지 고민스럽다"고 말했다. 또 다른 다주택자 B씨는 "평생 아껴 쓰고 모은 돈으로 주택 2채를 갖게 됐는데 종부세를 포함해 올해 보유세를 2,000만원 넘게 내게 생겼다"며 "세금 때문에 노후를 위해 마련한 집 1채를 팔아야 옳은 것이냐"고 불만을 토로했다. 이렇듯 종부세가 오르면서 전례 없이 분납방법을 알아보는 사람들도 크게 늘었고, 일단 전·월세 인상으로 버텨보겠다는 반응도 많았다. 세부담이 세입자에게 전가되는 형국이다.

▲ 고지된 종부세 내역 확인하는 시민

한편 정치권에서는 종부세를 두고 공방이 이어졌다. 더불어민주당 오기형 의원은 "종부세 폭탄론에 단골로 등장하는 게 '강남에 사는 은퇴자' 사례인데, 이는 사실을 왜곡한 사례"라며 "현행 종부세 정책은 1세대 1주택 장기보유·고령 은퇴자에겐 최대 80%까지 세금을 경감해주고 있다"고 설명했다. 다른 민주당 관계자는 "종부세가 일반 국민들 삶에는 전혀 영향을 안 주는데 언론과 야당이 세금폭탄론을 만들어내고 있다"며 "종부세가 일반 국민, 서민들을 힘들게 했다는 건 명백한 가짜뉴스"라고 비판했다. 다

만 대선 국면에서 부동산 민심을 건드릴까 걱정하는 속내도 읽힌다. 현 정부의 가장 아픈 손가락인 부동산 이슈가 종부세 부과로 다시 한 번 국민들 사이에 환기되면서 정권 책임론·교체론 쪽에 더욱 무게가 실리는 게 아니냐는 우려다. **박스권***에 갇혀 이렇다 할 상승 동력을 찾지 못하고 있는 이재명 대선후보의 지지율에도 악영향이 있을 수 있다는 분석이다.

박스권

본래 주식에서 사용되던 단어로 주가가 상한선과 하한선 사이의 일정한 구간 사이에서만 이동해 박스 모양을 형성한다는 의미로 만들어졌다. 박스권은 정치권에서도 사용되며 콘크리트 지지율을 상징하는 단어로 자리 잡았다. 특히 대통령 지지율, 선호도 조사 등에서 자주 사용되는 것을 볼 수 있다.

반면 국민의힘은 '종부세발 세금 쓰나미'가 시작됐다며 여론전에 고삐를 쥐고 나섰다. 앞서 홍준표 의원은 "단일 부동산에 대한 종부세 과세는 이중과세로 위헌이다. 세금이 아니라 약탈"이라고 했고, 배현진 의원은 "실패한 (부동산) 정책의 책임을 2% 국민 탓으로 돌리려는 뻔뻔한 태도"라고 비난했다. 여야 대선주자들의 부동산 세제 공약도 다시 한 번 부각되고 있다. 민주당 이재명 대선후보는 '국토보유세'를 앞세워 보유세 강화를 주장한 반면, 국민의힘 윤석열 후보는 기존 종부세를 전면 재검토하겠다며 보유세 완화 방침을 밝히는 등 상반된 입장을 보이고 있다. 〔시대〕

전두환 사망

끝내 청산하지 못한 역사

11·12대 대통령을 지낸 전두환 씨가 2021년 11월 23일 사망했다. 향년 90세. 알츠하이머와 혈액암의 일종인 다발성 골수종 등의 지병을 앓아온 전씨는 이날 오전 8시 30분께 서울 서대문구 연희동 자택에서 숨을 거뒀다.

전씨는 자택 화장실에서 쓰러져 오전 8시 55분께 경찰과 소방에 신고됐으며 경찰은 오전 9시 12분께 전씨의 사망 사실을 확인했다. 2021년 10월 26일 12·12 군사쿠데타 동지 관계인 노태우 전 대통령이 별세한 뒤 28일 만이다. 공교롭게도 33년 전 이날(1988년 11월 23일)은 전씨가 퇴임 후 독재와 비리에 대한 비난 여론에 못이겨 강원도 백담사로 '유배'에 들어간 날이기도 하다. 고인이 2017년 출간한 회고록에서 '북녘땅이 내려다보이는 전방 고지에 백골로라도 남아 통일의 날을 맞고 싶다'고 남긴 것이 사실상 유언이 됐다. 전씨는 내란죄 등으로 실형을 선고받아 국립묘지에 안장될 수 없다. 전씨의 바람대로 군 주둔지인 전방 고지에 유해를 안장하기 위해서는 정부 측이나 관할 지자체, 필요시 군부대 또는 산림청과도 협의를 해야 한다. 유족 측은 일단 절차에 따라 화장을 한 뒤 가족들과 의논해 고인의 뜻에 따라 장지를 결정하겠다고 밝혔다. 전씨의 유해가 향할 장지가 정해지지 않아 전씨의 유해는 장지가 결정될 때까지 연희동 자택에 임시안치된 것으로 알려졌다.

군사쿠데타로 시작된 군부독재

1931년 1월 18일 경남 합천군에서 태어난 전씨는 1955년 육사(11기)를 졸업한 뒤 박정희 국가재건최고회의 의장실 민원비서관, 중앙정보부 인사과장, 제1공수특전단장을 거치는 등 출세가도를 달렸다. 영남 출신 육사 동기와 후배를 중심으로 군내 사조직 '하나회' 결성을 주도한 전씨는 1976년 대통령경호실 차장보로서 박정희 대통령을 지근거리에서 보좌하며 권력의 중심에 바짝 다가서게 된다. 1979년 3월 보안사령관에 오른 전씨는 그해 10월 26일 박대통령이 김재규 중앙정보부장에 의해 서거하자 권력에 대한 야욕을 드러내기 시작했다.

▲ 박정희 전 대통령 사망사건 관련 발표를 하는 전씨

10·26 사태 이후 합동수사본부장이 된 전씨는 각종 월권행위로 교체위기에 몰리자 12월 12일 '하나회'를 중심으로 한 신군부 세력과 함께 정권찬탈을 위한 군사쿠데타를 일으켰다. 전씨는 당시 최규하 대통령의 재가도 받지 않은 채 정승화 계엄사령관을 강제연행하고 전방 육군 병력을 서울로 출동시키는 등 군 실권을 장악한 뒤 하나회 출신으로 군부를 재편했다. 이듬해인 1980년 5월 17일에는 최규

하 대통령을 겁박해 비상계엄령을 전국으로 확대하면서 정당·정치 활동을 금지하고 영장 없이 정치인, 재야인사, 대학생들을 구속하는 등 민주화 세력을 짓밟았다. 이에 광주 시민들은 5월 18일 민주주의 복원을 외치며 거리에 몰려나와 저항했으나 신군부가 공수부대를 투입해 유혈진압을 감행하면서 현대사 최대의 비극을 낳았다.

전씨는 1980년 9월 1일 서울 장충체육관에서 통일주체국민회의 간접선거를 통해 11대 대통령에 취임하며 독재의 서막을 열었다. 이듬해인 1981년에는 선거인단 간접선거를 통해 12대 대통령으로 당선됐다. 재임기간 한국프로야구 창설 등 스포츠와 문화 분야에 나름의 공을 들였지만 민주화 여론을 잠재우려는 '우민화 수단'이라는 비판이 적지 않았다. 야간통행 금지조치 해제와 학원 두발·복장 자율화도 이 시기에 이뤄진 유화정책이었다. 언론통폐합 조치와 '땡전뉴스'로 대표되는 보도 통제, 희대의 인권유린 사태로 불리는 삼청교육대 창설 등도 군부독재시기의 대표적인 그늘로 꼽힌다. 다만 김재익 경제수석을 발탁해 경제 안정화 정책을 추진하고 경제성장률을 끌어올린 점과 1988년 서울올림픽을 유치한 것 등은 긍정적으로 평가되기도 했다.

6월 민주항쟁으로 제5공화국 시대 종지부

전두환정권의 구호는 '정의사회 구현'이었지만 나라의 현실은 정반대의 상황이었다. 전씨의 재임기간 동안 민주화 세력에 대한 탄압이 이어졌고 각종 부정부패 역시 끊이지 않았다. 막강했던 독재정권을 무너뜨린 것은 민주화를 염원했던 국민이었다. 1987년 1월 서울 서빙고 대공분실에 연행된 서울대생 박종철 군의 고문치사 사건이 6월 민주항쟁이라는 국민적 저항의 도화선이 됐다. 사태가 심각해지자 당시 노태우 민정당 대통령 후보가 '직선제 개헌'

을 명시한 6·29 선언을 발표하면서 **제5공화국*** 시대도 사실상 종지부를 찍었다. 전씨의 퇴임 뒤에는 5·18 유혈진압 등에 대한 비난 여론도 높아졌다. 이에 전씨는 1988년 재임기간 과오와 비리에 대해 국민에게 사과하고 재산헌납을 선언한 뒤 부인 이순자 씨와 함께 백담사에서 769일간 칩거하기도 했지만 실제 재산헌납은 이행되지 않았다.

제5공화국
1981년 3월부터 1988년 2월까지 지속된 한국의 다섯 번째 공화국이다. 박정희 대통령 사망 이후 전두환, 노태우 등의 신군부 세력이 주도하여 수립됐다. 12·12 군사쿠데타를 통해 군부의 실권을 장악한 전두환이 1981년 3월 3일 12대 대통령에 취임하면서 제5공화국이 정식 출범했다. 물가 안정, 서울올림픽대회 유치 등의 업적을 남겼으나 부정부패와 민주화운동 탄압, 고문 등의 인권유린행위로 비판을 받는다.

김영삼 전 대통령이 집권하던 때인 1995년 전씨는 12·12 군사쿠데타, 5·18 민주화운동 유혈진압 등으로 구속기소됐다. 12·12 군사쿠데타를 주도한 지 16년 만에 이뤄진 심판이었다. 전씨는 1996년 내란, 내란목적살인죄, 뇌물수수 등의 혐의로 1심에서 사형을 선고받았으나 대법원에서 무기징역으로 감형됐고 추징금 2,205억원이 선고됐다. 하지만 수감 2년 만인 1997년 12월 22일, 전씨는 특별사면으로 석방됐다.

끝내 청산하지 못한 역사적 과오

전씨의 갑작스러운 사망으로 5·18 관련 진상규명은 결국 마무리되지 못했다. 전씨는 회고록에서 5·18 당시 광주시민들에 대한 헬기 사격을 목격했다고 증언한 고(故) 조비오 신부에 대해 '성직자라는 말이 무색한 파렴치한 거짓말쟁이'라고 주장했다가 사자명예훼손 혐의로 재판에 넘겨진 바 있다. 전씨는 생전에도 과오에 대해 참회하거나 사과하지 않았다. 오히려 5·18 운동에 대해 "총기를 들고 일

어난 하나의 폭동"이라고 말하는가 하면 12·12 쿠데타를 "우발적 사건"이라고 규정하기도 했다. 노태우 전 대통령이 가족들을 통해 5·18 사태에 대해 사과의 뜻을 표명한 것과 대조적인 모습이다. 전씨는 군사쿠데타를 통한 집권, 5·18 유혈진압, 철권 통치와 인권탄압, 천문학적 비자금 축재 등 숱한 사건에 대해 굳게 입을 다물고 역사의 뒤안길로 사라졌다. 참회와 사죄 없이 세상을 떠난 전씨에 대한 싸늘한 여론을 반영해 대선후보를 비롯한 많은 정치권 인사들이 공식 조문을 하지 않겠다는 의사를 밝히기도 했다. 장례 기간 내내 빈소를 지킨 이들은 가족들과 장세동 전 안기부장을 비롯한 '5공 말 실세' 인사들이었다.

▲ 공식 석상에 노출된 전씨의 생전 마지막 모습

한편 전씨의 부인 이씨는 영결식에서 유족 대표로 나와 "남편의 재임 중 고통받고 상처받으신 분들께 남편을 대신해 사죄드리고 싶다"고 밝혀 논란이 됐다. 남편의 과오에 대해 대리사과를 내놓으면서 그 범위를 '재임 중'으로 못 박은 셈이다. 사죄의 뜻을 밝힌 시간도 15초 남짓이었다. 이에 대해 5·18 관련 단체들은 "진실성이 없다"며 이씨의 사과를 받아들이지 않았다. 전씨 측이 5·18 탄압에 대한 책임을 외면하는 가운데 장본인은 떠났지만 관련 진상규명은 계속돼야 한다는 목소리가 이어졌다. 시대

4위

2022년도 슈퍼예산안 607.7조 의결

나라살림 600조원 시대가 열렸다. 12월 3일 국회는 본회의를 열어 607조 7,000억원(총지출 기준) 규모의 2022년도 예산안을 의결했다. 이날 통과한 2022년도 예산안은 정부안(604조 4,000억원)에서 3조 3,000억원 순증된 역대 최대 규모다. 2020년에 이어 2년 연속 정부안보다 늘었다. 코로나19 장기화에 따른 피해지원 및 방역 관련 예산이 증가한 결과로 분석된다.

국가 예산 추이

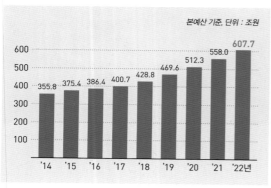

본예산 기준, 단위 : 조원

자료 / 기획재정부

소상공인 지원사업에만 총 68조원 편성

당초 국회는 전날 심야 본회의를 열어 예산안을 처리할 예정이었으나 막판 협상과 맞물려 기획재정부의 시트작업(**계수조정*** 작업)이 늦어지면서 결국 법정 처리시한(2021년 12월 2일)을 하루 넘기게 됐다. 국회 예산결산특별위원회(예결특위)는 정부안 수정 심사과정에서 총 8조 8,000억원을 늘리고 5조 5,000억원을 깎았다. 세부적으로 보면 손실보상금과 매출감소 지원, 지역사랑상품권(지역화폐)

발행 등 총 68조원 규모의 소상공인 지원사업 관련 예산이 포함됐다. 여야 간 쟁점항목이었던 지역화폐 발행 예산은 6,052억원이 반영됐다. 애초 정부안 2,402억원에서 3,650억원이 증액된 결과다. 야당은 지역화폐 예산을 두고 '이재명표 예산'이라며 큰 폭의 증액에 반대해왔다. 해당 예산을 활용해 2022년에 발행될 지역화폐 규모는 정부 15조원, 지방자치단체 15조원 등 총 30조원어치다. 당초 정부안(6조원)보다 무려 24조원어치가 늘어난 것이다.

계수조정

예산결산특별위원회(예결특위)에서 정부가 제출한 예산안의 세부내역을 조정하는 것을 말한다. 국회에 제출한 예산안을 예결특위에서 각 소관별로 나누어 심사하고 심사가 마무리될 때 세입과 세출 예산의 계수조정을 하게 된다. 조정이 끝나면 예결특위 전체회의에서 승인을 받는다.

2022년도 예산 증감액 규모

자료 / 기획재정부

주요 증액사업 예산으로는 코로나19 대응강화를 위해 경구용 치료제 4,000만명분 구매예산 3,516억원, 중증환자 병상 4,000개 추가확보 예산 3,900

억원을 늘렸다. 또 어린이집 · 유치원에 대한 3~5세 누리과정 원아보육료 지원단가를 2만원씩 인상하기 위해 해당 사업 예산을 2,394억원 증액했다. 요소수 품귀사태에 대응하고자 요소 · 희토류 등 공급망 취약물자에 대한 긴급 조달체계 구축비 481억원을 신규 반영하기도 했다. 세입증가에 따라 지방교부세 증가규모는 정부안 22조 7,000억원 대비 2조 4,000억원 늘었다.

정부 총수입도 4.7조원 증가해

한편 총수입은 정부안 548조 8,000억원에서 4조 7,000억원 늘린 553조 6,000억원으로 결정됐다. 2021년 2차 추경 총수입(514조 6,000억원)과 비교하면 7.6%(39조원) 늘었다. 국회가 정부안보다 총수입을 늘린 것은 2022년 국세수입이 예상보다 더 늘어날 것으로 봤기 때문이다. 정부가 2021년 하반기 소상공인 등을 대상으로 한 세정지원을 확대하면서 종소세, 법인세, 부가세, 과년도 수입 등 각종 세목에서 애초 정부안보다 약 6조원가량의 세입이 증가한 것으로 집계됐다. 세부수치를 보면 국회 확정 예산에서는 정부안보다 종합소득세가 7,997억원, 법인세가 1조 1,570억원, 부가가치세가 1조 4,246억원이 각각 증가했다. 주세와 관세도 각각 3,434억원, 2,771억원 늘었다. 여기에 2022년으로 미뤄둔 세정지원분이 포함되는 과년도 수입도 1조 5,449억원 증가했다. 종합부동산세도 정부안보다 7,528억원 늘었는데, 이는 2021년 종부세가 예상보다 많이 부과되면서 2022년에 들어오는 분납분 등이 늘어났기 때문이다. 다만 유류세 인하 영향으로 교통 · 에너지 · 환경세는 1조 3,765억원 줄고, 교육세와 개별소비세도 각각 1,271억원, 622억원 감소했다.

벨라루스-폴란드 국경의 이주민 사태 일파만파

벨라루스-폴란드 사이 브루즈기-쿠즈니차 국경 검문소 벨라루스 지역에 2021년 11월 15일(현지시간) 중동 난민들이 폴란드로 가기 위해 몰려들었다. 이들은 폴란드 측이 국경을 개방할 수 있다는 소문을 믿고 온 것이었으나 이날 폴란드 군경은 철조망을 치고 난민들의 진입을 막았다.

친서방이냐 친러시아냐, 구소련연방의 충돌

벨라루스를 통해 폴란드, 리투아니아, 라트비아 등 EU 국가로 입국을 시도하는 중동발 주민은 계속 증가해왔다. 2021년 한 해 동안 3만명 이상이 벨라루스와 폴란드가 맞닿은 국경을 불법으로 넘으려 한 것으로 파악됐다. 이번에 벨라루스-폴란드 국경에 몰려든 중동발 이주민과 난민만도 수천명에 달한다. 이에 벨라루스는 폴란드에 난민이 독일 등 다른 유럽연합(EU) 국가로 넘어갈 수 있는 길을 열어달라고 요구했다. 그러나 폴란드정부는 유럽연합(EU) 국가로 이동할 수 있는 탈출로인 **인도주의 회랑***이 EU 지역으로 향하는 불법이주를 부추길 수 있다는 이유를 들어 벨라루스와 맞닿은 국경에 몰린 난민에게 인도주의 회랑을 제공하지 않겠다고 밝혔다.

인도주의 회랑(Humanitarian Corridors)
생존권에 위협을 받는 주민들이 주거지역을 빠져나올 수 있도록 상호조율로 열어둔 임시통로를 말한다. 탈냉전시대의 정치적 자유를 보장하기 위해 국제사회 주도로 제시됐고, 최근 시리아내전 동안 난민의 탈출을 위한 통로로 주로 이용됐다. 안전한 이동과 수송을 위해 통로로 지정된 길은 비무장지대로 선포된다.

겨울 한파가 몰아친 가운데 천막에서 기거하던 난민 중 추위와 굶주림으로 인한 사망자까지 나오자 알렉산드르 루카셴코 벨라루스 대통령은 메르켈 전 독일 총리에게 난민이 독일로 갈 수 있는 통로를 만들어야 한다고 요청하는 한편 5,000명을 본국으로 돌려보낼 것이라면서 독일 측에 난민 2,000명을 받아줄 것을 제의했다. 그러나 호르스트 제호퍼 독일 내무장관은 "압력에 굴복해 난민을 받아들이지 않을 것"이라며 사실상 거부했다.

▲ 폴란드에 난민수용을 촉구하는 루카셴코 벨라루스 대통령

러시아, 나토 가입하려는 우크라이나 침공?

미국과 EU는 이번 사태를 벨라루스가 '이민자 밀어내기'로 국경갈등을 촉발한 것으로 규정짓고 제재를 확대했다. 이들 국가들은 12월 2일(현지시간) 벨라루스를 비난하는 공동성명을 내고 개인과 기업 등에 대한 제재를 발표했다. 제재대상으로는 벨라루스 국영여행사 등 12개 기업 및 단체와 정부관료 등 20명이 이름을 올렸다. 여기에는 루카셴코 대통령의 아들도 포함됐다. 미국과 EU는 2020년 대통령선거 부정의혹으로 서방의 제재를 받고 있는 루카셴코 대통령이 EU 회원국 분열을 조장하려 이런 사태를 조장했다고 보고 있다.

벨라루스-폴란드 국경충돌로 시끄러운 가운데 12월 4일에는 러시아가 2022년 초 17만 5,000명의 병력을 동원해 우크라이나를 여러 전선에서 공격할 가능성이 있다는 소식이 전해졌다. 미국 일간지 워싱턴포스트(WP)는 위성사진 등 미국 정보문건을 통해 러시아군 전투 전술단 50개가 4개 지역에 집결해 있고 탱크와 대포도 새로 배치된 것을 확인했다고 밝혔다. 전문가들은 친서방 정책을 펴고 있는 우크라이나가 미국을 주축으로 한 북대서양조약기구(NATO) 가입을 추진하고 있는 것에 대한 반발이라고 분석했다. NATO는 러시아의 군사력 확장 등에 대응하기 위해 2008년 옛소련권 국가인 우크라이나와 조지아 등 2개 나라에 회원국 가입을 약속했고, 비록 공식적인 가입은 미뤘지만 서방과 협력해 국가발전을 꾀하고 국가안보도 보장받으려는 우크라이나와 전략적 파트너로서의 관계를 지속해왔다. 그러나 실제 러시아가 침공을 감행하더라도 우크라이나는 집단안보 원칙을 적용받는 회원국이 아닌 까닭에 NATO가 군사력을 투입할지는 미지수다. 반면 친러시아 노선을 걷고 있는 국가인 벨라루스는 "서방이 러시아와 우크라이나 간 분쟁에 대비해 난민들을 벨라루스 군대를 억지하는 수단으로 삼고 있다"면서 "러시아-우크라이나 전쟁 시 러시아 편"에 서겠다고 공언해 긴장을 부추겼다.

◆ 국경 주요 거점

라트비아
러시아
리투아니아
벨라루스
빌뉴스
■ 민스크
쿠즈니차
11월 16일(현지시간) 폴란드국경을 넘으려는 이주민과 국경수비대 간 물리적 충돌 발생
폴란드
브레스트
바르샤바
우크라이나

6위

법원, 수능 생명과학 II
오류 문항 정답 취소

2021년 12월 9일 2022학년도 **대학수학능력시험(수능)*** 채점결과가 발표됐으나 과학탐구영역 생명과학 II 20번 문항의 정답결정을 유예하라는 법원결정이 나면서 수능 성적통지에 일부 제동이 걸렸다. 생명과학 II 응시생은 전체 응시생의 1.5%에 불과하다. 하지만 서울대·의대 등을 지망하는 이과 상위권 학생들이 많이 선택하는 과목인 만큼 대입일정에 영향이 불가피할 전망이다. 또한 수능 출제기관인 한국교육과정평가원의 공신력도 타격을 받을 수밖에 없게 됐다.

대학수학능력시험(수능)

1994년부터 새로 실시된 대학입시제도에 따라 매년 시행되고 있는 시험이다. 한국교육과정평가원이 주관하며 대학입시 위주로 이루어지는 고등학교 교육을 정상화하기 위해 도입됐다. 극도의 정확성이 요구되는 만큼 문제출제부터 시험 진행, 채점 및 성적확인까지 철저한 보안과 관리하에 이뤄진다. 2021년 3월 교육과정평가원이 발표한 수능 개편방향에 따라 2022학년도 수능부터 문·이과 통합 수능으로 치러지게 됐다.

수능 출제오류 논란

서울행정법원 행정6부(이주영 부장판사)는 수능 생명과학 II 응시자 92명이 평가원을 상대로 제기한 집행정지 신청을 받아들여 정답결정 효력을 본안소송의 판결이 선고될 때까지 정지한다고 결정했다. 본안소송은 같은 재판부에 배당됐으며 12월 10일이 첫 변론기일이었다. 집행정지는 행정청의 처분을 둘러싼 본안소송이 끝나기 전에 처분의 집행 또는 효력을 임시로 막거나 정지하는 것이다. 해당 문항이 실제로 오류인지, 정답처리가 바뀌어야 하는지 판

단이 이뤄지지는 않았으나 응시생들의 피해가능성을 막기 위해 실제 판단이 나올 때까지 성적을 확정하지 않는다는 뜻이다. 법원이 수험생들의 집행정지 신청을 받아들이면서 평가원은 10일로 예정된 성적통지 일부를 보류했다. 평가원은 일단 전체 응시생 44만 8,138명 가운데 생명과학 II 응시자 6,515명을 제외한 나머지 대부분 수험생에 대해서는 성적을 예정대로 통지했다.

▲ 한국교육과정평가원을 상대로 집행정지를 신청한 응시생들

1994학년도 수능이 시행된 이후 수능정답 효력에 대한 집행정지는 28년 만에 처음이다. 논란이 된 생명과학 II 20번은 '집단 I 과 II 중 하디·바인베르크 평형이 유지되는 집단을 찾고 이를 바탕으로 보기의 진위를 판단할 수 있는지'를 평가하는 문항이다. 이의를 제기한 응시자들은 특정 집단의 개체수가 음수(-)가 되는 중대한 오류가 발생해 제시된 조건들을 동시에 만족시키는 집단이 존재할 수 없으므로 문항 자체가 오류라고 주장했다. 12월 15일 법원은 해당 문제의 오류를 인정하고 원고 승소로 판결했다. 평가원은 이번 판결에 대해 항소하지 않기로 했으며 강태중 한국교육과정평가원장은 사태에 대한 책임을 지고 사퇴 의사를 표명했다. 또한 법원의 결정에 따라 해당 문항을 전원정답 처리하면서 등급이 재조정돼 입시 결과에 상당한 영향을 미칠 것으로 전망됐다.

국·영·수 모두 불수능 … 역대급 난이도

2022학년도 수능은 국어, 수학, 영어 모두 2021학년도 수능보다 어려웠던 것으로 나타났다. 영역별 표준점수 최고점을 보면 국어영역은 149점, 수학영역은 147점으로 국어영역은 표준점수 최고점(만점)이 이제까지 치러진 수능 중 두 번째로 높아 '역대급' 난이도였음이 확인됐고, 수학영역도 표준점수 최고점이 전년도 수능보다 10점이나 치솟았다. 절대평가인 영어영역의 1등급 응시자 비율 역시 2021학년도 대비 반으로 줄었다. 평가원은 코로나19에 따른 수험생들의 학력격차가 두드러지지 않았다는 분석 등을 바탕으로 예년 수준에서 출제했다고 밝혔으나 실제 응시생들이 체감한 난도는 상당했다는 의미다. 표준점수는 수험생의 원점수가 평균성적과 얼마나 차이 나는지 나타내는 점수로서 시험이 어려워 평균이 낮으면 표준점수 최고점은 높아지고 시험이 쉬워 평균이 높으면 표준점수 최고점은 낮아진다.

▲ 2022학년도 수능 채점결과를 발표하는 이규민 채점위원장

국어영역 표준점수 149점은 국어가 어려웠다는 평가를 받았던 2021학년도 수능(144점)보다 5점이나 높고, 역대 최고점이었던 2019학년도 수능(150점)에 육박하는 점수다. 수학 역시 표준점수 147점으로 2021학년도 이공계열이 주로 선택한 가형과 인문계열이 주로 치른 나형 모두 137점이었던 것에서 10점이나 높아져 어려웠던 것으로 나타났다. 표준점수 최고점을 받은 인원도 국어는 28명에 불과

해 2021학년도(151명)보다 크게 줄었다. 다만 수학은 2,702명으로 2021학년도 2,398명(가형 971명, 나형 1,427명)보다 늘었다. 첫 문·이과 통합으로 치러진 수학이 어려움에도 불구하고 만점자가 늘어나면서 문·이과 성적격차가 벌어졌을 것으로 분석됐다. 또 절대평가인 영어영역에서 원점수 90점 이상으로 1등급을 받은 수험생 비율은 6.25%(2만 7,830명)로 12.66%였던 전년도의 절반으로 줄었다. 한편 2022학년도 수능에서 전 과목 만점을 받은 학생은 전국에 단 1명인 것으로 확인됐다. 만점자는 국어와 수학, 탐구영역에서 만점을 받고 절대평가가 적용되는 영어와 국사에서는 1등급을 받은 수험생을 의미한다. 해당 학생은 졸업생이며 탐구영역에서는 사회탐구를 응시했다.

여·야 대선 영입인재 조동연·노재승 사퇴

더불어민주당 조동연 상임 공동선대위원장이 사생활 논란으로 사의를 표명한 데 이어 과거발언들로 논란을 빚은 노재승 국민의힘 공동선대위원장도 자진사퇴했다. 두 위원장이 잇달아 사퇴함에 따라 여야의 '인재영입' 경쟁이 부실검증 비판에 휩싸였다.

민주당, 사의 존중할 수밖에

더불어민주당은 조 위원장이 사의표명한 다음 날인 12월 3일 이를 수용했다. 고용진 선거대책위원회(선대위) 수석대변인은 이날 오후 서면 브리핑을 통해 "조 위원장이 송영길 대표에게 재차 선대위원장직 사퇴의사를 밝혀왔다"며 "송 대표는 만류했으나

조 위원장은 인격살인적 공격으로부터 아이들을 보호하기 위해서라도 사퇴를 해야겠다는 입장이 확고했다"고 설명했다. 그는 "송 대표는 안타깝지만 조 위원장의 뜻을 존중할 수밖에 없어 이재명 더불어민주당 대선후보와 상의하여 사직을 수용하기로 했다"며 "송 대표는 조 위원장과 아이들을 괴롭히는 비열한 행위가 중단되어야 한다고 강조했다"고 말했다.

▲ 조동연 더불어민주당 전 상임공동선대위원장

이날 오전만 해도 송 대표가 기자회견에서 "주말경 직접 만나 여러 가지 대화를 나눠보고 판단할 생각"이라며 결론을 유보했으나 약 6시간 만에 사의 수용 쪽으로 방향을 튼 것이다. 이에 맞춰 당은 사생활을 폭로한 유튜브 채널과 강용석 변호사, 김세의 전 MBC 기자를 검찰에 고발했다. 추가범행 가능성이 크다는 이유로 구속수사와 방송수익에 대한 추징보전도 요청했다. 선대위 관계자는 "고발을 취하하지 않을 것"이며 "추가고발도 필요하다면 할 것"이라고 강경한 입장을 내비쳤다. 한편 당내 일각에서는 결국 조 위원장의 영입을 주도한 송 대표의 검증이 부실했던 것 아니냐는 책임론도 제기됐다. 이런 가운데 이 후보는 "참으로 안타깝고 마음이 무겁다. 모든 책임은 후보인 제가 지겠다"고 밝혔다.

노 위원장은 과거발언 논란으로 사퇴압박

국민의힘 역시 곤혹스럽기는 마찬가지다. 노재승 공동선대위원장이 12월 9일 공식 임명된 지 사흘 만

에 사퇴했기 때문이다. 과거발언 논란이 급속도로 확산하면서 당 안팎에서 사퇴압박이 커지자 결국 자진사퇴 형식으로 물러난 것으로 보인다. 37세 청년 사업가인 노씨는 2021년 4월 서울시장 보궐선거 당시 오세훈 후보를 지지하는 유세연설로 이름이 알려져 이번 선대위에 전격 영입됐다. 그러나 5·18 광주민주화운동, 김구 선생, 정규직 등과 관련한 과거 SNS 글이 당 안팎의 비판을 받으면서 사퇴논란에 휩싸였다. 노씨는 과거 SNS에서 5·18 광주민주화운동과 관련해 "대한민국 성역화 1대장"이라고 표현했고, 백범 김구 선생에 대해선 "김구는 국밥 좀 늦게 나왔다고 사람 죽인 인간(**치하포 사건***)"이라고 발언한 바 있다. 이날 노씨의 당 정강·정책 TV 연설이 오후 3시 40분 KBS에서 방송될 예정이었으나 거취 논란 속에 전격 취소됐다.

치하포 사건

1896년 3월 9일 백범 김구가 황해도 안악군 치하포에서 일본인 스치다 조스케를 타살한 일이다. 김구는 치하포의 여관에 머무르던 중 조선 상인으로 위장하고 있던 스치다 조스케를 일본인 국모 시해범으로 판단하고 '명성왕후의 원수를 처단한다'는 포고문과 함께 그를 살해했다. 당시 김구는 명성왕후 시해 후 전국적으로 의병이 일어나자 동지들과 반일연합작전을 준비하고 있을 때였다. 이 사건으로 김구는 살인죄로 사형선고를 받았으나 수형생활을 하던 중 2년 만에 탈옥했다.

▲ 노재승 국민의힘 전 공동선대위원장

노씨는 이날 오후 5시 30분께 국회에서 기자회견을 열고 "작성 당시 상황과 이유와 관계없이 과거에 제가 작성했던 거친 문장으로 인해 상처 입으셨을

모든 분께 진심으로 사과드린다"고 밝혔다. 그는 발언논란에 대해 "해명보다는 인정과 사과를 해야 했지만 아직 덜 자란 저의 마음의 그릇은 미처 국민 여러분의 기대를 온전히 담아내지 못했다"고 말했다. 이어 "오직 윤 후보 당선과 국민의힘 집권을 위해 직을 내려놓기로 했다"며 "당의 권고보다는 저의 판단의 결과"라고 강조했다. 노씨는 이날 오전만 해도 이준석 대표, 권성동 사무총장과의 '3자 면담'에서 사퇴할 뜻이 없다는 의사를 분명히 밝혔다. 그러나 오후 김종인 총괄선대위원장의 직속조직인 총괄상황본부가 내부회의를 통해 모은 사퇴의견을 임태희 총괄상황본부장이 노씨에게 전달하면서 "당을 위해 결심해달라"고 설득한 것으로 전해졌다. 사실상의 용퇴압박이었다. 이로써 김성태 전 의원, 함익병 씨에 이어 노씨 사퇴까지 세 번째 선대위 핵심인선이 불발되면서 윤 후보도 정치적 타격이 불가피하다는 지적이 나오고 있다.

8위

소득세법 개정안, 본회의 통과

▲ 소득세법 일부개정법률안 본회의 통과

1세대 1주택자의 양도소득세 비과세 기준이 12억원으로 높아진다. 또 당초 2022년부터 시작될 예정이었던 가상자산 과세는 2023년으로 1년 연기되고

2023년부터는 상속세를 미술품으로 대신 납부할 수도 있게 된다. 국회는 2021년 12월 2일 밤 본회의에서 이런 내용을 담은 소득세법 개정안 등 2022년도 예산안 부수법안 17건을 의결하고 12월 8일 이를 공포했다.

양도세 기준 12억원·가상자산 과세 1년 유예

1세대 1주택자의 경우 양도소득세 비과세 기준금액이 기존 9억원에서 12억원으로 올라간다. 기존에는 9억원이 넘는 주택을 '고가주택'으로 간주해 1세대 1주택자가 보유한 비(非) 고가주택에만 양도세 비과세 혜택을 부여했다. 하지만 최근 서울 아파트값이 평균 12억원을 돌파하는 등 부동산가격이 급등한 상황을 고려해 2008년부터 유지됐던 고가주택기준을 조정한 것이다. 1주택자가 집을 팔 때 12억원 이하인 경우에는 양도소득세가 부과되지 않는 셈이다. 개정안은 법 공포일 이후 양도분부터 적용된다. 이에 따라 2021년 분양권을 취득한 재건축·재개발 조합원이라면 양도세 비과세 혜택을 볼 수 있다. 개정 세법은 양도세 비과세 혜택 적용대상이 되는 분양권 기준을 2021년 1월 1일 이후 취득분에서 2022년 1월 1일 이후 취득분으로 확대변경했다.

양도세 비과세 기준 상향에 따른 시뮬레이션

국회 기획재정위원회, 소득세법 개정안 통과
1주택자 양도소득세 비과세 기준 상향
9억원 초과 ➡ 12억원 초과

조정대상지역 주택 7억원에 구매.
2년 보유·거주 후 12억원에 양도 시
추산 양도세(지방소득세 포함)

개정법 공포일 이전
3,077만 2,500원

개정법 공포일 이후
0원

자료 / 기획재정위원회, 셀리몬

가상자산 소득에 대한 과세시점은 2022년 1월에서 2023년 1월로 1년 연기됐다. 가상자산 투자자들은 2022년까지는 가상자산을 양도하거나 대여해 발생한 소득의 세금을 내지 않아도 된다. 2023년부터 250만원(기본공제금액)이 넘는 가상자산 양도·대여 소득에 20%의 세율로 세금을 내야 하지만 실제 세금납부는 2024년 5월부터 시작될 예정이다. 국내 거주자의 경우 매년 5월에 직전 1년 치 투자소득을 직접 신고하고 세금을 납부해야 하기 때문이다.

미술품·문화재로 대신 납부하는 물납특례 신설

상속세 연부연납 기간은 현행 최대 5년에서 최대 10년으로 연장되어 2022년 1월 1일 이후 상속 개시분부터 적용된다. 연부연납이란 상속세 납부세액이 2,000만원을 초과하면 유가증권 등 납세담보를 제공하고 일정기간 세금을 나눠 낼 수 있게 한 제도다. 2023년 1월 1일 이후 상속 개시분에 대해서는 일정요건을 충족할 경우 상속세를 미술품이나 문화재로 대신 납부할 수 있는 **물납***특례도 신설된다. 가업상속공제를 받을 수 있는 중견기업 대상은 매출액 3,000억원 미만에서 4,000억원 미만으로 늘어나고 영농상속공제 한도도 현행 15억원에서 20억원으로 확대된다. 벤처기업 인재유치를 돕기 위해 스톡옵션 행사이익에 대한 비과세 한도는 현행 3,000만원에서 5,000만원으로 늘린다. 2022년 1월 1일 이후 신고분부터는 은닉재산에 대한 신고포상금 한도도 기존 20억원에서 30억원으로 늘어났다.

물납(物納)

현금이 아닌 다른 자산으로 세금을 납부하는 것으로 금납(金納)과 대립되는 말이다. 조세는 현금으로 납부하는 것을 원칙으로 하나 현재 현금을 보유하고 있지 않거나 현금 마련이 어려워 현금으로 납부하기 곤란하다고 인정되는 경우 부동산, 유가증권, 토지보상채권과 같은 특정 재산으로 납부할 수 있다. 물납을 하려면 납세자가 별도로 신청하고 관청이 이를 승인해야 한다.

난임시술비 세액공제율은 20%에서 30%로 인상된다. 미숙아나 선천성 이상아에 대한 의료비 세액공제율도 15%에서 20%로 인상되고 이 경우 공제한도(700만원) 적용도 제외된다. 청년희망적금 가입대상 요건도 종합소득 2,400만원에서 2,600만원으로 변경·확대한다. 청년희망적금은 청년이 저축한 금액에 정부가 일정비율로 저축 장려금을 지급하는 상품인데 종합소득이 2,600만원 이하인 청년은 가입 혜택을 받을 수 있게 됐다. 납입금액의 40%에 소득공제 혜택을 주는 청년형 장기펀드 가입대상도 종합소득 3,500만원에서 3,800만원 이하로 확대한다. 이외 관세사 시험을 고의로 방해하거나 부당한 영향을 줄 경우에는 벌칙으로 2년 이하의 징역 또는 2,000만원 이하의 벌금을 받게 된다. 제주도와 위기지역 회원제 골프장에 대한 개별소비세 감면혜택은 일괄종료될 예정이다.

9위

베이징 동계올림픽에 대한 외교적 보이콧 확산

2022년 2월 4일 개막하는 베이징 동계올림픽이 **외교적 보이콧***, 오미크론, 펑솨이 등 '삼중고'에 직면했다. 미국정부가 중국의 인권탄압을 이유로 외교

적 보이콧을 선언한 이후 영국, 캐나다와 같은 핵심 동맹국들의 동참이 확산하는 모양새다.

외교적 보이콧(Diplomatic Boycott)

올림픽에 선수들은 참가하지만 개·폐회식 등 행사 때 정부 관리나 정치인으로 구성된 정부 차원의 대표단은 참석하지 않는 것을 뜻한다. 이는 올림픽이 국가의 정치·외교적 수단으로 이용된다는 방증이다. 모스크바올림픽(1980), LA올림픽(1984)처럼 냉전이나 인종차별, 전쟁 등으로 인한 전면보이콧은 있었지만 외교적 보이콧은 올림픽사상 처음이다.

대외적 이유는 인권탄압, 실상은 정치적 노림수

12월 6일(현지시간) 미국정부가 중국의 인권탄압을 문제삼아 베이징 동계올림픽에 대한 외교적 보이콧 방침을 공식화했다. 조 바이든 미국 대통령이 외교적 보이콧 검토입장을 밝힌 지 18일 만이다. 이날 젠 사키 백악관 대변인은 브리핑에서 "바이든정부는 신장에서 중국의 지속적인 종족학살과 반인도적 범죄, 기타 인권유린을 감안해 어떤 외교적, 공식적 대표단도 베이징올림픽과 패럴림픽에 보내지 않을 것"이라고 말했다. 그리고 "우리는 인권증진에 대한 근본적인 약속을 하고 있다"며 "우리는 중국과 그 너머에서 인권을 개선하기 위한 조치를 계속 취할 것"이라고 덧붙였다.

앞서 미국의회에서는 중국 신장지구의 위구르 소수민족 탄압, 홍콩의 인권탄압 등을 문제삼아 베이징올림픽을 보이콧해야 한다는 주장이 제기됐다. 정부 사절단을 파견하지 않는 외교적 보이콧에 대해 초당적인 공감대가 형성된 가운데 일각선 선수단까지 보내지 않는 전면보이콧이 거론되기도 했다. 그러나 전면보이콧을 선택할 시 국제정치 논리에 선수만 희생된다는 비판을 받게 될 뿐 아니라 미중관계가 파국에 치달을 수 있다는 판단하에 외교적 보이콧이라는 절충안을 택한 것으로 분석된다. 결국 미국이 선택한 외교적 보이콧은 냉전시대 미국과 서

방국가, 소련과 동구권이 각각 개최되는 올림픽에 불참하며 외교적 힘겨루기를 펼친 것과는 달리, 선수들의 참여를 보장함으로써 스포츠정신은 훼손하지 않으면서 통상 올림픽 기간 열리는 국가 간 소위 '미니 정상회담' 등의 외교적 접촉에 일체 나서지 않겠다는 선언이다.

▲ 베이징 동계올림픽 개막을 알리는 카운트다운 시계

미·중 중심의 냉전의 부활인가

정부 사절단 파견이 의무적인 것은 아니지만 그동안 각국은 이를 통해 개최국과 동맹을 과시하거나 잠재적인 새로운 동맹형성을 위한 발판을 다져왔고, 개최국은 이 같은 장을 마련하며 자연스럽게 조명을 받아왔다. 이에 AP통신은 미국의 외교적 보이콧이 개최국을 망신주는 데에 초점이 맞춰져 있다고 분석했다. 외교적 보이콧이 국제사회의 관심을 재고하고 인식을 환기시키는 역할을 하기는 하지만 단기간의 행동변화를 유도할 수는 없기 때문이다. 특히 이번 결정이 미·중 화상 정상회의가 서로 자기주장만 내세우다 파행으로 끝난 후이자 미국 주도로 9~10일 열린 '민주주의 정상회의' 개최를 앞두고 발표됐다는 것에 주목할 필요가 있다. 즉, 중국과의 갈등을 이어가고 있는 미국이 위기의식 속에서 소위 민주주의 국가들의 결집을 통한 중국과의 전선 구축을 확실하게 하겠다는 의도로 풀이된다. 이런 분석을 증명하기라도 하듯 오커스(AUKUS·미국·영국·호주 안보동맹) 멤버인 영국과 호주가 미국 선언 하루 만에

동참한 데 이어 캐나다도 합류했고, 코로나19를 이유로 들긴 했지만 뉴질랜드도 장관급 대표단을 파견하지 않겠다며 사실상 동참했다. 헌법개정과 우리나라의 종전선언과 관련해 미국에 촉각을 곤두세우고 있는 일본도 베이징올림픽에 각료 파견을 보류하는 방향으로 검토 중이라고 알려졌다.

이에 중국은 외교부 정례브리핑으로 "미국 측에 강렬한 불만과 결연한 반대를 표명한다"면서 "앞으로 결연한 반격조치를 취할 것"을 시사했고, 외교적 보이콧을 선언한 국가들에 대한 비난을 이어가며 강력하게 반발하고 있다. 한편 청와대는 "문재인 대통령은 베이징 동계올림픽의 외교적 보이콧을 검토하지 않고 있다"는 입장을 밝혔다.

10위

윤석열-이준석 갈등 봉합 … 국민의힘 선대위 출범

국민의힘 윤석열 대선후보와 이준석 대표 간의 극한 대치가 '울산 담판'을 통해 해소된 모양새다. '패싱' 논란으로 갈등을 빚었던 윤 후보와 이 대표가 '원팀'을 외치고 김종인 전 비상대책위원장도 총괄선대위원장직을 전격 수락하기로 하면서 선거대책위원회(선대위)가 12월 6일 정상 출범했기 때문이다.

윤 후보-이 대표 "어떤 앙금·이견도 없어"

윤 후보와 이 대표는 지난 2021년 12월 3일 울산 울주 한 불고깃집에서 열린 만찬회동에서 "국민의 정권교체 열망을 받들어 한 치의 흔들림도 없이 일체가 되기로 합의했다"며 "대선에 관한 중요사항에

대해 후보자와 당 대표, 원내대표는 긴밀히 모든 사항을 공유하며 직접 소통을 강화하기로 했다"고 밝혔다. 당헌상 보장된 후보의 '당무우선권'에 대해서는 "후보가 선거에 있어 필요한 사무에 관해 당 대표에게 요청하고, 당 대표는 후보의 의사를 존중해 따르는 것으로 해석하기로 했다"고 설명했다. 윤 후보가 이 대표 '패싱'의 재발방지를 약속하는 동시에 이대표 고유권한을 보장하겠다고 한발 양보한 것으로 보인다. 이 대표는 윤 후보와의 '앙금'이 애초부터 존재하지 않았다고 강조했다. 브리핑 후 기자들과 만나 "저는 이번에 소위 '핵심 관계자'라는 사람에게 경고한 것이지 후보님과의 어떤 이견도 없었음을 이자리에서 밝힌다"고 말했다. 이어서 윤 후보는 김종인 전 비대위원장이 총괄선대위원장직을 수락했다는 소식도 전했다. 윤 후보는 "김 총괄선대위원장은 국민의힘 중앙선거대책기구의 장으로서 당헌과 당규에서 정한 바에 따라 대통령선거일까지 당무 전반을 통합조정하며 선거대책기구를 총괄하게 될 것"이라고 설명했다.

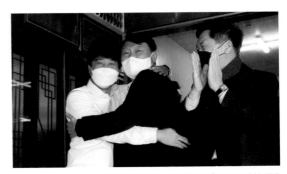

▲ 울산에서 회동한 윤석열 대선후보와 이준석 대표

국민의힘 선대위는 12월 6일 출범식을 갖고 본격적인 대선체제로 전환했다. 윤 후보의 선대위는 김 총괄선대위원장의 원톱 지휘봉 아래 중도 외연확장과 2030 표심공략에 속도를 낼 전망이다. 아직 윤 후보를 적극적으로 지지하지는 않지만 정권교체에 동의하는 중도층과 판세를 관망 중인 2030 표심을

사로잡는 게 대선승패를 좌우한다는 판단에서다. 이에 윤 후보는 차기정부가 해결해야 할 첫 번째 과제로 '코로나19로 인한 빈곤과의 전쟁'을 제시했다. 그는 출범식에서 기자들과 만나 '빈곤과의 전쟁'을 거론하면서 "양질의 일자리를 창출해 청년에게 미래의 문을 열어주고, 모든 경제·사회·복지 정책을 융합해 지속가능한 일자리를 만드는 것을 국정 최고의 목표로 하겠다"고 말했다.

▲ 국민의힘 선대위 출범식

민주당 "삼전도 굴욕", 국민의힘 선대위 비판

한편 더불어민주당은 국민의힘 선대위를 향해 "**삼전도 굴욕***", "상왕체제"라며 비판했다. 우상호 의원은 이 대표와 김 위원장을 언급하며, "윤 후보가 두 분에게 굽히고 들어간 모양새가 됐다"며 "이런 봉합은 반드시 2차 위기가 온다"고 지적했다. 당 관계자도 "'3김(김종인, 김병준, 김한길) 3두' 정치에 실제로는 윤석열의 굴욕이다. 윤 후보가 실질적인 권한을 빼앗겼다"며 "상왕 본부체제로 가서 끊임없이 경선팀과 김종인팀이 갈등할 수밖에 없는 구조"라고 말했다.

삼전도 굴욕

1637년 병자호란 당시 조선의 왕이었던 인조가 남한산성에서의 항전 끝에 지금 서울의 송파구 삼전도에 나아가 청태종 앞에서 무릎을 꿇고 항복을 한 사건이다. 이로써 조선은 청나라와 군신의 관계를 맺고 명나라와의 외교관계를 끊게 되었다.

조승래 더불어민주당 선대위 수석대변인도 "반창고 땜빵 선대위 출범으로 국민의힘 윤석열 대선후보는 오히려 리더십의 위기에 봉착했다"며 "윤 후보가 김 위원장에 가려지고 있는 것인지, 아니면 그 뒤에 숨은 것인지 알 수 없다"고 했다. 최지은 선대위 대변인도 '울산회동'에 대해 "당내 갈등을 치열한 공개 논쟁이 아니라 폭탄주 몇 잔 마시고 포용하는 모습으로 해결하는 것은 명백한 정치의 퇴행"이라고 비판했다.

11월 수출 600억달러 첫 돌파 … 역대 최고기록

2021년 12월 1일 산업통상자원부는 11월 수출액이 2020년 동기 대비 32.1% 증가한 604억 4,000만달러로 집계됐다고 발표했다. 이는 무역통계를 집계하기 시작한 1956년 이래로 월간 기준 최대 규모다. 2013년 10월에 월간 수출액이 500억달러대에 진입한 이후 8년 1개월 만에 600억달러대로 도약했다. 종전 최고치는 2021년 9월 559억 2,000만달러(확정치)로 2개월 만에 45억달러를 끌어올리며 기록을 경신했다. 이로써 월별 수출액은 2020년 11월부터 13개월 연속 증가세를 이어가는 동시에 9개월 연속 두 자릿수대 수출 증가율을 기록했다.

수입은 43.6% 증가한 573억 6,000만달러로 집계됐다. 이에 따라 무역수지는 30억 9,000만달러로 19개월 연속 흑자를 기록했다. 2021년 1~11월 누적 수출액(5,838억달러)과 무역액(1조 1,375억달러)은 이미 동 기간 기준으로 역대 최고치를 기록해

2021년 사상 최대 실적 달성을 앞두고 있다. 2020년 11월 수출이 전년 대비 3.9% 늘어 코로나19의 기저효과가 사실상 없었던 점을 고려하면 더 의미 있는 성과다.

수출입 실적

11월 기준, 단위 : 억 달러 ※ 통관기준 잠정치

- 수출: 2020년 457.5, 2021년 604.4 (32.1%↑)
- 수입: 2020년 399.5, 2021년 573.6 (43.6%↑)

자료 / 산업통상자원부, 관세청

11월 수출 32.1%↑, 주력품목 선전

반도체, 석유화학 등 주력품목의 수출호조에 더해 자동차 수출이 회복세로 돌아서고 있으며 선박 수출도 큰 폭으로 늘면서 전체적으로 좋은 실적을 냈다. 11월 수출 신기록은 세계경기 회복세를 타고 반도체, 석유화학 등 주력품목과 농수산식품, 화장품 등 신(新)성장 품목이 고루 선전한 덕분이다. 그동안 부진을 면치 못했던 자동차 수출이 3개월 만에 플러스로 전환한 점도 긍정적인 영향을 미쳤다. 15대 주요 품목 중에서 13개 품목의 수출이 전년 대비 늘었고 그중 11개는 두 자릿수대 증가 폭을 보였다. 반도체는 2020년 동기 대비 40.1% 많은 120억 4,000만달러어치가 수출돼 7개월 연속 100억달러를 넘겼다. 역대 11월 중 가장 큰 규모이며 11월 누계 연간실적은 1,100억달러를 돌파했다. 석유화학은 국제유가 상승과 주요국 경기회복에 따른 **전방산업***의 수요증가 등으로 인해 수출액이 63.0%나 증가한 48억 4,000만달러를 기록했다. 역대 11월 중 1위 기록이

다. 2011년 연간수출 400억달러를 처음 넘긴 석유화학은 10년 만인 2021년 사상 최초로 500억달러를 돌파하는 성과를 달성했다.

전방산업과 후방산업

한 산업의 전체 생산흐름에서 해당 산업의 앞뒤에 위치한 업종을 말한다. 최종 소비자와 가까운 업종을 전방산업이라 하고, 원재료 공급이나 제품 소재 등 생산자 쪽에 가까운 업종을 후방산업이라고 한다. 자동차 산업을 예로 들면 자동차 판매업체는 전방산업이고, 자동차 부품이나 제철 등 소재산업은 후방산업이다.

일반기계는 주요국의 제조업 및 건설경기 활성화로 9개월 연속 늘어 역대 두 번째로 높은 수출액(47억 4,000만달러)을 나타냈다. 연간실적은 500억달러 돌파가 유력하다. 자동차는 3.3% 증가한 41억 2,000만달러의 수출액을 기록했다. 차량용 반도체 수급문제가 이어지는 상황에서도 기업들의 생산차질 최소화 노력과 신규모델의 유럽 수출 본격화 등에 힘입어 3개월 만에 플러스로 전환됐다. 선박 수출도 237.6%나 증가한 35억 4,000만달러로 집계돼 2017년 7월 이후 4년 4개월 만에 최고치를 달성했다. 농수산식품은 라면, 만두, 즉석밥 등 가공식품을 중심으로 9억 9,000만달러어치가 수출돼 역대 1위 실적을 한 달 만에 경신했다. 화장품은 8억 8,000만달러의 수출실적을 내 역대 11월 중 규모가 가장 컸다. 반면 차부품(-2.2%)과 바이오헬스(-0.7%)는 각각 차량용 반도체 수급차질과 2020년 11월의 높은 기저효과로 인해 수출이 소폭 줄었다.

9대 주요 지역 수출 8개월 연속 증가

지역별 수출액을 보면 주력시장과 신흥시장으로의 수출이 고르게 증가해 8개월 연속 9대 주요 지역으로의 수출이 모두 증가했다. 8개월 연속 증가는 사상 처음이다. 특히 대(對)중국 수출은 최초로 150억달러를 상회했으며, 대아세안 수출 역시 처음

으로 100억달러를 돌파했다. 신남방 수출액(120억 5,000만달러)은 역대 최고치를 경신했다.

▲ 수출입 화물 컨테이너가 쌓인 부산항

수출물량, 수출단가 등 주요 지표들도 일제히 성장했다. 수출물량은 2020년 11월보다 8.2% 증가했고, 수출단가는 22.1% 늘어 사상 최고치를 기록했다. 2021년 1~11월 누적 수출액은 5,838억달러로 집계돼 같은 기간 역대 최대치를 나타냈다. 이에 대해 정부는 좋은 흐름이 이어지면서 2021년 연간 수출액이 사상 최대 실적을 넘어섰다고 평가했다. 기존의 최대 수출기록은 2018년의 6,049억달러였다. 다만 코로나19의 새로운 변이인 오미크론의 확산세와 원자재 수급차질, 물류비용 상승 등은 관리가 필요한 위험요인으로 꼽았다.

교육부, 2022 개정 교육과정 총론 주요사항 발표

2021년 11월 24일 교육부는 세종시 해밀초등학교에서 국가교육과정 개정추진위원회, 국가교육회의, 전국시도교육감협의회와 함께 '2022 개정 교육과정'의 큰 틀과 교과목별 시수 등을 정하는 총론의 주요사항을 발표했다. 2024년부터 연차 적용될 2022 개정 교육과정에는 모든 교과에 디지털 기초소양 함양 목표가 반영되고 **고교학점제***에 기반해 고등학교 교과과정이 변경된다. 또한 초교 6학년, 중학교 3학년 등 상급학교 진학시기에 진로연계학기가 도입되고 학교 교육과정의 자율성이 강화된다.

고교학점제

학생이 기초소양과 기본학력을 바탕으로 진로·적성에 따라 과목을 선택하고, 이수기준에 도달한 과목에 대해 학점을 취득·누적하여 졸업하는 제도다. 학생이 자신의 진로에 따라 다양한 과목을 선택하고 목표한 성취수준에 도달했다고 판단했을 때 과목이수를 인정해주며, 누적된 과목 이수 학점이 졸업기준에 이르렀을 때 졸업이 가능하다. 학생의 과목 선택권을 보장하는 진정한 학생 맞춤형 교육을 실현함으로써 학생의 학습 동기와 흥미를 불러일으킬 수 있다.

고교학점제와 진로연계 교육

교육부가 2021년 8월 발표한 '2025년 전면적용을 위한 고교학점제 단계적 이행계획'에 따르면 2021년 중2가 고1이 되는 2023년부터는 고등학교의 수업량이 현재 204단위(총 2,890시간)에서 192학점(2,720시간)으로 줄어든다. 개정 교육과정은 이를 반영해 수업·학사운영을 '학점' 기준으로 전환하며 1학점 수업량이 50분 기준 17회에서 16회로 전환되고, 여분의 수업량으로 다양한 프로그램이 자율적으로 운영된다. 또 현행 교과영역이 '교과(군)' 체제로 바뀌며 교과목이 '공통과목＋일반·진로선택과목'에서 '공통과목＋일반·진로·융합선택과목' 체제로 바뀐다. 공통과목은 공통국어, 공통수학, 공통영어, 통합사회, 통합과학, 과학탐구실험, 한국사다. 사회 일반선택 과목은 현행 9개에서 4개로 줄어든다.

고교체제 개편방안에 따라 선택과목 중 특수목적고교의 전문교과를 보통교과로 편입, 융합선택과목으로 신설돼 일반고 학생들도 진로와 적성에 따라 선택이 가능해진다. 필수 이수학점은 94단위에서 84학점으로 줄어드는 대신 자율 이수학점 이수범위가 86단위에서 90학점으로 확대된다. 다만 필수 이수학점으로 운영하는 한국사, 체육·예술, 생활·교양 영역은 현행 수준을 유지하며 국어·영어·수학 교과의 총 이수학점이 81학점을 초과하지 않도록 규정한다. 학교 단위에서 과목개설이 어려운 소인수 과목의 경우 인근 고교와 함께 개설하는 온·오프라인 공동교육과정을 운영한다. 또 2025년부터 전체 선택과목으로 확대시행 예정인 성장 중심 평가체제를 위해 과목출석률과 학업성취율(40% 이상)을 충족하면 해당 과목을 이수하도록 기준을 마련했다.

▲ 2022 개정 교육과정 주요사항 발표하는 유은혜 교육부총리

초등학교에는 선택과목이 도입된다. 시도교육청이나 각 학교들이 68시간 범위 내에서 학생이나 학부모가 필요하다고 생각하는 과목을 신설할 수 있도록 했다. 또 중학교 1학년에 대해 170시간 운영 중인 자유학기제도 바뀐다. 개정 교육과정은 1학년 중 한 학기를 선택해 102시간으로 축소 운영하고, 3학년 2학기에 진로연계학기를 도입한다. 한편 상급학교로 진학하기 전인 초교 6학년, 중·고교 3학년 2학기 중 일부 기간을 진로연계학기로 두고 교과·창체 시간을 활용해 운영하는 방안도 마련됐다. 이에 따라 초등학교 1학년 입학 초기에는 유치원 누리과정과 연계하고, 중3은 교과학습과 과목선택 연습, 희망진로 구체화 등 고교생활을 준비하게 된다.

모든 교과에 디지털 소양 강화 목표 반영

인공지능(AI), 소프트웨어(SW) 등 산업기술 혁신에 따른 미래세대 핵심역량을 위해 디지털 기초소양을 함양하고 이에 맞게 교실 수업과 평가방식을 변경한다. 학교급별 발달단계에 따라 모든 교과교육을 통해 디지털 기초소양을 함양하도록 학교급별 내용체계를 구성하고 교과별 교육과정에 반영한다. 이에 따라 각 학교별로 자율적인 정보 교과목 편제와 교육과정 편성기준을 마련할 수 있도록 한다. 초등학교 34시간, 중학교 68시간을 학교 자율시간과 정보 또는 실과 시간으로 편성하며, 고등학교에는 정보교과와 관련 선택과목이 신·개설된다.

새 교육과정은 미래 지속가능한 발전, 기후위기 대응 등에 포함된 '생태전환 교육'과 시민으로서 갖추어야 할 기본역량 강화와 공동체가치 함양을 위한 '민주시민교육'을 내세운다. 또한 학생들이 미래 사회 변화에 적극적으로 대응할 수 있는 기초소양과 역량을 함양해 '포용성과 창의성을 갖춘 주도적인 사람'으로 성장하도록 하는 것을 목표로 한다. 교육부는 구체적인 총론과 교과 교육과정 시안을 개발해 2022년 하반기 새 교육과정을 최종 확정·고시할 예정이다. 확정된 교육과정은 2024년부터 초등학교 1~2학년, 현재 초3과 초6이 각각 중·고교에 입학하는 2025년부터 중·고교에 연차 적용된다.

13위

헝다, 실질적 디폴트 상태 …
'경제안정'으로 몸 돌린 중국

60조원대 빚을 진 중국 부동산개발업체 헝다(恒大 · 에버그란데)가 2021년 12월 6일까지 반드시 지급했어야 하는 채권이자를 지불하지 못하면서 실질적인 **디폴트***상태에 빠졌다. 2021년 12월 3일 심야에 헝다는 홍콩 증권거래소에 올린 '올빼미 공시'를 통해 기습적으로 디폴트 위기상황을 공개했다. 헝다는 공시를 통해 2억 6,000만달러(약 3,075억원)의 채무 상환의무를 이행하라는 통보를 받았지만 유동성 위기 때문에 이를 상환하기 어려울 수 있으며, 이 채무를 모두 갚지 못하면 다른 달러채권 조기상환 요구를 받을 수 있다고 밝혔다. 이후 2021년 12월 6일, 블룸버그는 헝다가 뉴욕시간으로 6일 오후 4시까지 두 건의 달러 채권에 걸쳐 총 8,249만달러(약 976억원)의 이자를 지급하지 않았다고 보도했다. 로이터 통신도 헝다의 해외 채권자들이 이 채권이자를 지급받지 못했다고 보도했다.

디폴트(Default)

채무자가 이자나 원리금 등 채무를 상환할 수 없는 상태에 빠져 상환의무를 계약대로 이행할 수 없는 상태로 채무불이행이라고도 한다. 디폴트 발생 시 기업은 부도처리, 국가는 국가부도 상태가 되어 모든 대외거래가 중단된다. 채권자가 디폴트가 발생했다고 판단하고 이를 채무자나 제3자에게 통보하는 것을 디폴트 선언이라고 한다.

헝다가 이 달러채권의 원리금을 제대로 갚지 못하면 192억 3,600만달러(약 22조 7,000억원) 규모에 달하는 전체 달러채권 연쇄디폴트로 이어질 수 있다. 게다가 2021년 6월 기준으로 헝다의 총부채는 1조 9,665억위안(약 365조원)에 달한다. 헝다의 부채는 중국 내 은행 등 금융권, 위안화 채권, 그림자 금융상품, 달러 채권 등에 걸쳐 있으며, 중국 내 많은 협력업체도 헝다에 돈을 받지 못한 상태다.

중국 수뇌부, '안정' 최우선 과제 제시

헝다 부채위기 폭발이 중국 및 세계 경제에 큰 부담이 될 수 있다는 우려가 제기된 가운데 시진핑 국가주석을 중심으로 한 중국 수뇌부가 '안정'을 2022년 경제운용의 최우선 목표로 제시하면서 경기위축의 핵심요인이 된 부동산규제 완화를 시사했다. 중국은 2021년 주택가격 안정을 위한 부동산산업 억제, 빅테크(거대 정보기술기업) 규제, 사교육 금지, 저탄소 전환 등 자국의 경제의 장기발전 기틀을 마련하는 '구조개혁'에 주력해왔는데, 경기하방 압력이 심각해졌다는 판단하에 정책 우선순위 조정에 나선 것으로 분석된다.

중국공산당의 중추기구인 중앙정치국은 2021년 12월 6일 2022년 경제운용방향을 주제로 한 회의에서 가장 먼저 경제안정 유지를 강조했다. 정치국은 안정을 중시하는 가운데 "적극적 재정정책과 온건한 통화정책을 계속 실시하면서 재정정책의 효율성은 높이고 통화정책의 유연성을 높여 유동성 수요를 합리적으로 충족시켜야 한다"고 밝혔다. 이는 중국 당국이 시 주석 장기집권의 문을 열 2022년 가을 20차 당대회를 앞두고 경제 · 사회 안정의 필요성을 강하게 느끼고 있음을 보여준다.

부동산규제 완화 시사

정치국 회의에서는 부동산규제 정책의 변화도 예고됐다. 정치국은 이날 과거 부동산 억제정책의 중요성을 강조할 때 으레 쓰던 '집은 사는 곳이지 투기 대상이 아니다'라는 표현을 들어내는 대신 '부동산산업의 양성순환'이라는 말을 새로 넣었는데 이를 두고 시장에서는 당국의 부동산 정책기조 변화를 예고하는 것으로 해석하고 있다.

▲ 시진핑 중국 국가주석

헝다를 비롯한 중국 부동산업체들이 직면한 심각한 유동성 위기는 기본적으로 2020년 하반기부터 본격화한 규제환경 변화에서 시작됐다. 중국 당국은 주택불평등 문제가 장기집권 기반에 심각한 위협요인이 된 가운데 부동산 거품이 향후 자국경제에 크나큰 위험요인이 될 수 있다고 보고 2020년 말부터 강력한 억제정책을 펴기 시작했다. 수요 측면에서는 주택 구매자들을 대상으로 주택담보대출 조건이 까다로워졌고, 공급 측면에서는 부동산 개발업체들의 은행대출을 제약하는 '3대 마지노선' 제도가 도입됐다. 이런 중국의 정책은 중국 국내총생산(GDP)의 거의 30%에 해당하는 부동산시장의 심각한 위축으로 이어졌다. 이로 인해 개발업체들의 자금줄이 급속히 말라 중소업체들을 중심으로 디폴트와 파산이 속출했고, 급기야 헝다의 디폴트 위기로까지 사태가 번졌다. 결국 원자재가격 상승, 코로나19 지속 확산 등의 전 세계적인 복합악재 속에서 중국의 경제둔화

위기가 고조되자 중국정부가 '부동산개혁'의 고삐를 늦추는 선택을 한 것으로 볼 수 있다.

애플, 셀프수리제도 도입 …
소비자 수리권 강화 추세

애플이 2022년 초 미국에서 셀프수리제도를 도입한다고 발표했다. 이는 소비자가 온라인으로 필요한 부품과 도구를 사서 교체할 수 있게 하는 것으로 도입 초기에는 아이폰 12·13시리즈 제품의 화면, 배터리, 카메라 등이 대상이다. 애플은 2022년 중에 다른 국가로 셀프수리제도를 확대할 계획이며, 우리나라 도입시기는 아직 미정이다. 애플의 이번 발표를 계기로 소비자가 전자기기 등 구매제품을 스스로 고칠 수 있는 '**수리권***'이 주목받고 있다.

수리권(Right to repair)

소유자가 제품을 고쳐서 쓸 수 있도록 하는 권리로 자동차, 의료기기, 농기구, 전자기기 등 생활 전반에 걸친 권리로 확대되고 있다. 세부내용으로는 수리보증을 장기간 요청할 수 있는 권리, 수리 방식 및 업체를 선택할 수 있는 권리, 수리에 필요한 부품 및 장비 등에 접근할 수 있는 권리, 수리가 용이한 제품을 선택할 수 있는 권리 등이 있다.

수리권 강화로 비용절감·전자폐기물 감축

미국과 유럽에서는 수리권을 강화하는 추세다. 제조업체의 직영 서비스센터나 공인 수리점을 통하지 않고도 소비자가 직접 제품을 고쳐 쓰거나 사설 수리점을 이용할 수 있도록 부품과 장비를 공급하게 만드는 것이다. 미국의 공정거래기구인 연방거래위원회(FTC)는 2021년 7월 소기업, 소비자 등이 자신의 제품을 고치는 것을 막는 행위에 대한 법 집행

을 강화하기로 했다. 미국정부의 이런 정책은 수리권 보장에 소극적인 애플의 태도변화를 이끈 요인의 하나로 꼽히고 있지만, 애플의 셀프수리제도가 전자제품 수리지식과 경험이 있는 소비자를 대상으로 한 것이어서 실효성이 떨어진다는 비판도 나온다.

▲ 서울 강남의 애플스토어

영국에서는 2021년 7월부터 TV, 냉장고 등 일부 전자제품의 예비부품을 최장 10년간 제공하도록 하는 수리권법을 시행 중이다. 안정적인 부품공급으로 원활하고 손쉽게 수리할 수 있도록 하자는 취지다. 수리권 강화의 목적은 소비자 권익확보와 환경보호에 있다. 전문적인 기술이 필요 없는 부품교체의 경우 소비자가 직접 하면 수리에 드는 시간과 비용을 아낄 수 있으며, 부품 공급기간이 길어지면 제품수명이 늘어나 전자폐기물을 줄일 수 있다. 영국정부는 수리권법 시행으로 연간 150만t의 전자폐기물을 줄이고 탄소배출 감축에도 기여할 것으로 기대했다.

국내에서도 수리권 논의가 활성화돼야

박소영·김경민 국회입법조사처 입법조사관은 보고서에서 "현재 국내에서 스마트폰의 품질 보증기간은 2년(배터리는 1년), 제조업체의 부품 보유기간은 4년으로 길지 않다"며 "제조업체가 수리를 독점하는 경우 수리비용이 커지고 수리기간이 길어질 수 있는 문제점이 있다"고 말했다. 이어 소비자의 수리가능기간을 연장하고 수리비용을 줄이며 수리업체 선택

권을 확장하는 방향으로 전자기기 수리권 논의가 필요하다고도 덧붙였다.

▲ 서울 삼성 딜라이트 샵

국회에는 휴대폰 수리권을 보장하는 법안이 계류돼 있다. 국회 부의장인 김상희 더불어민주당 의원은 휴대폰 수리에 필요한 부품, 매뉴얼, 장비 등의 판매를 거절·지연하는 행위, 수리를 제한하는 소프트웨어를 설치·운영하는 행위를 금지하는 내용의 이동통신단말장치 유통구조 개선에 관한 법률 개정안을 대표발의했다. 이에 삼성전자는 사설업체에서 수리받을 경우 수리품질 저하, 수리비 상승 등으로 고객이익이 거의 없을 것이며 비정품·모조품 사용으로 인한 부실부품 유통, 소비자안전 피해 등 부작용이 우려된다는 의견을 제시했다. 한국전자정보통신산업진흥회(KEA)도 소비자안전 관련 피해 증가, 제품고장 발생 등을 들어 반대입장을 보였다.

그린패스 현실된 유럽, 찬성과 반대 첨예

그린패스를 일찍이 도입한 유럽 일부 국가에서 제도가 안착단계에 들어서고 있다. 그러나 여전히 정

책을 둘러싼 사회·정치적 갈등이 곳곳에서 이어지고 있다.

그린패스 있어야 공공장소 출입 가능

이탈리아는 행정명령을 통해 2021년 10월 15일부터 전 세계에서 처음으로 모든 근로사업장에 코로나19 면역증명서인 **그린패스*** 제도를 적용시켰다. 이에 따라 공공·민간 영역을 불문하고 모든 노동자는 일터에 나갈 때 그린패스를 소지해야만 하고, 그린패스를 소지하지 않을 시 무급 정직처분을 받게 된다. 또한 그린패스 없이 사업장을 드나들다 적발되면 600유로(약 83만원)에서 최고 1,500유로(약 207만원)의 과태료가 부과된다. 고용주에게도 관리 소홀의 책임을 물어 400~1,000유로(약 55만~138만원)의 과태료를 부과한다. 다만 그린패스 유무가 해고사유는 될 수 없도록 했다.

그린패스(Green Pass)

유럽에서 코로나19 백신을 맞았거나 검사에서 음성을 받은 사람, 바이러스에 감염됐다가 회복한 사람에게 발급하는 일종의 접종확인서, 음성확인서의 통칭이다. 특정 시설 출입 시 반드시 제출해야만 한다는 의미를 갖는다. EU가 역내 국가 간 안전한 인적 교류를 위해 2021년 6월 도입했다. 백신여권, 코비드패스, 백신패스 등으로도 불린다.

이탈리아정부가 그린패스를 자국 방역정책의 근간으로 삼고 각 부문에 도입하기 시작한 것은 같은 해 8월부터로 국민의 백신접종을 장려하는 한편 안전한 환경에서 경제를 활성화하려는 목적이었다. 이에 실내 음식점과 문화·체육시설 출입 시 그린패스 지참을 의무화한 데 이어 9월 1일부터는 버스·기차·페리·여객기 등의 모든 장거리 교통수단을 이용할 때도 그린패스를 제시하도록 했다. 10월부터는 그린패스를 근로사업장으로까지 확대함에 따라 그린패스 없이는 일상생활이 불가능하게 됐다.

▲ 그린패스를 확인하는 이탈리아 토리노 기차역

이탈리아와 비슷한 시기에 그린패스를 적용한 프랑스도 2021년 8월부터 그린패스가 없으면 사람이 많이 모이는 실내 다중이용시설에 입장할 수 없다. 독일과 스위스 역시 식당이나 술집, 박물관 등 실내 공공장소에서 그린패스를 제시하도록 요구하고 있다. 백신 보급 초기 전 세계에서 가장 빠른 속도로 접종을 진행한 이스라엘도 이미 10월부터 부스터샷(면역강화를 위한 추가접종)을 시작하는 동시에 그린패스 제도를 도입했다. 교황청이 있는 바티칸시국에 들어갈 때도 2021년 10월 1일부터 코로나19 면역증명서를 제시하고 있다.

역차별 논란에 그린패스 거부 시위 확산

새로운 변이종인 오미크론이 확산하자 그동안 주저했던 백신접종 의무화 정책도 과감하게 도입하고 있다. 독일은 2월 말이나 3월 초까지 입법화를 완료한다는 목표 아래 국민 백신접종 의무화 카드를 꺼내 들었다. 60세 이상 연령층에 접종을 의무화하고 백신접종 거부자에겐 매달 100유로(약 13만원)의 벌금을 물린다는 게 핵심이다. 최초 코로나19 확진자가 발생한 이래 수많은 확진자와 사망자가 발생해 혹독한 대가를 치른 유럽시민들 사이에서는 대체로 그린패스 제도의 실효성에 공감하는 분위기다. 인명과 직결되는 공공보건을 위해 개인의 자율성을 어느 정도 제약하는 것은 불가피하다는 인식 때문이다.

▲ 이탈리아의 그린패스 반대시위

그러나 여전히 백신접종을 기피하거나 백신접종과 그린패스 제도를 심각한 자유침해로 바라보는 사람들의 반대 목소리도 만만치 않다. 이들은 그린패스 제도가 사실상 백신접종을 강제하는 데다 접종을 기피하는 사람들에 대한 차별적 성격을 지니고 있다고 주장한다. 프랑스와 이탈리아 주요 도시에서는 2021년 7월부터 거의 매 주말 그린패스 반대시위가 열리고 있고, 이탈리아 로마에서는 '네오파시즘' 성향의 극우단체 포르차 누오바(Forza Nuova)가 주도한 과격시위로 수십명의 부상자가 발생하기도 했다. 여기에 12~17세 청소년에 이어 아동도 백신을 맞을 수 있도록 절차를 밟으면서 시위는 더욱 격화되고 있다.

16위

OECD, 2022년 한국 성장률 3.0%로 상향

경제협력개발기구(OECD)가 2022년 우리나라의 경제성장률 전망치를 3%로 올려 잡았다. 2021년 물가상승률 전망치는 2% 중반대로 상향조정했다. 기획재정부(기재부)에 따르면 OECD는 2021년 12월 1일 발표한 경제전망에서 2022년 한국의 경제성장

률 전망치를 종전 2.9%에서 3.0%로 0.1%포인트 상향조정했다. 이는 국제통화기금(IMF)(3.3%), **아시아개발은행(ADB)***(3.1%)보다 낮지만 정부(3.0%)나 한국은행(3.0%), KDI(3.0%)와는 동일한 수준이다. 이로써 OECD는 2021년 9월 중간 경제전망에 이어 두 차례 연속으로 우리나라의 2022년 경제성장률 전망치를 올려 잡았다. 2021년 경제성장률 전망치는 종전대로 4.0%를 유지했다. 미국(6.0%→5.6%)이나 중국(8.5%→8.1%), 일본(2.5%→1.8%) 등 주요국들의 2021년 성장률 전망치가 잇따라 내려간 가운데 우리나라는 기존에 예상됐던 경제회복 흐름을 이어갈 것으로 본 것이다. 2023년 경제성장률 전망치는 2.7%로 제시했다.

아시아개발은행(ADB ; Asian Development Bank)

아시아·태평양 지역의 경제성장과 협력을 위해 설립됐다. 1966년부터 활동을 시작했으며 본부는 마닐라에 있다. 주요 업무로 지역 내 개발 투자 및 투자촉진, 지역 내 개발에 관한 정책과 계획 조정, 기술원조 등이 있다. 한국은 일본, 미국, 중국, 인도, 캐나다, 호주, 인도네시아 등 8개 상임이사국 중 하나이며 지금까지 부총재 3명을 배출했다.

석 달 만에 2021년 물가전망치 또 올려

OECD는 2021년 한국의 소비자물가 상승률 전망치도 종전 2.2%에서 2.4%로 0.2%포인트 상향조정했다. 2021년 9월 중간 경제전망 당시 물가상승률 전망치를 0.4%포인트 상향한 데 이어 3개월 만에 재차 전망치를 높인 것이다. 이는 한국은행(2.3%)과 한국개발연구원(KDI)(2.3%) 전망치를 웃도는 수준이며 2% 초반대 물가상승률을 목표로 하는 정부의 전망과도 어긋난 수치다.

OECD는 한국의 2022년 소비자물가 상승률 전망치도 2.1%로 종전(1.8%)보다 0.3%포인트 올려 잡았다. G20 물가상승률 전망치는 2021년 3.8%, 2022년 4.4%로 기존 전망보다 0.1%포인트, 0.5%

포인트씩 상향했다. 그러나 기재부에 따르면 우리나라의 2021년 물가상승률 전망치 상향폭(0.2%포인트)은 G20 선진국 가운데 영국(0.1%포인트)에 이어 두 번째로 작았고, 2022년 상향폭(0.3%포인트) 또한 일본과 함께 최저에 불과하다.

OECD 한국 경제 전망

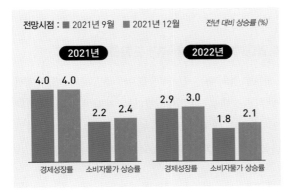

전망시점 : ■ 2021년 9월 ■ 2021년 12월   전년 대비 상승률 (%)

2021년
- 경제성장률 4.0 / 4.0
- 소비자물가 상승률 2.2 / 2.4

2022년
- 경제성장률 2.9 / 3.0
- 소비자물가 상승률 1.8 / 2.1

자료 / 기획재정부, 경제협력개발기구(OECD)

밥상물가 상승 도드라져

2021년 우리나라 전체 물가상승률 및 상승률 전망치는 OECD 회원국 중 낮은 순위이지만 식료품 및 비주류음료 물가는 3분기(7~9월)에 2020년 같은 기간보다 5.0% 올라 OECD 회원국 중 다섯 번째로 높은 상승률을 기록했다. 식료품과 비주류 음료 물가는 흔히 밥상물가로도 불린다. 식료품 및 비주류 음료 물가상승률은 2021년 10월 농축수산물 가격이 안정되면서 1.6%로 둔화했지만 11월에는 농축수산물과 가공식품 가격이 모두 강세를 보이며 다시 6.1%로 뛰었다.

2021년 12월 5일 통계청과 OECD에 따르면 한국의 3분기 소비자물가 상승률(전년 동기 대비) 역시 2.6%로, 이는 분기 기준으로 2012년 1분기(3.0%) 이후 9년여 만에 상승률이 가장 높았다. 최근 유가 상승, 공급망 차질, 경제활동 재개 등에 따라 전 세계적으로 물가가 오르고 있기 때문이다. 그러나 다른 나라와 비교하면 OECD가 연간 물가상승률을 공표하는 38개국 가운데 벨기에와 같은 공동 23위로 상대적으로 낮은 수준이다.

HOT ISSUE   17위

문재인 대통령, 임기 전 마지막 '국민과의 대화'

지난 2021년 11월 21일에 열린 문재인 대통령의 임기 전 마지막 '국민과의 대화'는 장기간 지속된 코로나19 상황을 반영한 듯 방역과 민생경제에 대한 질문과 답변이 주를 이뤘다. 이날 서울 여의도 KBS 공개홀 현장에는 백신접종을 완료한 204명의 국민 패널이 마스크를 쓴 채 자리했다. 백신 미접종자 등 100명은 화상으로 참여했다.

▲ 국민패널들의 질문에 답변하는 문재인 대통령

"코로나19 잘 대처해, 부동산은 아쉬워"

문 대통령은 '코로나19' 상황에 대한 언급으로 발언을 시작했다. 문 대통령은 "국민들께서 코로나 때문에 고생도 하셨는데 단계적 일상회복에 들어가게 되어 아주 기쁘다"며 "일상회복이 된 덕분에 오랫동안 국민과 소통할 기회를 갖지 못하다가 이런 기회를 갖게 돼 아주 기쁘다"고 소감을 밝혔다.

국민패널들은 **돌파감염***에 대한 정부의 대처방안, 백신접종 인센티브, 먹는 치료제 개발 등 초반 코로나19 방역상황과 관련한 질문에 집중했고, 문 대통령은 상세한 답변을 이어갔다. 특히 현 정부의 성과 중 하나로 'K방역'을 꼽으며 "지금은 민주주의, 문화, 방역, 보건의료, 국방력, 외교, 국제협력 등 모든 분야에서 거의 세계 톱 10으로 인정받을 만큼 국가위상이 높아졌다"고 언급했다. 이어 "제가 이런 이야기를 하면 '자화자찬이다', '국민 삶이 어려운데 무슨 소리냐' 하는 비판이 있다는 것을 안다"고 언급하면서 "이것은 우리의 주관적 평가가 아니라 세계가 하는 객관적 평가"라고 강조했다.

돌파감염

백신별 접종횟수를 모두 맞은 뒤 보통 항체가 생기는 기간인 14일 뒤에 감염되는 것을 말한다. 애초 백신의 예방효과가 100%가 아닌 데다 백신이 완전히 예방할 수 없는 변이 바이러스에 감염되는 경우도 있기 때문에 발생한다. 돌파감염을 막기 위해서는 백신을 맞은 뒤에도 마스크를 착용하고 거리두기를 준수하는 등의 방역수칙을 지켜야 한다.

문 대통령은 청년실업과 부동산투기 관련 문제에 대한 질문을 받고는 "청년고용률은 과거 어느 때보다 높다"면서도 "질 좋은 일자리로 되고 있냐는 부분은 부족하단 지적이 많을 것이다. 청년들이 더 질 좋은 일자리를 얻을 수 있도록 노력하겠다"고 말했다. 부동산문제에 대해서는 "여러 차례 송구하다고 사과 말씀을 드렸는데 지나고 생각해보면 주택공급

에 좀 더 많은 노력을 기울였으면 좋았겠다고 생각한다"고 아쉬움을 드러내기도 했다. 임기 중 가장 아쉬웠던 분야로도 역시 '부동산'을 꼽으며 "서민들에게 많은 박탈감을 드리고 부동산가격을 안정시키지 못함으로써 무주택자, 서민들, 청년들, 신혼부부들에게 내 집 마련의 기회를 충분히 드리지 못했다"라고 언급했다.

청와대, "자화자찬? 국민 모독하는 것"

한편 청와대는 문 대통령이 '국민과의 대화'에서 정부의 성과를 자화자찬했다는 지적이 일각에서 나오자 이에 대해 "국민에 대한 예의가 아니다"라고 반박했다. 박수현 청와대 국민소통수석은 라디오 프로그램에 출연해 "문 대통령은 문재인정부의 성과가 아니라 역대 정부의 성취가 쌓여온 것이자 국민이 이룬 성취라고 했다"면서 이같이 밝혔다. 박 수석은 "그것마저도 폄훼한다면 국민이 이룬 일을 폄훼하는 것"이라며 "(국민의) 자부심이 우리가 더 나은 나라로 발전하기 위한 원동력이 돼야 한다"고 강조했다. 그러면서 "비판은 감수하겠지만 문 대통령이 이야기한 내용 중 사실이 아니거나 사실을 과장해서 말한 부분이 있으면 근거를 가지고 반박하라"고 말했다.

▲ 박수현 국민소통수석

'에너지 캐시백' 제도, 2022년 1월부터 시범 실시

주변 아파트단지 등에 비해 평균 전기사용량이 적을 경우 그만큼 돈으로 돌려받는 '에너지 캐시백' 제도가 2022년 1월부터 일부 지역에서 시범적으로 실시된다. 또한 에너지를 많이 사용하는 사업장이 목표를 세우고 사용량을 효율적으로 관리할 경우 그에 따라 세제 · 금융 등을 지원해주고, 발광다이오드(LED)에 비해 광(光)효율이 크게 떨어지는 형광등은 2028년부터 시장에서 퇴출된다.

에너지효율 혁신 및 소비행태 개선방안 논의

산업통상자원부(산업부)는 2021년 12월 6일 서울 한국기술센터 대회의실에서 '제24차 에너지위원회'를 개최해 '에너지효율 혁신 및 소비행태 개선방안' 등 4개 안건을 상정 · 논의했다. 에너지효율 혁신 및 소비행태 개선방안은 2030년에 국가 에너지효율을 2018년 대비 30% 이상 개선하는 것을 목표로 산업 부문 에너지효율 관리 혁신, 국민 에너지 소비절감 및 소비행태 변화유도, 고효율 · 저탄소 기기 보급 · 확산, 형광등 퇴출 및 에너지 소비효율등급제 강화 등을 추진하는 것이 핵심이다.

정부는 이를 위해 연간 2,000석유환산톤(TOE) 이상 사용하는 에너지 다소비 사업장을 대상으로 에너지효율 개선목표를 제시하고 실적을 평가 · 관리하는 '에너지효율 목표관리제'를 도입할 예정이다. 목표를 달성한 사업장에는 환경 · 사회 · 지배구조(ESG) 환경 부문 평가에서의 우대와 함께 정부융자 우선지원 등을 추진하고 그렇지 못한 사업장에 대해서는 개선권고를 내려 에너지 사용을 효율화하겠다는 구상이다. 정부는 2022년에 인센티브를 중심으로 시범사업을 실시한 후 2024년부터 본사업을 추진할 계획이다. 산업부는 본사업 시행 시 연간 180만TOE(11TWh) 수준의 에너지절감이 예상된다면서 이는 보령화력(500MW) 약 4기의 연간 발전량과 유사한 수준이라고 밝혔다.

에너지 시스템 전반에 걸친 혁신 필요

주변 아파트단지 · 가구 등과 전기 절약수준을 비교해 절감수준에 따라 그만큼 캐시백을 주는 '에너지 캐시백' 사업도 추진된다. 예를 들어 유사한 면적의 가구가 사용한 평균 전기사용량보다 1kWh만큼 적게 사용할 경우 50원씩 돈을 주는 것이다. 또 평균 사용량이 400kWh일 경우 이보다 20%(80kWh) 적게 사용하면 4,000원을 받게 된다. 이 사업은 세종, 진천, 나주 등 혁신도시를 중심으로 2022년 1월부터 시범적으로 실시된다. 또한 지방자치단체와 연계해 아파트, 마을, 학교 등 커뮤니티 단위로 에너지 절약시설의 설치 · 활용 지원도 확대한다는 방침이다. 이와 더불어 2022년부터 형광등의 최저효율 기준을 단계적으로 올려 2028년 이후에는 신규로 제작하거나 수입된 형광등의 국내시장 판매를 완전히 금지할 계획이다. LED에 비해 광효율이 절반 이하인 형광등을 과거 백열등처럼 시장에서 퇴출하겠다는 것이다.

식기세척기, 이동식에어컨, 복합기 등 최근 많이 사용하는 가전을 의무제도인 효율등급제에 포함시켜 소비전력 관리도 강화한다. 이밖에 한전, 가스공사, 지역난방공사 등 에너지 공급기업에 에너지효율 향상 목표를 주는 '에너지공급자 효율향상 의무화제도(EERS)*'도 2022년에 법적 기반을 마련한 뒤 본격적으로 시행할 예정이다. 이 제도가 도입되면 에너지 공급기업은 목표달성을 위해 국민, 기업 등 소비자에게 발광다이오드(LED) 등 절감효과가 우수한 고효율 설비나 시스템 등의 설치를 지원하게 된다.

에너지공급자 효율향상 의무화제도(EERS)

EERS(Energy Efficiency Resource Standard)는 에너지공급자인 한전이 효율향상 사업을 통해 정부가 부여한 판매전력량의 일정 비율만큼 의무적으로 절감해야 하는 제도다. 에너지 절약, 온실가스 감축, 전력수급 안정, 일자리 창출 등의 기대효과가 있으며, 경제적·환경적 측면에서 효과적인 에너지 절감수단으로 인식되어 세계 각국에서 관련 정책 도입을 확산하는 추세다. 현재 미국, 유럽 등에서 시행 중이다.

기기 효율관리제도 개편 주요 일정

구분	대기전력저감	에너지소비효율등급	고효율에너지기자재
As-Is	21개 품목 (가전, 사무기기 등)	33개 품목 (가전, 산업용기기 등)	23개 품목 (산업용기기 등)
'22~'23	컴퓨터, 모니터, 복합기	이동식 에어컨, 식기세척기	팬, 대형펌프 (확정)
'24~'27	비데, 전자레인지 등 7개 품목	의류관리기, 에어프라이어	중·소형 펌프, LED등기구 (연구용역)
'28~'30	• 효율관리 필요성이 낮아진 품목 제외 검토	• 대형 공기청정기, 무선청소기 등 신규품목 지속 검토 • 등급기준·효율목표 운용 체계화	• 대형건물 사용제품(무정전 전원장치, 항온항습기) 등 소비효율등급제로 이관 검토
To-Be	소비효율등급제로 통폐합	지속적인 품목 확대로 기기효율관리 강화	에너지 다소비기기를 소비효율등급제로 이관

자료 / 산업통상자원부

에너지위원회에서는 '2050 탄소중립 달성'과 '2030 국가 온실가스 감축 목표(NDC)'의 원활한 이행을 위해 에너지 분야 중장기 비전과 정책과제를 담은 에너지 탄소중립 혁신전략도 논의했다. 박기영 산자부 2차관은 국내외에서 배출되는 온실가스 대부분이 에너지 생산·소비 과정에서 발생하고 있다면서 탄소중립의 목표로 나아가기 위해서는 에너지 시스템 전반에 걸친 혁신이 필요하다고 말했다.

헌재 "윤창호법 과도하다", 위헌결정 논란

2회 이상 음주운전으로 적발될 경우 징역·벌금형으로 가중처벌받게 되는 도로교통법(일명 윤창호법)이 헌법에 어긋난다는 헌법재판소(헌재)의 판단이 2021년 11월 25일 나왔다. 헌재는 2018년 12월 24일 개정돼 2020년 6월 9일 다시 바뀌기 전까지의 구 도로교통법 148조의2의 규정 중 '음주운전 금지규정을 2회 이상 위반한 사람' 부분이 **죄형법정주의***의 명확성 원칙과 과잉금지원칙 등을 위배했다는 내용의 헌법소원에서 재판관 7대 2의 의견으로 위헌 결정을 내렸다.

죄형법정주의

어떤 행위가 범죄가 되고 어떤 처벌을 할 것인가는 미리 성문법률에 규정되어 있어야 한다는 원칙이다. 즉, '법률이 없으면 범죄도 없고 형벌도 없다'는 것을 의미한다. 법적 안정성을 보호하고 형벌권의 자의적 행사로부터 개인의 권리를 보장하기 위한 것이다.

헌재, "책임과 형벌 비례하지 않아"

해당 조항은 음주운전 금지규정을 2회 이상 위반한 사람을 2~5년의 징역형이나 1,000~2,000만원의 벌금형에 처하도록 하는 것으로 현행 도로교통법에도 그대로 있다. 그러나 헌재의 다수의견 재판관들은 이 조항이 '책임과 형벌 간의 비례원칙'을 위반했다고 봤다. 다수의견은 해당 조항이 "가중요건이 되는 과거 음주운전 금지규정 위반행위와 처벌대상이 되는 재범 음주운전 금지규정 위반행위 사이에 시간적 제한이 없다"며 "과거의 위반행위가 형의 선고나 유죄의 확정판결을 받은 전과일 것을 요구하지도 않는다"고 지적했다. 예를 들어 음주운전으로 적발된 사람이 10년 이상 전에 음주운전을 한 적이 있다면 현재의 위반이 준법정신이 현저히 부족한 반규범적 행위이거나 사회구성원의 생명·신체를 반복적으로 위협하는 행위로 볼 수 있냐는 질문에 다수의견 재판관들은 그렇게 평가하기 어렵다고 판단한 것이다. 그러면서 "전범을 이유로 아무런 시간적 제한 없이 무제한 후범을 가중처벌하는 예는 찾기 어렵고, 공소시효나 형의 실효를 인정하는 취지에도 부합하지 않는다"고 덧붙였다.

▲ 2019년 윤창호법 시행 첫날 음주운전을 단속하는 경찰

재판관들은 또 같은 음주운전이라도 과거 위반전력이나 혈중알코올농도 수준, 운전차량의 종류 등에서 위험정도가 다를 수 있는데, 현행법대로면 상대적으로 가벼운 범행까지 지나치게 엄하게 처벌하게 될 것이라고 판단했다. 헌재는 "반복적 음주운전에 대한 강한 처벌이 국민 일반의 법 감정에 부합할 수는 있으나, 결국 중벌에 대한 면역성과 무감각이 생기게 돼 법의 권위를 실추시키고 법질서의 안정을 해할 수 있다"고 강조했다. 헌재 관계자는 "오늘 나온 위헌심판은 구 도로교통법 조항을 대상으로 한 것"이라고 설명했다. 위헌결정으로 효력을 잃게 되는 조항은 2020년 6월 개정되기 이전의 윤창호법이라는 취지다. 다만 같은 내용의 조항이 현행 도로교통법에도 있어 위헌결정의 영향은 불가피할 것으로 보인다.

위헌결정에 각계 목소리 엇갈려

헌재의 위헌결정이 음주운전에 대한 경각심을 떨어뜨리는 등 부작용을 낳을 것으로 보는 이들은 국민 법 감정에 안 맞는다는 반응을 내놓았다. 음주운전에 대한 사회적 인식이 점점 엄격해져 왔고 처벌 강화에 대한 공감대도 뚜렷하게 형성돼 있는데 헌재 결정은 이런 흐름에 반한다는 것이다.

▲ 음주운전 근절 캠페인에 나선 고 윤창호 씨의 친구들

반면 입법 초기부터 과잉입법이라는 지적도 있었던 만큼 헌재결정은 예상된 바였다는 견해도 있다. 윤해성 한국형사정책연구원 연구위원은 "영미법은 삼진아웃제를 인정하는데 우리나라는 대륙법 성격이 강한데도 '2진 아웃'을 도입하는 것에 대해 과잉입법이라 본 것"이라고 평가했다. 또 "윤창호법은 알코올 농도에 따라 중하게 처벌하고 농도가 미약해도 중하게 처벌한다. 미약한 책임에도 중하게 처벌하니 그 자체로 문제가 있기는 하다"고 지적하기도 했다.

20위

기준금리 0.75 → 1.00% …
20개월 만에 '1%대' 마감

2021년 11월 25일 한국은행(한은) 금융통화위원회(금통위)는 통화정책방향 회의를 통해서 현재 연 0.75%인 기준금리를 1.00%로 0.25%포인트 인상했다. 2020년 코로나19의 여파로 0%대까지 떨어진 기준금리가 20개월 만에 다시 1%대로 올라선 것이다. 이에 따라 한은이 경기방어 차원에서 돈을 풀며 1년 8개월 동안 주도한 '초저금리 시대'가 막을 내렸다. 2020년 3월 16일 금통위는 코로나19 충격으로 경기침체가 예상되자 기준금리를 한번에 0.5%포인트를 낮추는 이른바 **'빅컷***'(1.25% → 0.75%)'을 단행했고, 5월 28일 추가인하(0.75% → 0.5%)를 통해 2개월 만에 0.75%포인트나 금리를 빠르게 내렸다. 이후 기준금리는 2020년 7, 8, 10, 11월과 2021년 1, 2, 4, 5, 7월 무려 9번의 동결을 거쳐서 2021년 8월 마침내 15개월 만에 0.25%포인트 인상됐고, 이날 0.25%포인트가 더해졌다.

빅컷(Big cut)
한국은행에서 금리를 0.5% 내린 것처럼 금리를 큰 폭으로 인하하는 것을 말한다. 중앙은행은 보통 충격을 줄이기 위해 0.25%포인트 단위의 점진적인 방식으로 금리를 조정한다. 미국 연준(Fed)은 2004년부터 이 같은 통화정책을 활용해왔고 우리나라도 같은 방식을 사용하고 있는데, 이 방식을 당시 미국 연준의장이었던 그린스펀의 이름을 따 '그린스펀의 베이비스텝'이라 부른다.

물가·가계부채·집값 안정에 초점

금통위가 이처럼 3개월 만에 기준금리를 0.5%포인트나 올린 것은 그동안 시중에 돈이 많이 풀린 부작용으로 인플레이션(물가상승) 우려가 커지는 데다

가계대출 증가, 자산가격 상승 등 '금융 불균형' 현상도 여전하기 때문이다. 2021년 소비자물가상승률(전년 동월 대비)은 ▲ 4월 2.3% ▲ 5월 2.6% ▲ 6월 2.4% ▲ 7월 2.6% ▲ 8월 2.6% ▲ 9월 2.5%로 6개월 연속 2%를 웃돌다가 마침내 10월(3.2%) 3%를 넘어섰다. 이는 2012년 1월(3.3%) 이후 가장 높은 상승률이다. 2021년 9월 말 기준 우리나라 가계신용(빚) 잔액(1,844조 9,000억원)도 역대 최대 규모다. 금융감독 당국과 금융기관의 다양한 가계대출 억제대책에도 불구하고 3분기에만 주택담보대출을 중심으로 36조 7,000억원이나 더 불었다. 이에 따라 이날 금통위 회의에 앞서 대부분의 경제 전문가와 시장도 기준금리 추가인상에 무게를 뒀다. 이러한 기준금리 인상에는 '이제 시중 돈을 조금씩 거둬들여도 좋을 만큼 경기회복세가 탄탄하다'는 한은의 인식과 전망이 반영된 것으로 해석된다. 전문가들이 이날 한은이 2021년 실질 국내총생산(GDP) 성장률 전망치를 기존 4.0%에서 더 낮추지는 않을 것으로 예상한 것도 같은 맥락이다.

2021년 7월 초 이후 5개월 가까이 코로나19 4차 대유행이 이어지고 있지만 수출호조와 위드코로나(단계적 일상회복) 전환에 따른 소비회복, 지원금 등

한미 기준금리 추이

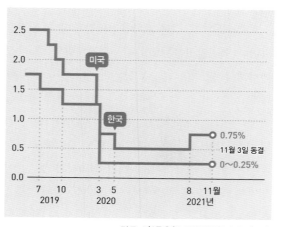

자료 / 한국은행, 미국연방준비제도(Fed)

정부의 재정지출 효과가 경기를 떠받칠 것이라는 분석이 우세하다. 하지만 일각에서는 기준금리가 너무 빠르게 오르면 경기위축, 가계이자 부담 급증 등의 부작용이 나타날 것이라고 경고했다. 이날 기준금리 인상으로 미국 연방준비제도(연준·Fed) 기준금리(0.00~0.25%)와의 격차는 0.75~1.00%포인트로 커졌다.

은행권도 일제히 예·적금 금리 올려

한은이 기준금리를 0.25%포인트 인상하자 은행들도 잇달아 예·적금 금리를 올리고 있다. 우리은행은 2021년 11월 26일부터 19개 정기예금과 28개 적금 상품의 금리를 올렸다. 인상폭은 최소 0.20%포인트에서 최대 0.40%포인트다. KB국민은행도 17개 정기·시장성예금, KB두근두근여행적금 등 26개 적립식예금 상품의 금리를 2021년 11월 29일부터 최고 0.40%포인트 올렸다. 하나은행도 수신금리를 0.25~0.40%포인트 인상할 예정이다. 신한은행도 기준금리 인상을 반영해 2021년 11월 29일부터 36가지 정기예금과 적립식예금 상품의 금리를 최대 0.40%포인트 올렸으며, NH농협은행도 예·적금 금리를 0.20%포인트~0.40%포인트 올리는 방안을 검토하고 있다. 은행들이 기준금리 인상폭(0.25%포인트)보다 더 많이 예·적금 금리를 올린 데는 금융당국의 압박이 영향을 미쳤다는 분석이다.

고발사주 의혹
손준성 검사 구속영장, 또 기각

'고발사주' 의혹에 연루된 손준성 대구고검 인권보호관에 대해 고위공직자범죄수사처(공수처)가 청구한 구속영장이 법원에서 또다시 기각됐다. 서울중앙지법 서보민 영장전담 부장판사는 2021년 12월 2일 손 검사를 불러 구속 전 피의자 심문(영장실질심사)을 진행한 뒤 "피의자의 **방어권*** 보장이 필요한 것으로 보이는 반면 구속의 사유와 필요성·상당성에 대한 소명이 충분하지 않다"며 구속영장을 기각했다. 앞서 법원은 10월 26일에도 공수처가 손 검사에 대해 청구한 구속영장을 "현 단계에서 구속의 필요성 및 상당성이 부족하다"며 기각한 바 있다.

방어권

형사재판에서 피고인이 갖는 권리에는 방어권과 소송절차참여권이 있다. 그중 방어권에서는 공소장부본송달 등 방어준비를 위한 권리와 진술권·진술거부권, 증거신청권 등 증거조사에 있어서의 방어권, 변호인을 선임할 권리인 방어능력의 보충에 대한 권리를 가진다.

▲ 고발사주 연루 의혹을 받는 손준성 대구고검 인권보호관

공수처, 연달아 법원 설득 실패

공수처는 손 검사가 대검찰청 수사정보정책관이었던 2020년 4월, 부하 검찰공무원에게 여권 인

사·언론인 등에 대한 고발장 작성과 근거자료 수집 등을 지시하고 고발장을 김웅 당시 미래통합당 총선 후보(현 국민의힘 의원)에게 전달한 것으로 보고 그에 대한 사전구속영장을 2021년 11월 30일 재청구한 바 있다. 앞서 10월 23일 청구한 1차 구속영장이 기각되자 공수처는 두 차례 손 검사를 소환조사하고 대검 감찰부와 수사정보담당관실(전 수사정보정책관실) 등을 압수수색하며 증거를 보강했지만 결국 구속수사 필요성을 입증하는 데 실패한 것이다.

공수처는 2차 청구에서 검사 2명 등 3명의 전 수사정보정책관실 소속직원을 고발장 작성·전달자로 기재하는 등 1차 때와는 다른 내용을 구속영장 청구서에 포함했지만 법원을 설득하지 못했다. 두 차례나 구속영장이 기각되면서 고발사주 의혹 수사가 더 나아가지 못한 채 빈손으로 마무리되는 것 아니냐는 우려를 낳고 있다.

▲ 김진욱 초대 공수처장

공수처의 수사동력 위태로워져

공수처가 손 검사의 신병확보에 또다시 실패하면서 중대위기에 직면했다. 손 검사의 혐의입증은 정치권과 윤석열 국민의힘 대선후보 등 검찰 고위층으로 수사가 나아가는 관문이었지만 약 3개월 동안 시도했음에도 문을 열지 못했기 때문이다. 손 검사뿐 아니라 윤 후보, 김 의원 등 함께 입건된 피의자들이 혐의를 부인하거나 모르쇠로 일관하고 있어 수사가

막다른 길에 몰린 셈이다. 혐의에 관한 소명이 부족하다는 법원의 판단이 거듭된 사정을 고려한다면 공수처가 세 번째 구속영장을 청구하기는 어려울 것으로 전망된다. 이에 따라 현재까지 파악한 내용을 토대로 손 검사의 일부 혐의에 대해서만 불구속기소하는 선에서 수사가 마무리될 수 있다는 관측도 나오고 있다.

관심을 모았던 윤 후보에 대해서는 고발사주 의혹과 관련해 불기소처분이 내려질 가능성이 커 보인다. 손 검사의 혐의를 소명하는 문턱조차 넘지 못한 상황에서 윤 후보까지 수사가 뻗어 나가기는 어렵다는 관측이다. 실제 공수처의 2차 구속영장 청구서에는 1차 청구서 때 손 검사가 '성명불상의 상급 검찰간부와 공모했다"고 기재돼 있던 내용이 빠져 있다. 윤 후보의 공모 여부를 밝히는 단계까지는 수사가 이뤄지지 못했다는 의미로 해석할 수 있다. 이에 따라 야권 일각에서 나왔던 공수처 폐지 목소리에 힘이 실릴 것으로 보인다.

HOT ISSUE **22**위

경기 아파트값 평균 6억원 돌파 … 서민담보대출 받기 어렵다

서울의 집값급등으로 인해 내 집 마련 수요가 수도권 주변 지역으로 옮겨 가면서 경기도의 평균 아파트값이 대출규제선인 6억원을 돌파했다. 2021년 11월 29일 KB국민은행의 월간 주택가격동향 시계열 통계에 따르면 11월 경기 지역 아파트의 평균 매매가는 6억 190만원이었다. 2021년 4월(5억 1,161만원) 5억원을 넘은 데 이어 7개월 만에 6억원도 돌

파한 것이다. 2021년 10월(5억 9,110만원) 대비로는 1,080만원 오른 금액이다.

경기도 평균 아파트값 추이

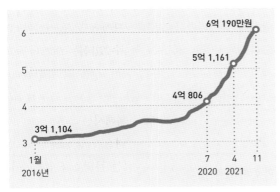

2021년 들어 역대 최고 상승률

주택 6억원은 금융권의 대출규제선으로 꼽힌다. 대표적인 서민 주택담보대출로 분류되는 보금자리론은 6억원 이하의 주택일 경우에만 받을 수 있기 때문이다. 보금자리론은 부부합산 연소득 7,000만원(신혼부부는 8,500만원) 이하 무주택자가 6억원 이하 주택을 살 때 약정만기 최장 40년 동안 2~3%대의 고정금리로 매달 원리금을 상환하는 주택담보대출이다.

최근 정부는 2022년부터 총대출액 2억원을 넘는 대출자에 대해 개인별 **총부채원리금상환비율(DSR)*** 을 적용하는 것을 골자로 한 가계부채 관리 강화방안을 발표했으나 보금자리론을 비롯한 정책서민금융상품은 DSR 산정 시 총대출액 계산에서 제외됐다. 이 때문에 대출규제를 피해간 시세 6억원 이하의 아파트 거래가 상대적으로 많아지는 매수 집중현상이 심화된 것으로 풀이된다. 경기도의 아파트값은 고강도 대출규제로 11월 상승률(1.63%)이 2021년 들어 최저를 기록했으나 11월까지의 누적 상승률은 28.53%에 달했다. 이는 지난 한 해 연간 상승률

(13.21%)의 두 배가 넘는 것이자 관련 통계집계 이래 상승률이 가장 높았던 2006년(28.44%)의 연간 치마저 뛰어넘은 수치다. 지역별로는 오산의 아파트값이 2021년 들어 47.52% 급등해 경기도뿐 아니라 전국적으로도 상승률 1위를 기록 중이다. 또 시흥시(41.84%)의 아파트값도 40% 이상 상승했고 동두천시, 안성시, 의왕시, 의정부시, 평택시, 안산시, 군포시, 수원시, 고양시, 화성시, 남양주시 등은 상승률이 30%를 넘었다.

총부채원리금상환비율(DSR ; Debt Service Ratio)
총 대출상환액이 연간 소득액에서 차지하는 비중이자 금융위원회가 마련한 대출심사 지표. 연간 총부채 원리금 상환액을 연소득으로 나누어 산출한다. 주택담보대출, 신용대출, 마이너스통장, 자동차할부, 신용카드 미결제 등 개인이 받은 모든 대출에 대한 원리금 상환액으로 대출 상환능력을 심사하므로 금융부채가 더 커져 대출한도가 축소된다.

2021년 들어 17개 시·도에서 집값 상승세가 가장 매서운 인천의 아파트값은 2021년 1~11월 누적 상승률이 31.47%로 집계됐다. 1986년 관련 통계가 집계된 이래 인천의 아파트값 상승률이 30%를 넘은 것은 2021년이 처음이다. 인천은 2021년 9월 아파트 평균 매매가격이 4억원을 넘은 데 이어 2021년 11월 중위 매매가(4억 260만원)마저 4억원을 돌파했다. 중위 매매가는 아파트값을 순서대로 나열했을 때 중간에 있는 가격이다. 서울 아파트 매매·전셋값 급등으로 인해 30대를 중심으로 상대적으로 가격이 싼 주변 수도권으로 수요가 몰린 '탈서울 내 집마련' 현상과 GTX(수도권광역급행철도) 개통에 대한 기대감으로 서울과의 심리적 거리가 짧아진 것이 경기·인천 아파트값 상승의 주요 요인으로 꼽혔다.

17.6년 치 월급 모아야 서울 중간가격 주택 구매

2021년 10월 아파트값 평균 매매가격이 12억원을 넘은 서울은 전체 주택(아파트, 연립·단독 주택

포함)의 평균 매매가격 또한 11월(9억 185만원)에 9억원을 넘어섰다. 또 11월 대구와 강원의 평균 아파트값은 각각 4억 176만원, 2억 85만원을 기록했다. 부산 전체 주택의 중위 매매가는 11월 3억 119만원으로 3억원을 넘었다.

한편 2021년 9월 전국과 서울의 '연 소득 대비 주택 구매가격 비율(PIR ; Price Income Ratio)'은 소득과 주택가격이 전체에서 중간수준인 3분위를 기준으로 각각 6.9, 17.6으로 나타났다. PIR은 주택가격을 가구소득으로 나눈 것이다. 중산층이 전국적으로는 6.9년, 서울에서는 17.6년간 월급을 전혀 쓰지 않고 저축해야 해당 지역 중간가격 수준의 집을 마련할 수 있다는 의미다. 다만 이 수치는 2021년 6월의 7.1(전국), 18.5(서울)보다는 다소 낮아졌다. KB국민은행 관계자는 "3분기에 주택가격 상승폭보다 소득의 상승폭이 더 컸기 때문"이라고 설명했다.

23위

'아메리칸 뮤직 어워드' 3관왕 … BTS, 아시아 첫 대상 새역사 썼다

그룹 방탄소년단(BTS)이 2021년 11월 22일 **미국 3대 음악시상식***으로 꼽히는 '아메리칸 뮤직 어워드(AMA ; American Music Awards)'에서 대상에 해당하는 '아티스트 오브 더 이어(Artist Of The Year)'를 비롯해 3관왕에 올랐다. BTS는 이날 미국 로스앤젤레스 마이크로소프트 시어터에서 열린 시상식에서 아리아나 그란데, 드레이크, 올리비아 로드리고, 테일러 스위프트 등 내로라하는 팝스타들을 제치고 '아티스트 오브 더 이어' 상을 품에 안았다. 우리나라는 물론이고 아시아 아티스트로서 AMA에서 대상을 받은 것은 BTS가 최초다.

미국 3대 음악시상식

그래미 어워드(Grammy Awards), 아메리칸 뮤직 어워드(AMAs), 빌보드 뮤직 어워드(BBMAs)를 말한다. 이중 가장 권위 있는 상은 그래미 어워드로 전 미국 레코드 예술과학아카데미가 1년간의 우수한 레코드와 앨범을 선정해 우수 레코드상을 수여한다. 아메리칸 뮤직 어워드는 대중 투표를 통해 수상자가 결정되며, 빌보드 뮤직 어워드는 빌보드 차트에 기반하여 시상한다.

리더인 RM은 수상 후 "한국에서 온 7명의 소년들이 아미(BTS 팬클럽)의 사랑으로 기적을 이뤘다"며 "우리는 이것(수상)을 당연하게 여기지 않는다"라며 팬들에게 공을 돌렸다. 슈가 역시 "4년 전 AMA로 미국에서 무대를 처음 했는데 '아티스트 오브 더 이어'를 받게 될 줄 몰랐다"며 "정말 감사하다, 아미"라고 말했다. 이날 BTS는 '아티스트 오브 더 이어' 외에도 '페이보릿 팝 듀오 오어 그룹'(Favorite Pop Duo or Group)과 '페이보릿 팝송'(Favorite Pop Song) 등 3개 부문에서 후보에 올라 일찌감치 대상 수상가능성이 거론됐다. 이들은 실제로 이날 이 3개 부문에서 모두 트로피를 거머쥐는 데 성공했다.

빌보드 싱글 정상 올해만 12번

진은 '페이보릿 팝 듀오 오어 그룹'을 수상한 뒤 BTS 히트곡 제목에 빗대어 아미를 향해 "여러분은 우리의 우주(Universe)"라고 소감을 밝혔다. RM은 '페이보릿 팝송'을 받은 뒤 "이 어려운 시기에 많은 이들에게 우리의 긍정적인 에너지를 주고 싶었다"고 말했다. BTS는 이날 시상식에서 콜드플레이와 최초로 '마이 유니버스(My Universe)' 합동무대를 선보여 전 세계를 열광케 했다. 이에 그치지 않고 히트곡 '버터(Butter)'로 시상식 엔딩무대를 꾸미며 대상 수상자의 위상을 뽐냈다.

▲ AMA 대상을 수상하는 방탄소년단 멤버들

AMA는 음악성과 작품성을 중시하는 '그래미 어워드(Grammy Awards)'와 달리 상업적 성과와 대중성을 중요한 지표로 보기 때문에 BTS에게 유리했다는 분석이 나온다. BTS는 이미 2021년 '버터'로 빌보드 메인 싱글 차트 '핫 100'에서 총 10주 1위를 차지하는 대성공을 거뒀다. 이 외에도 '퍼미션 투 댄스(Permission To Dance)'와 밴드 콜드플레이와 협업한 '마이 유니버스'로도 핫 100 1위를 찍었다. 평생 한 번 경험하기도 어려운 핫 100 정상을 2021년 한 해에만 12번 찍은 것이다.

빌보드 "BTS가 국제적으로 지배"

BTS는 빌보드 연말 결산차트에서도 9개 부분에 정상에 오르며 빌보드 선정 올해 No.1 그룹에 등극했다. 2021년 12월 3일 빌보드 공식 트위터에 따르면 BTS는 ▲ 최고의 듀오/그룹(Overall Duo/Group) ▲ 핫 100 듀오/그룹 ▲ 빌보드 200 듀오/그룹 ▲ 빌보드 글로벌(미국 아티스트 제외) ▲ 디지털 송 세일즈 ▲ 월드 앨범 등 9개 부문에서 1위를 차지했다. BTS의 '다이너마이트(Dynamite)'는 빌보드 글로벌(미국곡 제외)에서, '버터'는 디지털 세일즈에서 각각 정상을 차지한 노래로 기록됐다. 또 앨범 '비(Be)'는 월드와이드 앨범 1위에 올랐다. 빌보드는 이 같은 BTS의 활약을 두고 "BTS가 국제적으로 지배했다(BTS Dominates Internationally)"고 평가했다.

HOT ISSUE

24위

수치엔 4년 첫 선고, 국민엔 무차별 폭력

쿠데타 발발 11개월이 넘은 미얀마에서 군부의 폭력행위가 갈수록 잔혹해지고 있다. 10대와 장애인을 포함한 주민 11명을 학살한 뒤 불태우는가 하면, 민간인을 '인간방패'로 내세운 뒤 역시 불태워 목숨을 빼앗았다는 현지매체 보도가 잇따르고 있다.

방화, 인간방패, 차량돌진 등 진압 아닌 학살

12월 7일(현지시간) 미얀마 중부 사가잉 지역 한 마을에서 정부군들에 의한 주민학살이 있었다고 현지매체 '미얀마 나우'가 전했다. 주민 및 민간인 무장세력인 **시민방위군(PDF)***들의 전언을 통해 알려진 바에 의하면 오전 11시께 100명가량의 군인이 도네또 마을을 급습했고, 이후 근처 농장에서 심하게 타버려 신원확인마저 불가능한 11구의 시신이 발견됐다. 시신 중 일부는 손이 뒤로 묶여 있는 상태였고, 주민들은 이들이 산 채로 불에 태워진 것으로 추정하고 있다고 매체는 전했다. PDF가 작성한 희생자 명단에 따르면 피해자들은 모두 남성으로 18세 이하 10대가 5명이었고, 장애인을 제외한 희생자 11명 중 10명은 도네또 PDF 소속이었다. 같은 날 PDF가 마을에서 300m가량 떨어진 곳을 지나던 군 호송대를 폭발물로 공격한 직후 마을을 습격한 것으로 미루어 보복공격으로 추정됐다. 또 다른 현지매체 '이라와디'도 군부가 사가잉 지역 칼레구에서 24세 남성을 인간방패로 이용한 뒤 불에 태워 죽였다고 친주방위군(CDF)을 인용해 보도했다. 12월 4일 자신의 농장에서 납치된 이 남성은 사흘 후 타버린 시신으로 발견됐다고 CDF는 전했다. 미얀마군은 시민군의 매복과 지뢰 공격으로 인명손실이 커지자 민간인을 '인간방패'로 앞세워 작전을 펼치고 있는 것으로 알려졌다.

시민방위군(PDF ; People's Defense Force)

군부가 쿠데타로 정권을 장악한 이후 군사쿠데타 세력의 탄압으로부터 미얀마 국민통합정부(NUG ; National Unity Government)가 시민의 생명과 재산을 보호하기 위해 창설한 시민군대. 2020년 5월 5일 창설을 공식선언하는 행정명령을 근거로 한다. 현 군부정권에 대한 저항운동을 주도하며, 소수민족 무장단체와 연대하고 있다.

▲ 지뢰를 찾기 위한 인간방패로 끌려가는 민간인들

이러한 보복공격은 도심에서도 일어나고 있다. 12월 5일 군경은 픽업트럭을 탄 채 양곤 시내에서 기습시위를 하던 30~40명 규모의 시위대 속으로 돌진했다. 이로 인해 시위대 중 최소 5명이 숨졌고, 도망치던 시위대도 실탄을 발포하며 쫓는 군경에 의해 15명가량이 체포됐다. 현지 인권상황을 감시하는 정치범지원협회(AAPP)에 따르면 쿠데타 이후 군경 폭력에 숨진 미얀마 국민은 1,300명이 넘는 것으로 집계됐다.

수치, 코로나19 방역조치 위반으로 2년 실형

2021년 2월 1일 군사쿠데타 직후 아웅산 수치 국가고문을 가택연금하고 코로나19 방역조치 위반과 선동, 부패 및 선거법 위반 등 10여 개 범죄혐의로 잇따라 기소한 군부는 체포 10개월 만인 12월 6일 선동죄와 코로나19 방역조치 위반혐의에 대해 징역 4년을 선고하고 2년으로 감형했다. 군부는 '사면' 차원에서 선고형량을 줄였다면서 수도 네피도 모처에서 가택연금 상태로 복역할 것이라고 설명했다.

▲ 법정에 출석한 아웅산 수치 국가고문

이번 선고공판은 쿠데타 이후 수치 고문에게 내려진 첫 법원 판결로서 수치 고문 처리방향에 대한 군정의 의도를 읽을 풍향계였다는 점에서 남은 10여 개 범죄혐의 관련 재판에서도 중형선고가 이어질 것으로 예측된다. 수치 고문에게 제기된 범죄혐의가 모두 유죄로 인정되면 징역 100년 이상의 형량 선고도 가능하다. 수치 고문은 재판에서 각종 혐의를 모두 부인한 것으로 알려졌으며, 국제사회와 인권단체들도 이번 선고 결과에 대해 한목소리로 자유와 민주주의를 억압하려 하고 있다며 비판했다.

25위

정인이 사건 양모, 2심에서 감형 판결

생후 16개월밖에 되지 않은 입양아 정인 양을 학대한 끝에 숨지게 한 혐의(**정인이 사건***)로 1심에서 무기징역을 선고받았던 양모 장씨가 항소심에서 장기간의 유기징역으로 감형받았다. 서울고법 형사 7부(성수제 · 강경표 · 배정현 부장판사)는 2021년 11월 26일 살인 등 혐의로 기소된 장씨에게 무기징역을 선고한 1심을 깨고 징역 35년을 선고했다. 아동복지법 위반(아동학대) 혐의로 함께 기소된 양부 안씨에게는 1심과 같은 징역 5년을 선고했다.

정인이 사건

생후 7개월 무렵 입양된 정인 양이 양부모의 학대로 9개월여 만에 사망한 사건이다. 사망 당시 양부모에 의한 심각한 장기손상과 다수의 골절상이 발견되어 충격을 안겼다. 이 사건은 범행의 잔혹함과 더불어 3차례에 이르는 아동학대 신고가 있었으나 증거가 없다는 이유로 사태를 무마한 경찰의 안이한 대응이 논란을 불렀다. 이 사건을 계기로 2021년 2월 아동학대범죄처벌 특례법의 개정(정인이법)이 이루어졌다.

법원 "무기징역형의 객관적 정당성 찾기 어려워"

2심 판결에서는 두 사람에 대한 200시간의 아동학대 치료프로그램 이수명령과 10년 동안의 아동 관련 기관 취업제한 명령은 유지됐다. 검찰은 장씨에게 위치추적 전자장치(전자발찌) 부착과 보호관찰

을 명령해달라고 청구했으나 1심과 마찬가지로 기각됐다. 재판부는 1심과 마찬가지로 장씨의 살인혐의를 유죄로 인정하면서도 "피고인을 영구적으로 사회로부터 격리하는 무기징역형을 선고하는 것이 정당화될 만한 객관적 사실이 존재한다고 보기는 어렵다"고 설명했다. 재판부는 "피고인이 사전에 범행을 치밀하게 계획하고 살인을 준비했다고 볼 만한 사정은 없다"며 "피고인은 스트레스를 조절하지 못하는 심리적 특성이 있는 것으로 보이고, 이로 인해 범행에 이르렀을 가능성도 있다"고 부연했다.

▲ 양평 묘원에 놓인 정인이 추모 물건들

법원 "사회적 보호체계 개선도 필요해"

재판부는 또 "세 차례나 아동학대로 신고되고도 피고인과 피해자를 분리하는 조치가 이뤄지지 않았고, 결국 참혹한 결과에 이르렀다"며 "사회의 공분은 범행 자체의 참혹함에 대한 것만이 아니고 아동을 보호하기 위한 사회적 보호체계가 제대로 작동하지 않아 사망을 막지 못했다는 데 따른 공분이 적지 않은 것으로 보인다"고 덧붙였다. 아울러 "아동보호체계가 철저하고 확실하게 작동하도록 개선 · 보완하고 범행 피해자들이 망각되지 않도록 문제점을 지속적으로 조사 · 분석하는 제도를 마련하는 등 사회적인 노력이 병행돼야 한다"고 강조했다. 다만 재판부는 "피고인이 입양허가를 받은 지 불과 한 달여 뒤부터 양육스트레스 등 자신의 기분과 처지만 내세워 상습적으로 피해자를 학대하다가 사망에 이르게 했

다"고 지적했다. 또 "부검의는 피해자의 시신이 지금까지 겪은 아동학대 시신 중 유례를 찾기 어려울 정도로 손상 정도가 심하다고 했다"고 지적했다.

▲ 양모의 감형소식에 오열하는 시민단체

한편 장씨의 형량이 1심보다 가벼워지자 재판을 지켜보던 일부 방청객은 고성을 지르며 불만을 드러냈다. 한 방청객은 "(장씨) 네가 죽고 정인이를 살려내라"며 장씨를 향해 손가락질했다. 결국 장씨는 대법원의 최종 판단을 받게 됐다. 2021년 12월 3일 법조계에 따르면 검찰은 전날 장씨의 항소심 재판부인 서울고법 형사7부에 상고장을 제출했고, 장씨도 이날 상고장을 냈다.

26위

차이나머니에 요동치는 중남미 선거판

중국과 타이완의 이른바 '양안갈등'이 태평양 건너 중남미의 선거판세를 뒤흔들고 있다. 선거에 나선 후보가 당선 뒤 중국과 어떤 관계를 맺을 것인지, 타이완과 국교를 파기할 것인지가 유권자의 선택을 가르는 핵심쟁점이 된 모양새다.

친중이냐 아니냐

다른 대륙에 비해 타이완과 국교를 유지하는 국가가 비교적 많았던 중남미에서 최근 타이완단교 · 중국수교 움직임이 가속화하고 있다. 2017년 파나마를 시작으로 2018년에는 엘살바도르, 도미니카공화국 등이 타이완에 등을 돌리고 중국과 손을 잡았다. 차이잉원 타이완 총통 취임 이후 이들 중남미 3개국을 포함해 총 7개국이 타이완과 국교를 끊었다. 이런 상황에서 친중 공약으로 타이완단교에 나서게 될지가 주요 관전 포인트 중 하나였던 온두라스 대통령선거에서 중국과의 수교를 내세운 좌파 야당 후보 시오마라 카스트로가 승리했다. 타이완수교국 중 하나였던 니카라과가 2021년 12월 9일(현지시간) 타이완과 단교하고 중국과 수교한다고 선언하면서 타이완수교국은 14개로 줄어든 바 있다. 만약 카스트로 대통령의 공약이 현실화된다면 타이완수교국은 13개로 줄어들게 된다.

▲ 온두라스 첫 여성 대통령 시오마라 카스트로

자유재건당 후보로 나와 온두라스 첫 여성 대통령이 된 시오마라 카스트로 대통령은 **2009년 군부 쿠데타***로 실각한 마누엘 셀라야 전 대통령의 부인이기도 하다. 카스트로 대통령은 쿠데타 이후 저항운동을 이끌며 야권 지도자로 부상했고, 2013년과 2017년 대선에 각각 대통령과 부통령 후보로 나서 2위로 낙선하기도 했다. 이번 선거기간에는 군부쿠데타로 12년 동안 집권해온 국민당정권하에서 부패와 마약범죄와 빈곤이 계속됐다며 변화가 필요한 때라고 강조했고, 낙태와 동성결혼 등에 대해서도 전향적인 입장을 보였다. 하지만 개표가 진행 중이던 12월 3일(현지시간) 러닝메이트인 살바도르 나스랄라 부통령의 인터뷰를 통해 "중국과는 (외교)관계가 없다. 타이완과의 관계가 유지된다"며 "미국은 우리의 주요 교역동맹"이라고 전달해 중국과의 수교계획에 달라진 입장을 보였다.

2009년 온두라스 군부쿠데타

2009년 6월 28일 온두라스 군부가 국민투표 당일 투표소가 열리기 직전에 개헌을 추진한 좌파 지도자 마누엘 셀라야 당시 대통령을 축출한 사건이다. 헌법개정을 위한 국민투표도, 국민투표 강행에 반발한 군장성의 해임도 모두 법원과 의회에 의해 불법으로 선언한 것이 빌미가 됐다. 셀라야 전 대통령이 우고 차베스 베네수엘라 대통령 등 좌파 지도자들과 정치적 동맹을 유지해온 것과 관련해 미국 CIA 연루설도 지속적으로 나오고 있다.

중남미는 아니지만 정부의 대중국 외교가 폭력사태를 불러온 곳도 있다. 남태평양의 작은 섬나라 솔로몬 제도에서는 11월 24일부터 수일간 친서방 영향권으로 알려진 말라이타섬 주민들이 친중외교를 추구하는 미나세 소가바레 총리의 퇴진을 요구하며 시위를 벌였다. 2019년 중앙정부가 타이완과의 외교관계를 끊고 중국과 수교하며 친중행보를 보이고 있는 것에 주민들이 크게 반발하고 나선 것이다. 정부는 군경을 동원해 이에 맞섰고, 결국 '친중 대 반중'으로 갈린 유혈충돌 끝에 사망자가 발생했다.

중남미는 이미 미·중 대리전장

한편 중국은 남미에서 유일하게 남은 타이완수교국인 파라과이에 눈독을 들이고 있다. 이미 파라과이도 양안수교 문제로 정치권이 양분된 상태다. 2020년 4월 파라과이 상원에서 좌파 야당이 팬데믹 시대에 중국의 지원이 필요하다며 중국수교법을 발의했다. 의회를 장악한 우파의 반대로 법안이 부결

되긴 했지만 야당은 정권이 교체되면 친중외교로 전환하겠다고 공개적으로 예고해놓은 상태다.

이러한 결정을 내린 배경에는 코로나19 백신 공급이 한몫한 것으로 보인다. 2020년 4월 파라과이가 백신 확보에 어려움을 겪자 중국이 타이완과 단교하는 조건으로 코로나19 백신을 공급하겠다고 은밀하게 제안했다는 것이다. 중국은 공식적으론 부인했지만, 타이완은 중국이 생사를 가르는 백신을 정치적 수단으로 삼아 자국동맹을 끌어들인다고 비판했다. 이런 상황을 두고 톰 롱 영국 워릭대학교 부교수는 중국이 막대한 자금력으로 동맹국을 규합하려 하고 있다면서 중국의 경제력에 의해 타이완과의 외교관계가 계속 흔들릴 수 있다고 지적했다.

일본, 연이은 지진에 후지산 폭발공포 확산

일본에서 12월 3일 약 3시간 간격으로 잇따라 규모 5 안팎의 지진이 발생하면서 열도 전체가 불안감에 휩싸였다. 상대적으로 지진에 익숙한 일본에서도 여러 환경적 요인이 겹치자 더 큰 지진의 전조일 가능성이 아니냐는 우려의 목소리가 나오고 있다.

후지산 자락에 연이은 강진

12월 3일 오전 6시 37분께 야마나시현 동부 후지고코를 진원으로 하는 규모 4.8(추정치)의 지진이 깊이 19km 지점에서 발생했다. 이어 3시간도 지나지 않은 오전 9시 28분께는 후지고코에서 500km가량 떨어진 와카야마현과 도쿠시마현 사이 해협의 기이스이도를 진원으로 하는 규모 5.4의 강진이 깊이 18km 지점에서 뒤따랐다. 두 지진으로 유리창이 깨지거나 노후건물에 균열이 생기고 일부 지역에 정전사태가 빚어지는 등의 물적 피해가 보고됐다. 하지만 사상자가 나오거나 건물이 무너지는 등의 심각한 피해는 없었고, 쓰나미도 발생하지 않았다.

▲ 와카야마현에서 발생한 지진으로 깨진 시청 유리창

두 지진의 최대 세기는 일본 기상청 진도 기준으로 각각 5약으로 관측됐다. 진도 1에서 7까지인 총 9단계(5, 6은 약·강으로 세분)의 진도에서 5는 중간정도로서 이 경우 대부분의 사람이 두려워하고 물건을 붙잡아야 한다고 느끼는 수준이다. 실내에선 전등 줄이 격하게 흔들리고 제대로 고정하지 않은 가구는 넘어질 수 있으며, 실외상황으로는 창문 유리가 깨지거나 전봇대가 흔들리고 도로는 파손될 수 있다. 이 때문에 일본언론은 통상 5약부터 강진이라고 표현한다. 보통 일본에서는 안전점검을 위해 신칸센이나 지하철 등 기간교통 시스템 가동이 일시정지되는 등의 차질이 빚어지지만, 비교적 방재태세가 잘 갖춰진 탓에 곧바로 일상을 회복하곤 한다.

그러나 이날은 두 지진 중 시간상으로 앞선 후지고코 지진의 진원이 일본 최고봉이자 활화산인 후지산 정상에서 불과 30~40km 떨어진 후지산 자락이었기 때문에 후지산 분화의 전조가 아니냐는 공포감을 자극했다. 후지산을 끼고 있는 야마나시현에서 진도 5약의 강진이 관측된 것은 2012년 1월 이후 근 10년 만의 일로서 2012년 당시에도 분화 직전 일어난 지진의 진원이 후지고코였으며 규모는 5.4였기 때문이다. 또한 후지고코를 진원으로 하는 지진이 갑자기 빈발하는 것도 불안을 키웠다. 일본 기상청에 따르면 이날 진도 5약의 지진이 일어나기 직전인 오전 2시 18분께 진도 4에 이어 다시 5분 만에 진도 3의 지진이 엄습했다.

최대 재난 후지산 분화 현실되나

일본에서 후지산 분화는 도쿄를 중심으로 한 수도권 직하지진, 일본 근해인 난카이해곡 일대를 진원으로 일어날 가능성이 거론되는 **난카이해곡 거대지진***과 더불어 미래에 닥칠 우려가 있는 최대 재난 중의 하나로 거론된다.

난카이해곡 거대지진

필리핀판과 아무르판 사이 판 경계의 섭입지대인 난카이해곡에서 일어날 것으로 추정하는 거대지진을 말한다. 규모 Mw9.0이 넘는 초거대지진이 일어날 수도 있다고 가정하고 있다. 역사적으로 90~150년 간격으로 발생했으며, 그로 인한 피해는 초광역에 걸친 쓰나미와 강한 흔들림에 따라 서일본을 중심으로 인적·물적 피해가 예측된다.

야마나시, 시즈오카, 가나가와 등 후지산을 둘러싼 3개 광역자치단체(현)로 구성된 '후지산 화산 방재대책 협의회'가 17년 만에 개정해 2021년 3월 내놓은 후지산 분화에 의한 피해지도에 따르면 후지산이 최대 규모로 분화할 경우 용암류가 27개 기초자치단체를 덮치는 등 상상하기 어려운 대규모 피해를 안길 것으로 예측됐다. 그러나 일본 기상청은 이번

지진이 후지산 분화 가능성을 예고하는 것은 아니라는 입장이다. 현지 언론도 전문가의 전언을 통해 연관성을 부인하는 보도를 이어가고 있다.

▲ 일본 대표적 활화산 후지산 분화구

서울시, 자율주행비전 발표

2021년 11월 30일 서울 마포구 상암동에서 자율주행차가 대중교통수단으로서 첫 운행에 나섰다. 서울시는 30일 자율주행자동차 시범운행지구인 상암동에서 승용차형 자율주행차 3대가 운행을 시작한다고 밝혔다. 자율차 3대는 DMC역과 인근 아파트단지, 사무지역을 오가며 승객들을 실어 나른다. 승객은 자율주행차용 앱 '탭(TAP!)'으로 차량을 호출한 뒤 지정된 정류장에서 대기하면 된다.

자율주행차 상용화 시대 개막

오세훈 서울시장이 2021년 11월 24일 발표한 '서울 자율주행 비전 2030'의 시작은 상암동 자율주행차 운행이다. 오 시장은 2026년까지 1,487억원을 투자해 서울 전역에 자율주행 인프라를 구축하는 내용의 '서울 자율주행 비전 2030'을 발표했다. 자율주

행 분야에 대한 종합적인 청사진을 그린 지방자치단체는 서울시가 처음이다. 정부가 목표로 하는 2027년 레벨4 자율차 상용화에 발맞춰 서울 전역 2차로 이상 도로의 교통신호 정보를 자율주행차에 실시간으로 제공하는 인프라를 구축해 완전 자율주행 시대를 여는 것이 목표다. **자율주행 레벨***4는 차량과 차량 간(V2V), 차량과 인프라 간(V2I) 통신을 통해 주행하는 단계로 운전자가 특정구간에서 운전에 개입할 필요가 없는 수준을 말한다.

자율주행 레벨

미국자동차기술자협회(SAE)가 분류한 6단계 구분(레벨 0~5)이 글로벌 기준으로 통하며, 시스템의 관여 정도 및 운전사의 제어방법에 따라 점진적인 단계로 구분된다. 레벨0은 비자동화, 레벨1은 운전자 보조, 레벨2는 부분자율주행, 레벨3은 조건부 자동주행, 레벨4는 고도자율주행, 레벨5는 완전자율주행 단계다.

첫 자율주행 시범지구로 지정된 서울 마포구 상암동에서 11월 말부터 스마트폰으로 차량을 부르는 수요응답형 자율차 6대가 운행을 시작했다. 이 차량들은 디지털미디어시티(DMC)역과 아파트단지, 사무지역, 공원을 연결하는 노선을 달리며, 무료운행 후 2022년 1월 중 유료로 전환된다. 백호 서울시 도시교통실장은 "시민들에게 (자율주행) 서비스를 체험할 기회의 장이라 생각하고 3,000원을 넘지 않게 하겠다"고 했다.

▲ 자율차 유상운송 시범운행

이어 상암 지역 자율주행 인프라 구축에 국토교통부도 2021년 250억원과 2022년 180억원 등 연차별로 예산을 지원한다고 설명했다. 서울시는 상암 일대에서만 2026년까지 50대 이상의 자율차를 운영할 계획이다. 2022년 초에는 강남 일대를 자율차 시범운행지구로 지정해 민간과 함께 로보택시(무인 자율주행 택시)를 10대 이상 선보인다. 출발지와 목적지를 선택해 스마트폰으로 호출하는 방식이다. 앞서 서울시는 자율차 시범운행을 위해 2020년 9월부터 강남 일대 129개소의 교통신호정보를 디지털화해 자율주행차에 전달하는 '자율주행 지원인프라(C-ITS)'를 구축했다.

단거리 이동수요가 많은 강남 일대에 전기 자율 셔틀버스를 운영하는 방법도 검토 중에 있다. 서울시는 향후 5년간 강남 내부를 순환하는 자율주행 버스와 로보택시를 100대 이상 확대할 계획이다. 이르면 2022년 4월부터 청계천에서 국내기술로 제작된 도심순환형 자율주행 버스를 운행할 예정이다. 운행구간은 청계광장부터 청계5가까지 4.8km 구간이다. 또한 심야 장거리 운행노선 도입을 시작으로 자율주행 버스를 대중교통수단으로 정착시킨다는 구상도 내놨다. 2024년에는 순찰·청소 등 도시관리 공공서비스 분야에 자율주행기술을 우선 도입하고, 그 다음 해에 자율제설차 실증(본격 도입 전 현장에 시범투입하는 것)을 시작한다. 또 서울시는 자율주행의 핵심 인프라인 정밀 도로지도 제작에 나서 2024년 4차로 이상 도로, 2026년 2차로 이상의 도로정보를 구축할 예정이다.

자율주행기술 실험하는 테스트베드 도시화

서울시는 이러한 인프라 투자를 통해 서울을 글로벌기업들이 자율주행기술을 실험하는 '열린 테스트베드 도시'로 키울 계획이다. 또 차량과 주차장 수요

가 감소할 것으로 내다보고 기존 차도의 30% 이상을 보도로 전환해 서울의 도시공간을 보행 중심으로 재창출할 수 있을 것으로 기대했다. 오 시장은 "교통신호 체계도 인공지능으로 자동화돼 출퇴근 시간대와 도로상황에 따라 실시간 변화하는 인공지능 변화체계를 완비할 수 있다"고 설명했다.

▲ 자율주행 설명하는 오세훈 서울시장

오 시장은 자율주행기술 상용화에 앞서 윤리적 문제에 대한 사회적 공감대가 필요하다면서 마이클 센델 교수가 언급해 유명해진 '전차의 딜레마'와 유사한 예를 들기도 했다. 오 시장은 "(자율주행차가) 갑자기 나타난 사람을 보고 방향을 틀어야 할 때 한쪽에 3명이 있고 다른 한쪽에 1명이 있다면 순간적 판단으로 당연히 1명 쪽으로 트는 게 맞느냐, 그 1명이 어린아이일 때는 어떻게 할 것이냐는 윤리문제가 생길 수 있다"고 말했다. 그러면서 "기술발전과 더불어 윤리적, 철학적 바탕이 사회적 공감대로 마련될 수 있어야 비로소 자율주행이 보편화될 수 있다는 게 전문가들의 문제제기"라며 "(이에 대한) 사회적 공감대가 어떻게 해결되느냐가 자율주행 상용화와 직결이 된다"고 설명했다.

29위

국내 최장 보령해저터널, 2021년 12월 1일부터 통행

국토교통부는 2021년 11월 30일 국내 최장 보령해저터널의 개통식을 열었다. 개통식에는 김부겸 총리, 양승조 충남지사, 황성규 국토부 제2차관, 지역 국회의원, 김동일 보령시장, 가세로 태안군수, 주민 등 200여 명이 참석해 역사적인 최장터널의 완성을 축하했다.

보령 대천항-태안 영목항, 10분대로 단축

보령해저터널의 개통으로 보령 대천항에서 태안 영목항까지 이동시간은 기존 1시간 30분에서 10분대로 단축됐다. 1998년 충남도가 수립한 '서해안 산업관광도로 기본계획'에서부터 출발한 보령해저터널은 2002년 예비타당성조사와 2007년 타당성재조사를 통해 사업추진이 확정됐다. 2010년 12월 공사에 착공해 사업계획으로부터는 23년, 공사착수로부터는 11년 만에 정식 개통했다.

▲ 충남 보령시 국도 77호선 보령해저터널 개통식

보령해저터널은 해저면으로부터 55m, 해수면으로부터 80m 아래 상하행 4차로로 건설됐으며, 총

4,853억원이 투입됐다. 화약으로 암반을 발파, 굴착하면서 콘크리트를 쏘아붙이는 **나틈(NATM)공법*** 과 터널 굴착 중 해수유입을 방지하는 차수그라우팅 등 국내 신기술 공법이 대거 적용됐다. 현재 안전시설로 대인갱 21개(220m 간격), 차량갱 10개(660m 간격), 옥내소화전 301개(50m 간격), CCTV 92개(150m 간격) 등이 설치돼 있다. 총 연장은 6,927m로 기존 국내 최장인 인천북항해저터널(5.46km)보다 1.5km가량 길다. 국내 지상터널과 비교해도 서울-양양고속도로 인제양양터널(10.96km), 동해고속도로 양북1터널(7.54km)에 이어 세 번째다. 세계적으로는 차량이 통행하는 해저터널 중에서 일본 동경아쿠아라인(9.5km), 노르웨이 봄나피요르드(7.9km)·에이커선더(7.8km)·오슬로피요르드(7.2km)에 이어 다섯 번째 규모다.

나틈(NATM)공법

오스트리아에서 개발된 건설공법으로 'New Austrian Tunnelling Method'를 줄여서 'NATM'이라고 한다. 건설공법의 한 종류로 터널이나 지하구간을 굴착할 때 많이 사용된다. 암반을 콘크리트로 고정한 뒤 암반에 작은 구멍을 뚫고 폭약을 터뜨려 굴착하고 벽면작업 등으로 마무리하는 방식이다. 암반이 튼튼하고 지질상 문제가 없는 한 거의 모든 곳에서 굴착이 가능하다는 장점을 가지고 있다.

충남 보령시는 2021년 12월 6일부터 도심과 원산도를 잇는 시내버스의 운행을 시작했다. 보령해저터널 개통으로 대천항에서 원산도까지 육로이동이 가능해진 것이다. 구대천역과 원산도 선촌항을 오가는 2개 구간을 1일 5회씩 달린다. 그동안 바닷길을 이용하던 원산도 주민과 관광객 등은 폭설이 내리거나 태풍이 부는 기상상황에 따라 여객선 운항이 중단돼 많은 불편을 겪었다. 김동일 보령시장은 보령 시내와 원산도를 잇는 시내버스 운행으로 지역주민들과 관광객들의 이동이 편리해질 것으로 기대한다며 교통여건을 더 확충하겠다고 밝혔다.

▲ 국내 최장 6.9km 보령해저터널에서 시범주행 중인 차량

—
충남도, 신관광벨트 종합대책에 8조원 투입

보령해저터널의 차량통행을 시작으로 해저터널과 연륙교로 맞닿은 태안, 그리고 충남도 모두 새로운 서해안 관광지도가 만들어질 것이라고 기대하고 있다. 보령해저터널 개통으로 보령과 태안을 잇는 해상교량(원산안면대교)을 포함한 국도 77호선이 서해안 관광의 새로운 대동맥으로 떠오를 것이 확실시되면서 충남도는 대규모 예산을 투입해 서해안 신관광벨트 조성을 본격화한다. 2019년 개통한 원산안면대교(1.75km)에 이어 이번 보령해저터널 개통으로 국도 77호선이 최종 완성된 만큼 그동안 접근이 어려웠던 수도권과 중부권, 전라권 등 전국에서 찾아오는 관광객이 급증할 것으로 예상되기 때문이다.

보령해저터널이 문화관광, 해양레저 등 전반 분야에 걸쳐 서해안의 대전환점이 될 것이라는 기대와 함께 예비타당성조사 대상 사업에 선정된 충남서산공항과 대산항 국제여객선을 통해 입체교통망 구축 및 국외 관광객 유치에도 대비한다. 2022년에 충남관광재단 출범을 추진하는 충남도는 풍부한 해양 관광자원을 연계한 서해안 관광상품 개발에 본격적으로 착수한다. 보령해양머드박람회, 섬국제 비엔날레 등 국내외 행사를 유치하거나 추진해 관광수요를 넓혀 2025년에는 관광객 4,000만명 시대를 열어 글로벌 해양관광거점으로 육성한다는 계획이다.

'코인' 환전 가능 … '엑시 인피니티' 위법 논란

게임 좀 한다는 사람들 사이에서 NFT(대체불가토큰)* 기반의 이른바 '돈 버는 게임(P2 ; Play To Earn)'으로 큰 인기를 얻고 있는 '엑시 인피니티'에 위법소지가 있다는 지적이 제기돼 정부의 관리·감독이 요구되고 있다. '엑시 인피니티' 논란을 시작으로 인터넷의 미래모델로 떠오른 NFT 게임이 도박이 될지, 차세대 플랫폼이 될지에 대한 사회적 논의도 활발해질 것으로 보인다.

대체불가토큰(NFT ; Non-Fungible Token)

블록체인을 기반으로 한 토큰마다 고유값을 가지고 있어 복제가 불가능하며 다른 토큰으로 대체할 수 없는 가상자산이다. NFT는 가상자산에 희소성과 유일성을 줄 수 있고 디지털 콘텐츠뿐 아니라 예술품·수집품·게임 아이템·가상 부동산 등에 이르기까지 다양한 품목에 적용이 가능하여 투자의 대상으로도 주목받으며 영향력을 급격히 키우고 있다.

—
'바로 환급'에 입장료 대납장사까지

베트남 스타트업 '스카이 마비스'가 개발하고 삼성 넥스트투자펀드 등이 투자한 '엑시 인피니티'는 국내에 정식출시되지 않았지만 게임 개발사의 웹사이트에 가서 'apk 파일'을 내려받아 실행하면 바로 이용할 수 있다. 이 게임은 '엑시'라는 몬스터를 구매해

'던전'을 돌고, 다른 엑시들과 겨뤄 이기면 스무스러브포션(SLP)을 받는 형식이다.

이용자는 SLP를 모아 거래소에서 현금화해 돈을 벌 수 있다. '엑시 인피니티'의 위험성은 바로 여기에 있다. 게임 아이템이 업비트에서 거래되는 암호화폐이기 때문에 환급이 가능하다는 점이다. 같은 장르의 인기게임인 '로블록스'의 경우에도 코인을 이용하지만 게임 내에서만 쓸 수 있고 환전은 되지 않는 반면, '엑시 인피니티'는 바로 환급이 되기 때문에 게임물산업진흥법 위반소지가 있다. 해당 법 제28조에는 '게임물을 이용해 도박 등 사행행위를 하게 하지 않을 것'과 '게임머니의 화폐단위를 한국은행에서 발행되는 화폐단위와 동일하게 하는 등 게임물 내용구현과 밀접한 관련이 있는 운영방식 또는 기기·장치를 통해 사행성을 조장하지 않을 것'이 명시돼 있다. 이러한 위험성에도 '엑시 인피니티'의 엄청난 인기에 '지주'도 등장했다. 게임 이용자는 시작할 때 암호화폐를 사서 입장료를 지불해야 하는데 그 요금이 1,000달러(한화 약 120만원)에 달한다. 하지만 '바로 환급'이 가능한 점 때문에 너도나도 진입하고 있으며, 입장료를 대신 내주고 게임 수익 일부를 걷어가는 지주들도 등장하고 있다.

이러한 새로운 비즈니스 모델에 환호하는 사람도 많지만 일각에서는 입장료를 내고 들어오는 이용자가 사라지면 결국 코인가격이 폭락하는 구조이기 때문에 우려를 표한다. 현재 '엑시 인피니티'에 대한 정부의 입장은 '게임등급 부여 거부'뿐이다. 정식발매를 막겠다는 것인데, 게임을 조금만 아는 사람이라면 쉽게 접근할 수 있어 실제로는 무용지물인 상황이다. 2021년 12월 5일 게임물관리위원회 관계자는 "등급미필 게임들은 사후 관리로 조치하지만 우회접속을 모두 막을 수는 없다"고 말했다. 그러면서

도 "게임 내에서의 거래가 아니라 외부까지 자유롭게 이동할 수 있다 보니 사행성 문제가 커질 수 있어 많은 걱정이 되는 건 사실"이라고 말했다. 아직 눈에 띄는 피해사례 신고가 보고되지 않은 가운데 경찰은 관계기관의 관리·감독 필요성은 인정하고 있다. 심각한 피해사례가 나온다면 게임물산업진흥법 28조 등을 적용할 수 있을 것으로 보고 있다. 개발사 측은 해당 논란을 해소하기 위해 사행성 논란의 한 축인 환급성은 불가피한 부분으로 남겨두고 시스템 개선을 통해 또 다른 축인 '일확천금' 가능성을 줄이는 방향으로 위법의 소지를 최소화하는 데 주력할 것으로 보인다.

새로운 온라인 카지노냐, 차세대 플랫폼이냐

위메이드가 2022년 1월 국내 첫 게임 NFT 거래소인 '미르4NFT'를 선보이기로 하는 등 국내 게임업계는 제2의 '엑시 인피니티'를 꿈꾸는 상황이다. 실제로 플레이를 통해 원화환금이 가능한 '무한돌파 삼국지 리버스' 게임이 앱스토어와 구글플레이 게임 순위에서 각각 1위와 3위를 차지하기도 했다. NFT 기반 P2E 게임들이 '21세기판 바다이야기'가 될지, 차세대 플랫폼이 될지 갈림길에 서 있는 셈이다. '엑시 인피니티'는 그 논의과정의 시작점에 있다. 거래 기능에서 문제가 발생하지 않는다는 사실을 사회적으로 입증할 필요가 있어 논의에는 시간이 걸릴 것으로 보인다.

당장 당국이 규제하기에는 시기상조라는 의견도 있다. 강정수 전 청와대 디지털소통행정관은 "사행성 여부를 판단하려면 가장 먼저 봐야 하는 게 재구매율이나 재판매율이다. 아직 초기단계라 거래빈도를 측정하기엔 이르고, 가격상승률과 사기성 등도 지켜봐야 한다"라며 "NFT 산업 자체가 거품이 좀 있다. 지금은 게임발표만 해도 주가가 오르지만 2000년대 초반 웹기업들이 쏟아졌어도 한두 개만 살아남았듯 NFT업계도 그럴 것"이라며 "다만 초기에 진입한 사람들이 순수하게 투자가치를 보고 들어왔다가 재판매시장이 작동하지 않으면 문제가 생길 수 있다"고 예측했다.

점을 받아 580점을 받은 로베르트 레반도프스키(FC 바이에른 뮌헨)를 큰 점수 차로 제치고 수상의 영예를 안았다. 이탈리아와 첼시 FC(잉글랜드)의 미드필더 조르지뉴가 3위, 프랑스와 레알 마드리드 CF(스페인)의 스트라이커 카림 벤제마가 4위에 자리했다.

발롱도르

'황금빛 공'이라는 뜻의 '발롱도르'는 1956년 프랑스 축구 전문지 '프랑스풋볼'이 제정한 상으로 축구에서 가장 명예로운 개인상이다. 원래 유럽 축구클럽에서 활약한 유럽선수만 대상이었으나 2007년 전 세계로 범위가 확대됐다. 2018년부터는 여자선수 부분과 21세 이하 남자선수 부분 '코파 트로피', 2019년에는 골키퍼 부분의 '야신 트로피'가 추가됐다.

31위

메시, 역대 최다 7번째 발롱도르 … "코파아메리카 우승이 열쇠"

'축구의 신' 리오넬 메시(파리 생제르맹 FC)가 개인통산 7번째 **발롱도르***를 수상했다. 2021년 11월 30일 메시는 프랑스 파리에서 열린 2021 발롱도르 시상식에서 남자선수 부문 트로피를 받았다. 프랑스 축구 전문잡지 '프랑스풋볼'이 주관하는 발롱도르는 한 해 최고의 활약을 펼친 선수에게 주는 상이다. 메시는 각국 기자들로 구성된 기자단 투표에서 613

7회 우승으로 호날두와 격차 벌려

1956년에 처음 시작돼 2021년 65회째를 맞이하게 된 발롱도르에서 메시는 개인통산 7차례(2009, 2010, 2011, 2012, 2015, 2019, 2021)나 수상에 성공해 역대 최다수상자 타이틀을 지켰다. 2020년 시상식이 코로나19로 인해 열리지 않은 가운데 메시는 발롱도르 '2연패'에 성공하며 5회(2008, 2013, 2014, 2016, 2017) 수상한 크리스티아누 호날두(맨체스터 유나이티드)와 격차를 벌렸다. 시상식에 불참한 호날두는 올해 투표에서 6위로 밀렸다. 루카 모드리치(레알 마드리드 CF)가 수상한 2018년을 제외하면 2008년부터 14년간 메시와 호날두가 발롱도르를 나눠 가졌다.

▲ 2021년 발롱도르를 수상한 리오넬 메시

메시의 수상은 예견된 결과였다. 메시는 2021년 코파아메리카(남미축구선수권대회)에서 아르헨티나를 우승으로 이끌며 '메이저대회 무관'의 한을 푼 동시에 득점왕, 도움왕에 최우수선수(MVP) 타이틀까지 거머쥐는 '원맨쇼'를 펼쳤다. 소속팀에서는 FC 바르셀로나(스페인)에서 2020-2021시즌 후반기에만 27골을 넣었고, 이후 여름 파리 생제르맹 FC(PSG, 프랑스)로 이적한 뒤에는 4골을 기록했다. 메시는 "2년 전 수상했을 땐 그게 마지막인 줄 알았는데 다시 이 자리에 서게 돼 매우 놀랍다. 코파아메리카 우승이 이번 수상의 '열쇠'가 된 것 같다"고 수상소감을 밝혔다.

레반도프스키, 발롱도르 수상 또 실패

2021년 FC 바이에른 뮌헨(뮌헨)에서 모든 대회를 통틀어 53골을 넣으며 더 정교해진 '득점기계'의 면모를 뽐낸 레반도프스키는 새로 제정된 올해의 스트라이커상을 받았다. 레반도프스키는 2019-2020시즌 유럽축구연맹(UEFA) 챔피언스리그(UCL)에서 득점왕과 도움왕을 모두 차지하며 뮌헨의 챔피언 등극에 앞장섰고, 분데스리가와 독일축구협회가 주관하는 포칼(DFB)대회에서도 최다득점을 기록하며 뮌헨의 '트레블' 달성을 끌어냈다. 2020-2021시즌에도 팀을 분데스리가 9연패로 이끈 데다 41골을 넣어 게르트 뮐러의 한 시즌 최다 골 기록(40골·1971-1972시즌)을 49년 만에 경신하는 쾌거를 이루기도 했다. 이 때문에 최근 2~3년만 놓고 보면 레반도프스키의 성과가 메시를 앞선다는 평가가 많았다.

하지만 발롱도르의 영광은 레반도프스키를 2년 연속으로 외면했다. 어느 때보다 발롱도르 수상 가능성이 높아 보였던 2020년에는 코로나19 탓에 시상식이 아예 열리지 않았다. 메시는 소속팀(FC 바르셀로나, PSG)에서 총 31골을 넣어 소속팀에서의

득점기록만 놓고 보면 53골을 넣은 레반도프스키가 훨씬 빛난다. 하지만 2021 코파아메리카에서 아르헨티나를 우승으로 이끈 메시는 큰 인상을 남겼고, 이에 더 많은 기자가 레반도프스키의 '기록'이 아닌 메시의 '드라마'를 선택하며 메시에게 7번째 발롱도르를 안겼다.

▲ 스트라이커상 수상자 로베르트 레반도프스키

한편 최고의 골키퍼에게 주어지는 야신상은 이탈리아의 2020 유럽축구선수권대회(유로 2020) 우승에 한몫한 잔루이지 돈나룸마(PSG)가 거머쥐었다. 21세 이하 최우수선수에게 주는 코파상은 FC 바르셀로나와 스페인 대표팀의 신성 페드리가 차지했다. 2020-2021시즌 UEFA 챔피언스리그 우승을 차지한 첼시는 올해의 클럽으로 선정됐다. 여자 발롱도르는 FC 바르셀로나 여자팀의 2020-2021시즌 트레블의 주역인 알렉시아 푸케야스가 수상했다. 시대

물건 아냐 vs 펫샵은 무죄
반려동물 매매금지 논란

11월 27일 서울시 생활속민주주의학습지원센터 주최로 개최된 반려동물 매매금지 찬반 공론장에서 동물들의 권리를 위해 반려동물 매매를 금지하자는 정책적 제안을 하는 측과 이를 반대하는 측이 부딪쳤다. 이날의 공론회는 이재명 더불어민주당 대선후보가 당내 경선 중이던 지난 2021년 8월 9일 "반려동물 매매를 원칙적으로 금지하는 방식을 고민해야 한다"고 한 발언의 연장선상에 있었다.

이 후보는 당시 경기도지사 자격으로 경기도 여주에 있는 반려동물 테마파크 현장을 찾아 "생명을 매매한다는 것 자체가 윤리적으로도 재고할 여지가 있을 뿐만 아니라 그것을 물건으로 거래하다 보니 존중심리가 매우 취약해지고 함부로 갖다 버리는 등 유기동물 발생의 주원인이 되는 것 같다"며 "사회적 비용도 매우 많이 들고 이런 점들을 고려해야 한다"고 말했다. 이보다 앞서 6월에도 경기도가 국회의원 30명과 함께 개식용 금지 및 반려동물 판매규제 등 동물보호 입법을 추진하는 차원에서 마련된 토론회에서도 "우리 사회에 유기동물들이 너무 많이 발생해 심각한 과제로 떠오르고 있고, 동물을 쉽게 사고 팔다 보니 학대하고 유기하는 일들도 쉽게 벌어지고 있는 것"이라며 "생명권 보호라는 차원에서 매매정책을 국가에서 재고해야 한다"고 말한 바 있다.

우리나라에서 반려동물을 키우는 인구는 매년 늘고 있고, 늘어나는 반려동물과 비례해 관련 산업 역시 나날이 커지고 있는 추세다. 반려동물 관련 산업은 2012년 약 9,000억원에서 2015년에는 약 1조 8,000억원, 2020년에는 약 5조 8,000억원에 이르는 것으로 추정된다. 하지만 이와 함께 반려동물과 관련된 사회적 갈등과 논란 역시 커지고 있다. 대표적인 것이 바로 유기견 · 유기묘 문제다. 연간 유기되는 반려동물 숫자는 약 13만마리로 추정되는데, 이를 위해 정부는 약 267억원에 이르는 비용을 쓰고 있다. 한편 경기도가 도민 1,000명을 대상으로 한 설문에서 개인 간 반려동물 매매를 금지하고 자격을 허가받은 생산자 판매나 동물보호센터 등을 통한 '기관입양'만 허용하는 방안에 응답자의 79%가 '찬성'으로 답했다. 반려동물 유통경로를 단축해 생산업자와 입양희망자가 직거래할 수 있게 하는 것에는 76%가 찬성했다.

반려동물 판매자격 제한 찬반

● 찬성
● 반대
● 모름/무응답

79%
5%
16%

자료 / 경기도, 케이스탯리서치

[반려동물 매매금지]

찬성 반려동물은 물건이 아니다

동물은 물건이 아니다. 법무부도 이를 내용으로 하는 조항을 신설해 관련 개정안을 발의하고 국회에 제출했다. 반려동물을 가정의 구성원으로 여기는 사회적 분위기도 이전과 달리 크게 퍼졌다. 그런데도 한 해 유기되는 반려동물 수가 13만마리에 이르며, 유기동물보호센터에 입소되는 개체 중 절반에 가까운 46%가 사망하고 있다. 또 동물들을 물건처럼 수집하고 방치하는 애니멀 홀딩, 한평생 짧은 줄에 묶고 음식물쓰레기를 주는 마당개, 동물학대 및 살해영상 유포 행위 등도 여전하다. 이와 같은 반려동물 경시는 동물을 상품으로 과잉생산하고 손쉽게 구매하는 현실에 원인이 있다.

특히 펫샵에서 매매되는 반려동물은 생명경시 풍조를 조장하며 생명체로서 당연히 가지고 있는 모성을 억제시키고, 어린 동물로 누려야 할 권리를 박탈한다. 또한 소위 품종을 따지는 소비자 기호를 맞추기 위해 평생 사육장에서 학대를 당하며 출산을 반복하게 만든다. 이를 개선하기 위해서는 사인 간 매매를 금지하고 유기동물 보호소를 통한 동물입양을 표준정책으로 수립해야 한다. 이미 우리 사회는 유기동물 보호·입양센터를 통한 입양(42%)과 지인 무료입양(25%)을 바람직한 반려동물 입양경로라고 인식하고 있다.

좋아요 👍 유기동물 발생의 주요 원인

- 돈으로 쉽게 살 수 있다는 의식이 반려동물의 학대와 유기를 양산한다.
- 미국, 독일 등 선진국은 이미 펫샵을 통한 반려동물 매매를 불법으로 규정하고 있다.
- 사거나 팔지 않고, 입양하는 반려동물 문화가 법률과 제도로 정착돼야 한다.

반대 실효성 없이 규제만 강화

2020년 유기동물보호센터에 들어온 유기견, 유기묘 중 73%가 믹스견이고 88%는 코리안캣이라고 불리는 코리안숏헤어다. 70~80%가 소위 품종견, 품종묘가 아니다. 그런데 펫샵에서 거래하는 반려동물은 품종견, 품종묘다. 즉, 반려동물 매매가 유기견, 유기묘를 양산한다는 것은 잘못된 생각이다. 사회적 문제를 다각적으로 판단하지 않고 펫샵에게만 책임을 전가하는 것은 마녀사냥과 다르지 않다. 분양경로 역시 무자격자의 개인분양이 절반을 넘는 54.3%이고 펫샵분양은 20% 정도에 불과하다는 점을 생각하면 펫샵의 과잉 동물생산이 문제라는 주장도 설득력이 없다.

미국은 약 2억마리의 애완동물이 있고 관련 산업 규모가 무려 100조원에 육박한다. 중국 역시 1억 8,850만마리에 60조원에 이르는 시장규모를 자랑한다. 호주도 인구수(2,550만명)보다 많은 반려동물(2,850만마리)이 있다. 이렇듯 반려동물 관련 산업은 급격한 규모확대와 4차 산업혁명과 맞물려 코로나 팬데믹 시대에 오히려 다양화되고 성장하는 추세다. 이런 시기에 '수요 맞춤형 유통정책의 수립'을 외면한 채 자유시장에 대한 규제만을 강조하면 기존 관련 산업 종사자들의 생존만 위협하게 될 것이다. 시대

싫어요 👎 개인분양이 절반 이상

- 펫샵에서는 품종견·품종묘만 거래되지만, 유기동물 70~80%는 믹스견·믹스묘다.
- 펫샵분양보다 개인분양이 많으므로 펫샵의 과잉생산만을 문제로 볼 수 없다.
- 유기동물이 생기는 근본적인 이유는 무책임이지 쉽게 살 수 있어서가 아니다.

보호 필요 VS 공권력 남용
경찰 면책규정 논란

2021년 11월 15일 인천 남동구 서창동의 한 빌라에서 아랫집 이웃에게 흉기를 휘둘러 일가족 3명을 다치게 한 40대 남성이 경찰에 붙잡혔다. 이 과정에서 60대 여성이 목 등을 크게 다쳐 뇌사에 빠졌고, 자녀도 얼굴과 손 등을 흉기에 다쳤다. 그런데 난동 현장에 경찰이 이미 출동해 있었고, 난동이 벌어진 상황에서 이를 제압하지 않은 채 현장을 이탈한 것으로 드러나 부실대응 논란이 불거졌다.

현장에 있던 경찰은 2명으로 남성 경위는 1층에서, 여성 순경은 3층에서 각각 피해가족들의 진술을 듣고 있던 상황에서 피의자가 3층에 나타나 흉기를 휘두르자 여경이 현장을 이탈해 아래층으로 내려갔다. 해당 여경은 지원과 119구급대를 요청하기 위해 내려간 것으로 해명했으나 무전기, 휴대전화 같은 통신수단과 권총 및 테이저건 등 무기를 소지하고 있었던 만큼 자리를 이탈하지 않고도 지원요청 및 범인제압을 할 수 있는 상황이었다. 1층에 있던 남성 경위 역시 권총을 소지하고 있었으나 위급상황으로 판단될 시 권총사용이 가능함에도 사용하지 않았다. 이런 사실이 피해자 측의 청와대 국민청원으로 세상에 알려지면서 경찰의 현장 대응능력에 대한 부실논란이 이어졌다. 결국 해당 경찰청은 논란이 된 두 경찰을 징계위를 거쳐 해임하고, 연일 '현장대응력 강화'와 '엄정한 법 집행'에 주력하는 행보를 이어가고 있다.

국회 행정안전위원회도 경찰의 면책규정 신설이 포함된 개정안을 통과시켰다. 이 개정안에는 '긴박한 상황을 예방하기 위해 직무를 수행하다가 타인에게 피해가 발생하면 형사책임을 감경하거나 면제할 수 있다'는 내용이 담겨 있다. 그동안 경찰은 직무수행 과정에서 누군가에게 금전상 손해를 끼치면 이를 면제받을 길이 없었고, 범죄현장에서 대응할 때 직무유기나 직권남용 등으로 송사에 휘말리는 일이 적지 않았다. 경찰이 직무수행 중 소송을 당해 공무원 책임보험을 신청한 건수는 2020년 한 해만도 107건에 달했다. 이런 고충은 소방관들도 다르지 않다. 현행 소방기본법에는 소방활동에 방해가 되는 주정차 차량을 제거·이동할 수 있는 '강제처분' 조항이 있지만, 차량파손 시 현장 소방관들이 소송이나 민원 등의 부담을 지는 것은 물론이고 100만원 이하의 수리비의 경우 5~6명 팀원이 십시일반으로 수리비를 내는 일도 많다.

[경찰 면책규정]

찬성 — 피해자 신체 보호가 우선

범죄로부터 시민을 구하는 것은 경찰관의 기본 역할이자 책무다. 하지만 현재 경찰에게는 책임만 크고 자율적 권한은 없다. 때문에 아동, 노인, 장애인 등 사회적 약자를 대상으로 한 폭력이 발생해도 관련 직무에 대한 보호규정이 없어 소극적으로 나설 수밖에 없다. 공권력 행사를 망설이게 되는 것이다. 생후 16개월 아동이 양부모에게 학대를 받다 사망한 일명 '정인이 사건'의 경우 경찰은 판단오류와 더불어 민원과 각종 소송 등에 대한 우려로 분리조치에 나서지 못했고, 전자발찌를 끊고 2명의 여성을 살해한 혐의로 재판 중인 강윤성 사건에서도 경찰은 주거지 강제출입의 법적 근거가 부족해 사전조치를 할 수 없었다.

형법 제20조엔 '정당행위' 조항이 있어 직무수행이 적법했다면 면책이 가능하지만, 현실적으로 그것만으로는 부족하다. 경우에 따라서는 위법성이 인정되는 행위도 형사책임을 면해야 할 수 있어야 한다. 미국에는 유사한 면책규정이 있으며, 경찰관이 상당한 혐의점이 있는 가해자를 강제로 체포할 수 있도록 하는 법이 있다. 면책규정으로 경찰관은 더 적극적으로 범죄현장에 대응할 것이고, 이런 문화가 정착되면 범죄자가 범행을 저지를 유인도 낮아질 것이다.

반대 — 물리력 남용에 대한 면죄부

검거과정에서 상해가 발생하거나 긴급체포를 위해 어딘가에 들어가는 상황 등 정당한 공무집행의 경우에는 이미 형사처벌이 되지 않는다. 경찰관이 직무과정에서 물리력을 적법하게 행사했으면 현행법으로도 보호받을 수 있다는 말이다. 소송에 휘말리는 것은 공권력 집행이 적법하지 않았다는 의미다. 더러 민사책임을 지기도 하지만, 2018년 경찰법률보험이 도입되면서 변호사비용, 소송비용, 합의금을 보험에서 지급해 상당 부분 해소가 된 상태다. 따라서 법 개정보다 경찰관의 현장 판단능력을 기르는 것이 훨씬 중요하다.

경찰의 직무집행은 물리적 행사를 기반으로 하고 언제든지 남용될 가능성이 있다. 게다가 이번 개정안은 감면대상인 직무범위와 피해의 범위가 포괄적으로 규정돼 있어 경찰의 물리력 남용 가능성을 열어주고 있다. 무엇보다 경찰의 직무수행은 물리력과 강제력이 동반되기 때문에 필연적으로 인권침해로 귀결될 수 있지만, 소방관의 소방·구조활동은 시민의 권리를 제한하는 성격이 없어 경찰의 직무수행과는 본질적으로 다르다. 따라서 물리력 사용은 그 집행 이전에 어떤 조치를 취해야 할지, 그 근거는 무엇인지를 적정하게 판단할 수 있는 전문성이 갖춰져야 한다. 시대

좋아요 — 소송 무서워서 대응 못해

- 책임만 크고 자율적 권한은 없는 상태에서 적극적으로 대응하기는 쉽지 않다.
- 공권력의 남용보다 피해자의 신체를 보호하지 못하는 것이 더 큰 문제다.
- 면책규정으로 적극적 대응이 정착되면 범죄도 줄어들 수밖에 없다.

싫어요 — 직무집행 과잉은 곧 인권침해

- 정당한 공무집행의 경우 어떤 경우라도 이미 형사처벌을 받지 않는다.
- 피해범위가 모호하고 포괄적인 현재 개정안으로는 공권력의 남용만 부를 뿐이다.
- 물리적 행사를 기반으로 하는 경찰의 직무집행이 과잉되면 인권침해를 피할 수 없다.

01 (   )은/는 전자현미경을 통해 볼 수 있는 바이러스 외파에서 바깥으로 돌출된 돌기형태의 단백질이다.

02 2021년 집값 상승과 세율 인상 등의 영향으로 주택분 (   ) 부과 대상자가 크게 늘어났다.

03 6월 민주항쟁이라는 국민적 저항의 도화선이 된 (   )을/를 계기로 막강한 권력을 휘두르던 전두환정권이 막을 내렸다.

04 예산결산특별위원회에서 정부가 제출한 예산안의 세부내역을 조정하는 것을 (   )(이)라고 한다.

05 (   )은/는 생존권에 위협을 받는 주민들이 주거지역을 빠져나올 수 있도록 상호조율로 열어둔 임시통로를 말한다.

06 (   )은/는 행정청의 처분을 둘러싼 본안소송이 끝나기 전에 처분의 집행 또는 효력을 임시로 막거나 정지하는 것이다.

07 2023년부터 일정요건을 충족할 경우 상속세를 미술품이나 문화재로 대신 납부할 수 있는 (   )특례가 신설된다.

08 미국정부가 중국의 인권탄압을 이유로 (   )을/를 선언한 이후 미국의 핵심 동맹국들의 동참이 확산하고 있다.

09 2021년 11월 수출액이 (   )달러를 돌파하며 무역통계를 집계한 이래 역대 최고기록을 달성했다.

10 2024년부터 연차 적용될 2022 개정 교육과정에는 (   )에 기반해 고등학교 교과과정이 변경되는 내용 등이 담겼다.

11 중국 부동산개발업체 헝다그룹이 반드시 지급해야 하는 채권이자를 지불하지 못하면서 실질적인 (   ) 상태에 빠졌다.

12 최근 미국과 유럽에서는 소비자 권익확보와 환경보호를 위해 (   )을/를 강화하는 추세다.

13 (   )은/는 행정명령을 통해 2021년 10월부터 전 세계에서 처음으로 모든 근로사업장에 그린패스 제도를 적용시켰다.

14 (   )은/는 아시아·태평양 지역의 경제성장과 협력을 위해 1966년 설립된 기관으로, 본부는 마닐라에 위치해 있다.

15 (　　　)은/는 한전이 효율향상 사업을 통해 정부가 부여한 판매전력량의 일정비율만큼 의무적으로 절감해야 하는 제도다.

16 2021년 11월 25일 헌재는 윤창호법의 일부 규정에 대해 (　　　)의 원칙에 위배된다며 위헌 결정을 내렸다.

17 2020년 3월 금통위는 코로나19의 여파로 경기침체가 예상되자 기준금리를 0.5%포인트 낮추는 (　　　)을/를 단행했다.

18 (　　　)은/는 형사재판에서 피고인이 갖는 권리 중 하나로 변호사를 선임할 권리, 진술거부권 등에 대한 권리를 말한다.

19 (　　　)은/는 총 대출상환액이 연간 소득액에서 차지하는 비중이자 금융위원회가 마련한 대출심사 지표다.

20 그룹 방탄소년단(BTS)이 아시아 아티스트 최초로 미국 3대 음악시상식으로 꼽히는 (　　　)에서 대상을 수상했다.

21 (　　　)은/는 미얀마 국민통합정부가 군부세력의 탄압으로부터 시민의 생명과 재산을 보호하기 위해 창설한 시민군대다.

22 일본에서는 수도권 직하지진, (　　　)와/과 더불어 후지산 분화를 미래에 닥칠 우려가 있는 최대 재난으로 꼽는다.

23 서울시에서 시범운행 중인 자율주행자동차는 전용앱인 (　　　)(으)로 차량을 호출한 뒤 지정된 정류장에서 대기하면 이용이 가능하다.

24 국내 최장 (　　　)의 개통으로 보령 대천항에서 태안 영목항까지의 이동시간이 기존 1시간 30분에서 10분대로 단축됐다.

25 (　　　)은/는 블록체인을 기반으로 토큰마다 고유값을 가지고 있어 복제가 불가능하고, 다른 토큰으로 대체할 수 없다.

26 '황금빛 공'이라는 뜻의 (　　　)은/는 프랑스 축구 전문지 '프랑스 풋볼'이 제정한 상으로, 축구에서 가장 명예로운 상으로 불린다. 시대

---

01 스파이크단백질 **02** 종합부동산세 **03** 박종철 고문치사 사건 **04** 계수조정 **05** 인도주의 회랑 **06** 집행정지 **07** 물납 **08** 외교적 보이콧 **09** 600억 **10** 고교학점제 **11** 디폴트 **12** 수리권 **13** 이탈리아 **14** 아시아개발은행(ADB) **15** 에너지공급자 효율향상 의무화제도 **16** 죄형법정주의 **17** 빅컷 **18** 방어권 **19** 총부채원리금상환비율(DSR) **20** 아메리칸 뮤직 어워드(AMA) **21** 시민방위군 **22** 난카이해곡 거대지진 **23** 탭(TAP!) **24** 보령해저터널 **25** 대체불가토큰(NFT) **26** 발롱도르

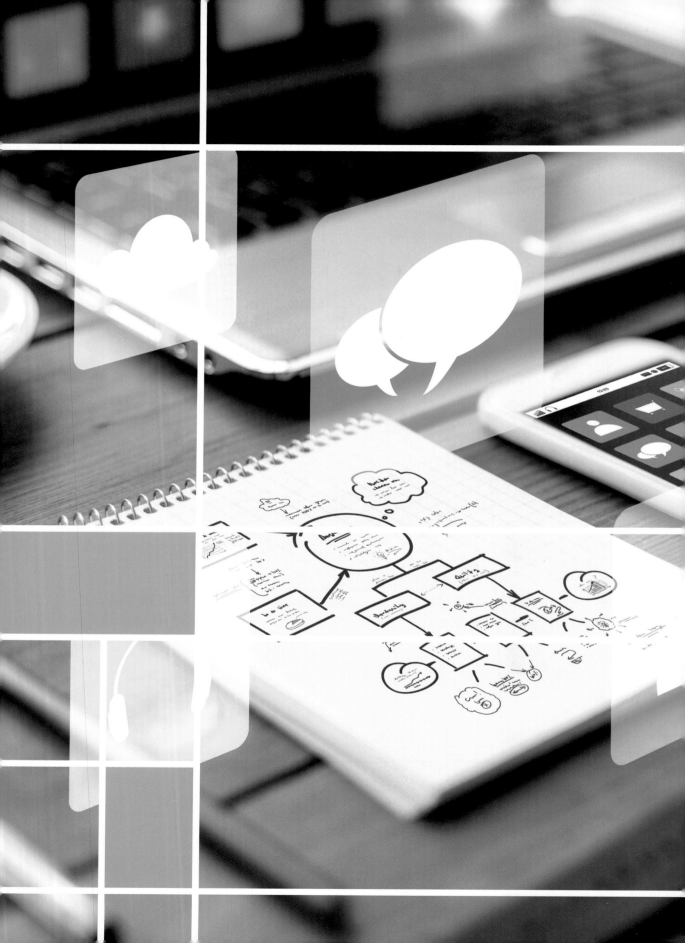

필수 시사상식

한 달 동안 화제의 용어를 한자리에!

시사용어브리핑

로 푸드(Low Food) 특정 성분의 함량을 줄이거나 뺀 식품

▶ 사회 · 노동 · 교육

필수 영양성분은 함유하면서도 나트륨이나 당과 같은 특정 성분의 함량을 줄이거나 뺀 식품이다. 우리말로는 '저자극식'이라고도 한다. 웰빙트렌드의 확산으로 건강과 보건에 대한 관심이 더욱 커지면서 그 수요가 늘고 있다. 실제로 설탕 대신 스테비아 등의 대체감미료를 넣은 제품이나 곤약, 두부 등 열량이 낮은 재료를 활용한 음식이 인기를 끌고 있다. 더불어 불이나 열에 데우지 않고 날로 먹는 생채식 요리를 뜻하는 '로 푸드(Raw Food)'에 대한 관심도 높아지는 추세다.

왜 이슈지?

식품에 첨가되는 과도한 설탕에 소비자들의 거부감이 높아지면서 당류 함량을 낮춘 요거트, 과일, 초콜릿, 대체 감미료 등의 **로 푸드**가 인기를 끌고 있다.

브렉스데믹(Brexdemic) EU 탈퇴와 코로나19 대유행으로 혼란에 빠진 영국의 상황

▶ 국제 · 외교

영국이 유럽연합(EU) 탈퇴와 코로나19 대유행이라는 복합적인 난관을 겪고 있는 상황을 가리키는 말이다. 영국의 EU 탈퇴를 뜻하는 '브렉시트(Brexit)'와 세계적으로 감염병이 대유행하는 상황을 뜻하는 '팬데믹(Pandemic)'의 합성어다. 앞서 영국은 2020년 1월 31일 브렉시트를 단행하고 2020년 12월 31일까지를 전환기간으로 설정한 바 있다. 전 세계적으로 에너지가격 폭등 및 원자재 수요 증가로 인한 혼란이 계속되는 가운데 영국은 2021년 1월 1일부터 현실화된 브렉시트와 코로나19로 인한 인력난까지 겹치면서 물류대란과 더불어 인플레이션까지 우려되는 상황이다.

왜 이슈지?

최근 영국은 코로나19와 브렉시트의 영향으로 경제적인 혼란이 계속되고 있는데 언론들은 이를 가리켜 **브렉스데믹**이라고 표현했다.

온디맨드 경제(On-Demand Economy) 수요자의 요구에 맞춰 제품 및 서비스를 제공하는 경제활동

경제 · 경영

컴퓨터기술의 비약적 발달로 공급이 아니라 수요가 모든 것을 결정하는 시스템이나 전략 등을 총칭한다. 일반적으로 플랫폼과 기술력을 가진 회사가 수요자의 요구에 즉각 대응하여 제품이나 서비스를 제공하는 전략 및 활동을 의미한다. 온디맨드 경제하에서 거래는 공급자가 아닌 수요자가 주도한다. 기업은 질 좋은 제품이나 서비스를 제공하는 것뿐만 아니라 수요자와 공급자 간의 거래가 원활하게 이루어질 수 있도록 빅데이터, 인공지능(AI) 등을 활용하여 서비스의 질을 관리하고 있다. 대출, 의료서비스, 가사노동, 차량 제공, 법률 자문, 전문 연구개발(R&D) 등 다양한 분야에서 활용된다.

왜 이슈지?

최근 유통시장에서는 디지털 전환을 고려하거나 이미 디지털 전환을 시행하고 있는 기업들이 증가하면서 **온디맨드 경제**에 대한 관심이 급증하고 있다.

차세대 우주망원경(NGST) 허블우주망원경을 대체할 우주 관측용 망원경

과학 · IT

1990년 우주로 쏘아 올린 허블우주망원경을 대체할 망원경이다. 'Next Generation Space Telescope'의 약자로 2002년 NASA의 제2대 국장인 제임스 웹의 업적을 기리기 위해 '제임스 웹 우주망원경(JWST ; James E. Webb Space Telescope)'이라고도 한다. 차세대 우주망원경은 허블우주망원경보다 반사경의 크기가 더 커지고 무게는 더 가벼워진 한 단계 발전된 우주망원경이다. 미국 NASA와 유럽우주국(ESA), 캐나다우주국(CSA)이 함께 제작했다. 우주 먼 곳의 천체를 관측하기 위한 것으로 허블우주망원경과 달리 적외선 영역만 관측할 수 있지만, 더 먼 거리까지 관측할 수 있도록 제작됐다.

왜 이슈지?

2021년 12월 18일 발사예정이던 **차세대 우주망원경**이 발사체 어댑터 장착을 준비하는 과정에서 사고가 일어나면서 부품기능 손상 정도를 확인하기 위해 발사일이 연기됐다.

FAST 플랫폼 광고 기반의 무료 스트리밍 플랫폼

문화 · 미디어

'Free Ad-supported Streaming TV'의 줄임말로 광고를 기반으로 하는 무료 스트리밍 플랫폼을 말한다. 넷플릭스처럼 콘텐츠를 스트리밍하지만 광고가 나오기 때문에 무료로 시청이 가능한 실시간 채널 서비스다. 비실시간 비디오(AVOD)에 실시간 라이브 채널을 결합한 서비스라는 점에서 AVOD만 제공했던 과거의 무료 스트리밍 서비스와 구분된다. 현재 우리나라에서는 유료 스트리밍 서비스가 대세를 이루고 있지만 미국에서는 FAST 플랫폼이 빠르게 자리잡는 추세다.

왜 이슈지?

최근 미국에서는 비아컴CBS '플루토TV', 폭스 '투비' 등 10개 이상의 **FAST 플랫폼** 서비스가 시장을 선점하기 위한 경쟁을 벌이고 있다.

아파르트헤이트(Apartheid) 남아프리카공화국의 극단적인 인종차별정책

백인우월주의에 근거한 남아프리카공화국의 극단적 인종차별정책이다. 1948년 수립된 국민당 단독정부 수립 이후 국민을 반투(순수 아프리카 흑인) 및 유색인종과 백인으로 구분하는 제도 · 법률이 더욱 강화됐다. 이러한 제도 · 법률은 대부분 당시 전 국민의 16%에 불과한 백인의 특권을 보장한 것들이었다. 이후 유색인종을 철저히 차별대우하는 남아공정부에 대한 국민들의 저항이 거세어졌고 국제연합(UN)을 비롯해 국외에서도 압력이 잇따랐다. 결국 1990~1991년 클레르크 대통령이 인종차별적인 법률을 대부분 폐지했고, 1994년 5월 처음으로 실시된 자유총선거에서 넬슨 만델라가 최초의 흑인 대통령으로 뽑히면서 철폐됐다.

왜 이슈지?

2021년 11월 11일 별세한 프레데리크 데 클레르크 전 남아프리카공화국 대통령은 생전 **아파르트헤이트** 당시 벌어진 인권유린 등에 대한 책임을 인정하지 않았지만, 별세 후 공개된 녹화영상에서 전적으로 사과한다는 뜻을 밝혔다.

엔데믹(Endemic) 한정된 지역에서 주기적으로 발생하는 감염병

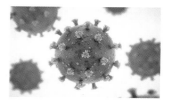

특정 지역의 주민들에게서 주기적으로 발생하는 풍토병을 말한다. '-demic'은 '사람 또는 사람들이 사는 지역' 등을 뜻하는 고대 그리스어의 남성형 명사 'demos'에서 유래한 말로 감염병이 특정 지역이나 사람에 한정된 경우를 가리킨다. 넓은 지역에서 강력한 피해를 유발하는 팬데믹과 달리 한정된 지역에서 주기적으로 발생하는 감염병이기 때문에 감염자 수가 어느 정도 예측이 가능하다. 동남아시아 · 남미 · 아프리카 등에서 많이 발생하는 말라리아, 뎅기열 등이 이에 속한다.

왜 이슈지?

2021년 11월 12일 아스트라제네카(AZ)의 최고경영자 파스칼 소리오는 코로나19 백신 판매계약을 통해 수익을 내지 않던 것에서 이익을 남기는 방향으로 전환하겠다는 입장을 밝히면서 코로나19가 **엔데믹**으로 변화하고 있다고 말했다.

스테이킹(Staking) 가상자산의 일부를 지분으로 고정시키는 것

자신이 보유한 가상자산의 일정량을 지분(stake)으로 고정하는 것을 말한다. 가상자산 보유자는 가격의 등락과 관계없이 가상자산을 예치하고 보유한 가상자산 지분의 유동성을 묶어두는 대신, 블록체인 플랫폼의 운영 및 검증에 참여하고 이에 대한 보상으로 가상자산을 받는다. 스테이킹은 '지분증명(PoS ; Proof of Stake)' 알고리즘을 채택한 블록체인 네트워크에서 가능한데, 이는 해당 가상자산을 보유하고 있는 지분율에 비례하여 의사결정 권한을 주는 것이다. 작업증명(PoW ; Proof of Work)의 단점으로 지적되는 채굴기 마련 비용이나 막대한 전기 사용 등의 문제를 해결할 수 있다는 점에서 각광받고 있다.

왜 이슈지?

가상자산을 **스테이킹**하면 일정기간 출금할 수 없다는 단점을 보완하기 위해 한 달, 일주일, 하루 동안만 스테이킹할 수 있는 상품이 출시되고 있다.

메세나(Mecenat) 문화예술, 스포츠 등에 적극 지원하는 기업들의 후원활동

기업들이 문화예술, 스포츠 등의 분야에 적극 지원함으로써 사회공헌과 국가경쟁력에 이바지하는 활동을 총칭한다. 고대 로마제국의 정치가 가이우스 마에케나스가 시인 호라티우스, 베르길리우스 등 당대 예술가들의 예술 · 창작 활동을 적극적으로 후원하며 예술부국을 이끈 데서 유래한 말이다. 1967년 미국에서 기업예술후원회가 발족하면서 이 용어를 처음 사용한 이후 각국의 기업인들이 메세나협의회를 설립하면서 널리 알려졌다. 한국에서는 한국기업메세나협의회(2004년 '한국메세나협의회'로 개칭)가 문화체육관광부 장관의 허가 아래 1994년에 결성됐으며 2021년 기준 210여 개의 회원사가 문화예술 지원사업을 펼치고 있다.

왜 이슈지?

2021년 11월 17일 문화체육관광부가 후원하는 '2021 한국메세나대회'에서 아모레퍼시픽이 전통공예 전문가를 후원하고 한국 전통문화 보전을 위해 노력한 공을 인정받아 대통령표창인 **메세나**대상을 수상했다.

튀르크어사용국기구(OTS) 튀르크어족으로 분류된 중앙아시아 국가들로 구성된 기구

터키와 카자흐스탄, 아제르바이잔, 우즈베키스탄, 키르기스스탄 등 튀르크어족으로 분류되는 중앙아시아 국가들로 구성된 기구다. 'Organization of Turkic States'가 정식명칭으로 2021년 11월 12일 터키 이스탄불에서 열린 정상회의에서 공식 출범했다. OTS의 전신은 2009년 10월 터키와 카자흐스탄, 아제르바이잔, 키르기스스탄 등 4개국이 중심이 돼 설립된 '튀르크 평의회(Turkic Council)'다. 튀르크어족은 시베리아 · 중앙아시아, 중국 신장자치구, 러시아 볼가강 중류 지대에서 사용되는 언어의 그룹(어족)을 의미한다. 튀르크어에는 터키어, 키르기스어, 우즈베크어 등 30여 개 언어가 포함되며 알타이어족에 속한다.

왜 이슈지?

2021년 11월 **튀르크어사용국기구**가 공식 출범한 이후 중국 신장 위구르 지역의 분리독립 움직임에 대한 우려로 중국 당국이 바짝 긴장하고 있다.

캥거루 운전 단속카메라를 의식해 속도를 줄였다가 다시 가속하는 운전행위

제한속도를 초과하여 과속운전을 하다가 단속카메라가 설치된 구간을 통과할 때는 띄엄띄엄 속도를 줄이고 카메라 위치를 벗어나면 다시 가속페달을 밟아 제한속도를 무시하는 운전행위를 이르는 말이다. 이처럼 속도를 줄였다가 다시 가속하는 운전행위가 멀리서 보면 마치 깡충깡충 뛰는 캥거루의 모습과 닮았다고 하여 붙은 명칭이다. 이러한 캥거루 운전을 하는 차량이 줄어들지 않는 이유는 운전자가 내비게이션을 통해 카메라의 위치를 미리 알 수 있기 때문이다. 특히 캥거루 운전은 우리나라에서 유독 빈번한 편인데, 자동차전용도로(고속도로)의 지나친 속도제한이 원인 중 하나라는 지적도 있다.

왜 이슈지?

경찰청은 2021년 11월부터 순찰차를 주행하면서 **캥거루 운전**이나 과속 등을 단속할 수 있는 '순찰차 탑재형 교통단속장비'를 시험운영하겠다고 밝혔다.

출산크레딧 제도 자녀의 수에 따라 국민연금 가입기간을 추가 산입해 주는 제도

사회 · 노동 · 교육

자녀의 수에 따라 국민연금 가입자, 혹은 가입자였던 사람이 노령연금수급권을 취득한 때 가입기간을 추가 산입해 주는 제도다. 국민연금법 제19조를 근거로 하여 2008년 1월 1일부터 시행되고 있는 출산장려정책 중 하나다. 국민연금의 사각지대를 줄이고 저출생과 고령사회에 대응해 출산을 장려하기 위해 도입되었다. 2008년 1월 1일 이후 둘째 자녀(입양 포함)를 얻은 부모에게는 12개월, 셋째 이상의 자녀를 얻은 부모에게는 각각 18개월을 추가로 인정(최대 50개월)한다. 출산크레딧을 받기 위해 출산 사실을 즉시 신고할 필요는 없으며 노령연금수급권이 발생해 노령연금을 청구할 때 신고하면 된다.

왜 이슈지?

출산장려책의 일환으로 시행 중인 **출산크레딧** 제도가 여성의 노후소득 보장에 기여하지 못하고 있다는 분석이 나오면서 적용시기와 지원방식을 수정하여 여성들에게 실질적인 혜택이 돌아가도록 해야한다는 의견이 제기됐다.

대퇴직(the Great Resignation) 자발적 사퇴가 늘어나는 현상

사회 · 노동 · 교육

코로나19 팬데믹에서 회복 중인 미국에서 자발적 사퇴가 늘어나는 현상을 가리키는 말이다. 미국 노동부 발표에 따르면 자발적 사직자 수는 2021년 8월 430만명에서 9월 440만명으로 증가한 것으로 나타났다. 이는 역대 최고 수준으로 경기회복 국면에서 팽창한 수요를 따라잡기 위해 공급을 늘려야 하는 데 반해 노동력이 감소하고 있는 상황이다. 이러한 현상의 원인으로는 코로나19로 인한 사회 · 경제적인 변화 및 일과 삶의 균형에 대한 바뀐 시각의 영향이 큰 것으로 파악됐다.

왜 이슈지?

전 세계적으로 많은 근로자들이 자발적으로 일을 그만두는 움직임이 포착되면서 경제대공황에 빗댄 **대퇴직**이라는 말이 유행처럼 퍼지고 있다. 특히 미국의 경우 임금을 올려도 지원자가 없어 구인난이 심각한 상황이다.

레드플러스(REDD+) 산림을 활용하여 온실가스 배출을 줄이는 탄소저감 활동

국제 · 외교

개발도상국(개도국)의 산림전용 및 황폐화 방지를 통해 온실가스 배출을 줄이는 탄소저감 활동을 말한다. 'Reducing Emissions from Deforestation and Forest Degradation Plus'의 약자로 경제선진국이 개도국의 산림관리를 경제적으로 지원한다. 단, 개도국은 사업기간 동안 산림파괴가 없었다는 것을 증명해야 하고, 그 결과를 인정받을 경우 탄소배출권을 할당받을 수 있다. 정부와 민간이 공동으로 10억달러의 산림재원을 조성하는 것을 목표로 하는 자발적 국제연합체 '리프연합(LEAF Coalition)'의 재정적인 지원을 받고 있다. 우리나라는 캄보디아 · 미얀마 · 라오스 등에서 레드플러스 사업을 진행하고 있다.

왜 이슈지?

2021년 11월 영국 글래스고에서 폐막한 제26차 유엔기구변화협약 당사국총회(COP26)에서 **레드플러스** 사업의 산림분야 국외감축실적을 국가 간 이전할 수 있도록 하는 제도적 기반이 마련됐다.

렉처멘터리(Lecturmentary) 강의 도중 다큐영상을 통해 청중의 이해를 돕는 프로그램

▶ 문화 · 미디어

청중에게 강의를 제공하면서 강의 중간에 다큐영상을 제시하여 효율적인 이해를 돕는 프로그램을 말한다. 강연을 뜻하는 '렉처(lecture)'와 '다큐멘터리(Documentary)'의 합성어다. 수용자 친화적인 쌍방향적인 방식으로 메시지를 쉽게 전달할 수 있고, 영상을 통해 설명이 더해지면 청중들은 보다 쉽게 다양한 이슈에 접근할 수 있다. 2020년 KBS1에서 방영한 국내 렉처멘터리 '명견만리'는 저명한 인사들이 직접 취재한 내용을 바탕으로 강연을 통해 청중과 직접 소통했다.

> **왜 이슈지?**
>
> 2021년 10월에 방영한 MBC 다큐플렉스 특집 '오은영 리포트'는 **렉처멘터리** 형식으로 영 · 유아 자녀를 둔 부모들의 성교육 고민을 해소해 SNS상에서 화제가 됐다.

왝플레이션(Whackflation) 호황과 불황 사이에서 벌어지는 물가파동

▶ 경제 · 경영

'세게 후려치다'를 뜻하는 '왝(whack)'과 화폐가치가 하락해 물가가 오르는 '인플레이션(Inflation)'을 합친 신조어다. 팬데믹에 타격을 입은 복잡한 경제시스템이 안정화되는 과정에서 벌어지는 불안정한 상태를 의미한다. 2021년 11월 미국의 경제매체 블룸버그는 "초인플레이션이나 스태그플레이션 등 기존의 경제용어로는 현재의 인플레이션 현상을 정확히 설명할 수 없다"며 왝플레이션을 언급하고 이를 '호황과 불황 사이에서 벌어지는 물가파동'이라고 규정했다. 극심한 인플레이션 현상을 뜻하는 초인플레이션은 과도한 표현이고, 경기불황 속 물가상승을 뜻하는 스태그플레이션은 '경기불황'에 대한 해석의 여지가 있다는 이유에서다.

> **왜 이슈지?**
>
> 블룸버그는 2021년 11월 세계 곳곳에서 나타난 물가상승세를 '**왝플레이션**'이라고 명시하며 그 어떤 인플레이션보다도 갑작스럽고 예측이 불가능하다는 입장을 내놨다.

오프리쉬 반려견이 목줄을 착용하지 않은 상태

▶ 사회 · 노동 · 교육

Off(~로부터 떨어진)와 Leash(줄)의 합성어로 반려견이 목줄을 착용하지 않은 것을 뜻한다. 반려견에 의한 물림사고 등 다양한 위급상황에 있어 대처가 어려워 문제가 되고 있다. 현 동물보호법 13조는 소유자가 등록대상동물을 동반하고 외출할 시 목줄 등의 안전조치를 해야 한다고 명시하고 있다. 특히 생후 3개월 이상 된 맹견은 목줄 및 입마개 등의 안전장치나 적정한 이동장치를 해야 한다. 목줄을 미착용하는 경우 동물보호법 제13조 2항에 따라 과태료가 부과된다.

> **왜 이슈지?**
>
> 외출 시 목줄을 착용하지 않은 반려견에 의한 물림사고 보도가 이어지면서 해당 견주의 **오프리쉬**에 대한 처벌강화를 요구하는 목소리가 높아지고 있다.

시사상식 기출문제

01 디플레이션에서 벗어났지만 심한 인플레이션에는 미처 이르지 않은 상태를 말하는 경제 용어는? [2021년 아주경제]

① 리플레이션
② 스태그플레이션
③ 에그플레이션
④ 디스인플레이션

해설

경제가 디플레이션에서 벗어났지만 심각한 인플레이션에는 아직 도달하지 못한 상태를 리플레이션(Reflation)이라고 한다. 정책적으로 통화를 다시 팽창시키는 것을 의미하기도 하는데, 물가가 지속적으로 하락하는 디플레이션에서 벗어나 어느 정도 물가가 오르는 상황이다.

02 부실기업의 경영권을 인수해 기업 가치를 높인 뒤 되팔아 수익을 얻는 펀드는? [2021년 아주경제]

① 인덱스 펀드
② 헤지 펀드
③ 머니마켓 펀드
④ 바이아웃 펀드

해설

바이아웃 펀드(Buyout Fund)는 부실기업의 경영권을 인수하여 M&A나 구조조정으로 기업의 가치를 높이고 지분을 다시 팔아 수익을 내는 펀드다. 사모펀드의 일종으로서 탄력적 운용으로 중장기 투자에 적합하다.

03 우리나라 국회에서 원내교섭단체를 구성할 수 있는 최소인원수는? [2021년 SBS]

① 50명
② 40명
③ 30명
④ 20명

해설

우리나라의 국회법에 따르면 20인 이상의 소속인원을 가진 정당은 하나의 교섭단체를 구성할 수 있다. 그러나 다른 교섭단체에 속하지 않은 20인 이상의 의원이 모여 따로 교섭단체를 구성할 수도 있다. 정당 내에서 구성된 교섭단체는 정당 국고보조금을 우선 지급받는 특혜를 얻을 수 있다.

04 일제강점기의 독립운동가로 광복 후 종합교양지인 〈사상계〉를 창간한 인물은? [2021년 SBS]

① 함석헌
② 문익환
③ 장준하
④ 이범석

해설

장준하는 일제강점기에 활동한 독립운동가이며, 광복 후에는 대한민국 정부에서 일하며 종합교양지인 〈사상계〉를 창간하기도 한 정치가다. 5·16군사정변 이후 박정희가 정권을 잡자 반대하는 움직임을 보였으며 1974년에는 긴급조치 1호 위반으로 기소되어 징역형을 선고받기도 했다. 이후 민주화운동에 투신한 그는 1975년 경기도 포천에서 약사봉 등반 중 의문사했는데, 현재도 사망원인은 명확히 밝혀지지 않았다.

05 미국 민간 우주기업인 블루오리진이 개발한 로켓의 이름은? [2021년 한겨레]

① 크루 드래곤
② 뉴 셰퍼드
③ 리질리언스
④ 버진 갤럭틱

해설
뉴 셰퍼드(New Shepard)는 아마존의 최고경영자 제프 베조스가 설립한 우주기업 블루오리진이 개발한 로켓이다. 2015년 5월 시험발사에 성공했고, 2021년 7월 4명의 민간인을 탑재된 캡슐에 태우고 해발 75km 상공까지 올라섰다. 이후 분리된 캡슐은 우주의 경계선인 고도 100km의 카르만 라인을 넘어서 약 10분간 비행했다. 민간인들은 캡슐 안의 창문을 통해 지구와 우주공간을 관찰할 수 있었다.

06 2019년 교육부가 고교서열화 해소를 위해 일반고로의 전환을 발표한 고등학교가 아닌 것은? [2021년 뉴스1]

① 국제고등학교
② 외국어고등학교
③ 과학고등학교
④ 자율형사립고등학교

해설
지난 2019년 11월 교육부에서는 고교서열화를 해소하고 일반고의 교육역량을 강화한다는 목적으로 2025년을 기점으로 전국의 자율형사립고와 외국어고, 국제고를 일반고로 일괄전환한다는 방침을 세웠다. 그러나 해당 고등학교들이 일제히 반발하며 헌법소원을 제기했고, 2020년부터 실시된 재지정 여부 심사에서 특목고 취소처분을 받은 자사고·특목고가 취소 소송에서 잇달아 승리하면서 앞으로의 시행 여부는 알 수 없는 상황이다.

07 아프리카계 미국인 영화감독으로 2021년 칸 영화제의 심사위원장으로 위촉된 인물은? [2021년 SBS]

① 스파이크 리
② 스티브 맥퀸
③ 조던 필
④ 사무엘 잭슨

해설
스파이크 리는 아프리카계 미국인 영화감독으로 흑인 문화를 바탕으로 하고, 흑인에 대한 인종차별을 비판하는 작품을 주로 만드는 것으로 유명하다. 1989년 뉴욕 브루클린을 배경으로 한 영화 〈똑바로 살아라〉를 발표하며 세계적인 주목을 받았고, 흑인 인권운동가 '말콤 엑스'의 자전 영화를 감독하기도 했다.

08 다음 중 건물의 외벽에 LED 조명을 이용하여 영상을 표현하는 미술 기법은? [2021년 SBS]

① 미디어 파사드
② 데포르마숑
③ 실크스크린
④ 옵티컬아트

해설
미디어 파사드(Media Facade)에서 파사드는 건물의 외벽을 의미하는 말로 건물 외벽을 스크린처럼 이용해 영상을 표시하는 미술 기법을 말한다. LED 조명을 건물의 외벽에 설치하여 디스플레이를 구현한다. 옥외광고로도 이용될 수 있어 통신망을 통해 실시간으로 광고판에 정보를 전달하는 디지털 사이니지(Digital Signage)의 한 종류로 분류된다.

09 다음 중 야구를 통계·수학적 방법으로 분석하는 방식을 뜻하는 말은? [2021년 부산일보]

① 핫코너
② 피타고리안 기대 승률
③ 세이버매트릭스
④ 머니볼

해설
세이버매트릭스(Sabermetrics)는 야구를 통계적, 수학적인 방법으로 분석하는 방법론을 말한다. 기록의 스포츠인 야구를 객관적으로 분석하기 위한 기법이다. 선수 개개인의 기록과 경기의 통계 수치를 종합해 다음 혹은 향후 선수와 경기 흐름에 대해 분석하고 예측하는 것을 말한다.

10 다음 중 정부의 지출이 증가할 때 민간투자는 감소하는 경제현상은? [2021년 부산일보]

① 승수효과
② 구축효과
③ 자산효과
④ 기저효과

해설
구축효과(Crowding-out Effect)는 정부가 재정정책을 확대하여 이자율이 상승하게 되고 이로 인해 민간 기업의 투자가 감소하는 것을 뜻한다. 보통 경기불황에 정부가 국채를 발행하여 채권시장에 매각하는 식으로 자금을 조달한다. 그러면 채권의 공급이 늘어나면서 가격은 하락하고 금리가 상승하는데, 동시에 기업이나 민간의 투자는 축소된다.

11 구성원이 조직의 명예를 실추시키지 않도록 하는 엄격한 규율과 처벌을 의미하는 것은? [2021년 KBS]

① 포이즌 필
② 임파워먼트
③ MBO
④ 아너 코드

해설
아너 코드(Honor Code)는 구성원이 조직의 명예를 떨어뜨리지 않도록 지켜야 할 기본 준칙을 정해놓은 것이다. 이러한 규율을 세워놓음으로써 스스로가 윤리적으로 행동할 수 있도록 유도한다. 미국의 하버드대를 비롯한 몇몇의 대학에서는 교직원이나 학생들이 논문 표절이나 기타 부정행위를 자율적으로 하지 못하도록 아너 코드를 규정하고 있다.

12 다음 중 고위공직자범죄수사처의 수사 대상이 아닌 공직자는? [2021년 KBS]

① 장성급 장교
② 구청장
③ 국회의원
④ 검찰총장

해설
고위공직자범죄수사처(공수처)의 수사 대상
대통령, 국회의장·국회의원, 대법원장·대법관, 헌재소장·재판관, 검찰총장, 국무총리, 중앙행정기관·중앙선관위·국회·사법부 소속 정무직 공무원, 대통령비서실·국가안보실·대통령경호처·국정원 소속 3급 이상 공무원, 광역자치단체장·교육감, 판사·검사, 경무관급 이상 경찰, 군장성 등

13 2021년 7월 기후변화 대응을 위해 발표한 탄소국경세가 핵심인 유럽연합의 계획은?

[2021년 부천시공공기관통합채용]

① 핏 포 55
② 유러피언 그린딜
③ 2050 그린정책
④ RE100

해설
핏 포 55(Fit for 55)는 유럽연합(EU)의 집행위원회가 2021년 7월 14일 발표한 탄소배출 감축 계획안이다. 이 계획의 핵심은 탄소국경조정제도(CBAM)로서 EU 역내로 수입되는 제품 중 EU에서 생산되는 제품보다 탄소배출량이 많은 제품에 탄소국경세를 부과하는 것이다. 2026년부터 철강·시멘트·비료·알루미늄·전기 등에 단계적으로 제도를 적용하게 된다.

14 고대 로마의 신전으로 '모든 신을 위한 신전'이라는 뜻의 건축물은? [2021년 부천문화재단]

① 판테온
② 베스타 신전
③ 벨로나 신전
④ 키르쿠스 막시무스

해설
판테온(Pantheon)은 다신교였던 고대 로마의 모든 신들에게 바치는 신전으로, 처음에는 로마 대화재로 소실되었다가 하드리아누스 황제 때 재건되었다. 판테온이라는 명칭은 그리스어로 '모두'를 뜻하는 판(Pan)과 '신'을 의미하는 테온(Theon)이 합쳐져 지어졌다. 르네상스 시대 판테온은 무덤으로 사용되었고, 현재는 가톨릭 성당으로 이용되고 있다.

15 다음 중 옴의 법칙에 대한 설명으로 옳은 것은?

[2021년 광주광역시공공기관통합채용]

① 스웨덴의 물리학자 옴이 발견했다.
② 전류가 전압의 크기에 반비례한다.
③ 전류는 저항에 비례하여 변화한다.
④ 전압의 크기는 전류의 세기와 저항을 곱한 것과 같다.

해설
옴의 법칙은 독일 물리학자 옴이 발견했다. 전류의 세기를 I, 전압의 크기를 V, 전기저항을 R이라 할 때, $V = I \cdot R$의 관계가 성립한다. 즉, 전류는 전압의 크기에 비례하고 저항에 반비례한다. 예를 들어 전압이 2배가 되면 전류의 양도 2배 늘어나고, 저항이 3배가 되면 전류의 양은 1/3로 줄어든다.

16 14~16세기에 옛 그리스·로마의 고전 문화를 부흥시키려 했던 문화사조는?

[2021년 의정부시설관리공단]

① 바로크
② 르네상스
③ 신고전주의
④ 메디치

해설
르네상스 운동은 중세 교회의 권위 몰락과 봉건 사회의 붕괴를 배경으로 이탈리아에서 발원하여 전 유럽으로 퍼져나갔다. 종교에서 탈피하여 그리스·로마의 고전 문화를 부흥시키고, 개인을 존중하며 인간적인 근대 문화 창조(휴머니즘)를 주장했다. 또한 자연에 대한 관심을 증가시킴으로써 근대 과학 발전의 시발점이 되었고, 유럽 근대 문명 발전의 원동력이 되었다.

17 다음 중 2014년 완공된 우리나라의 두 번째 남극과학기지는?

[2021년 광주광역시공공기관통합채용]

① 세종과학기지
② 다산과학기지
③ 장보고과학기지
④ 아라온과학기지

해설
장보고과학기지는 남극 테라노바만에 2014년에 지어진 대한민국의 두 번째 남극과학기지이다. 연면적 $4,458m^2$에 연구동과 생활동 등 16개동의 건물로 구성된 장보고과학기지는 겨울철에는 15명, 여름철에는 최대 60명까지 수용할 수 있다. 우리나라의 최초 남극과학기지는 세종과학기지로 킹조지섬 바턴반도에 1988년 세워졌다.

18 색상의 차이를 이용해 두 개의 영상을 합성하는 기술은?

[2021년 부산교통공사]

① 로토브러시
② 크로마 키
③ 루미넌스 키
④ 크로미넌스

해설
크로마 키(Chroma-key)는 영상합성 기술로 두 영상의 색상 차이를 이용해 특정 피사체만을 추출하여 다른 영상에 끼워 넣는 기술이다. 추출하고자 하는 피사체가 사람일 경우, 피부색의 보색인 청색이나 녹색의 배경 앞에 사람을 세워 촬영한 후 배경색을 제거하면 배경이 검게 되고 사람만 남게 된다. 그리고 배경 화면을 따로 촬영하여 추출한 사람의 영상을 합성하는 것이다.

19 단위인 되, 섬, 말을 구분하는 기준은?

[2021년 부산교통공사]

① 부피
② 길이
③ 넓이
④ 깊이

해설
되와 섬, 말은 모두 부피의 단위로 곡식, 가루, 액체 따위의 부피를 잴 때 쓴다. 한 되는 한 홉의 열 배로 약 1.8리터에 해당하며, 한 말은 한 되의 열 배로 약 18리터다. 마찬가지로 한 섬은 한 말의 열 배로 약 180리터에 해당한다.

20 세금 납부의 주체와 상관없이 소비자와 생산자 사이에서 세금이 분담되는 현상은?

[2021년 기장군도시관리공단]

① 조세귀속의 원리
② 조세형평의 원리
③ 조세분담의 원리
④ 조세귀착의 원리

해설
조세귀착은 모든 세금을 소비자와 생산자 어느 한 편에 전가하는 것이 아닌, 납부할 조세를 상대에게 이전한 후 그 나머지를 부담하는 것이다. 보통 세금 부과로 상품 가격이 높아졌을 때 발생하게 되는데, 가령 가격이 1,000원인 상품에 500원의 세금이 부과되어 1,500원이 되면 소비자의 희망수요량은 줄어들게 된다. 이때 시장의 균형점이 이동하면서 상품의 가격이 1,200원으로 조정된다면, 소비자는 200원의 세금을 부담하고 생산자는 나머지 300원을 부담하게 되는 것이다.

21 미국 프로야구리그인 MLB에 대한 설명으로 옳지 않은 것은? [2021년 영화진흥위원회]

① 미국 프로야구의 최상위 리그에 해당한다.
② 캐나다에서는 두 개 구단이 참가한다.
③ 내셔널리그와 아메리칸리그로 나뉘며 각각 15구단이 참가한다.
④ 두 리그의 1위 구단이 7전 4선승제의 월드시리즈를 치른다.

해설
메이저리그 베이스볼(MLB, Major League Base-ball)은 미국 프로야구의 최상위권 리그로 내셔널리그와 아메리칸리그로 구성되어 있다. 두 리그에 각각 15구단이 참가하며, 내셔널리그는 1876년, 아메리칸리그는 1900년에 창설되었다. 각 리그는 동부·서부·중부로 구별되어 경기를 치른다. 두 리그의 1위 구단이 7전 4선승제의 월드시리즈를 치러 최종 우승팀을 가리게 된다. MLB에 참가하는 캐나다 연고의 구단은 '토론토 블루제이스' 한 팀으로 아메리칸 리그 동부지구 소속이다.

22 다음 중 자사의 상품 판매량과 고객 수요를 의도적으로 줄이는 마케팅 기법은? [2021년 광주광역시공공기관통합채용]

① 디마케팅
② 노마케팅
③ 니치마케팅
④ 코즈마케팅

해설
디마케팅(Demarketing)은 소비자들의 건강 및 보호 등 기업의 사회적 책임을 강조하여 기업 이미지를 긍정적으로 바꾸는 효과를 기대하거나 소비자 심리를 자극하여 수익성 제고를 하는 방법이다. 담배의 포장에 건강을 해칠 수 있다는 문구를 넣거나, 세계적 패스트푸드 브랜드인 맥도날드에서 어린이는 일주일에 한 번만 방문하라는 공익적 캠페인을 펼치는 것을 예로 들 수 있다.

23 중산층 소비자가 값이 저렴하면서도 만족감을 얻는 명품을 소비하는 경향은? [2021년 부산광역시공공기관통합채용]

① 매스티지
② 메세나
③ 프라브족
④ 앰비슈머

해설
매스티지(Masstige)는 중산층 소비자의 소득 수준이 올라감에 따라 값이 저렴하면서도 만족감을 얻을 수 있는 명품을 소비하는 경향을 가리킨다. 명품의 대중화 현상이라고도 한다. 이와 유사한 개념으로 중저가의 소비만 하던 중산층이 감성적인 만족감을 위해 비교적 저렴한 신 명품 브랜드를 소비하는 것을 트레이딩업(Trading up)이라고 한다.

24 핵확산금지조약에서 인정하는 핵보유국에 해당하는 나라는? [2021년 전라남도공공기관통합채용]

① 이탈리아
② 독일
③ 캐나다
④ 러시아

해설
핵확산금지조약(NPT ; Non Proliferation Treaty)은 핵무기가 무분별하게 제작·사용되는 것을 막기 위해 1966년 UN총회에서 채택된 조약이다. 핵무기를 가지지 않은 나라가 핵무기를 보유하는 것을 금지하고, 핵무기를 가진 나라가 비보유국에 제공하는 것을 방지하기 위함이다. 우리나라는 1975년 정식 비준국이 되었다. 현재 NPT에서 인정하는 핵보유국은 미국, 영국, 프랑스, 러시아, 중국이다.

시사상식 예상문제

01 다음 단어에 대한 설명으로 옳지 않은 것은?

① 우신예찬 : 가톨릭을 비판하여 종교개혁을 촉발시켰다.

② 밈 : 리처드 도킨스가 주장한 문화교류의 장애가 되는 요소들이다.

③ 스탕달 증후군 : 예술작품을 보고 환각 등을 경험하는 것을 말한다.

④ 플라톤 : 철인정치를 주장하였다.

> **해설**
> 밈은 리처드 도킨스가 자신의 저서 '이기적 유전자'에서 정의한 용어로 유전자 외에 인간의 행동양식을 복제하는 문화적 전달요소를 가리킨다. 네티즌들은 인터넷상에서 유행하는 이미지를 밈이라 부르고 있다.

02 실업급여는 퇴직한 이후 얼마의 기간 이내에 신청해야 받을 수 있는가?

① 6개월

② 9개월

③ 12개월

④ 24개월

> **해설**
> 실업급여는 퇴직한 다음날부터 12개월이 지나면 받을 수 없다(고용보험법 제48조 제1항 참고).

03 다음 중 '유치원 3법'에 포함되지 않는 것은?

① 유아교육법

② 사립학교법

③ 학교급식법

④ 교육기본법

> **해설**
> 유치원 3법이란 유아교육법, 사립학교법, 학교급식법 세 법의 개정안을 일컫는 말이다. 사립유치원 회계관리시스템 '에듀파인' 사용 의무화, 유치원 설립자의 원장 겸직 금지, 학교급식법 적용대상에 유치원 포함 등 사립유치원의 공공성을 강화하는 내용이 골자를 이루는 아동 교육기관 비리 근절 법안이다. 패스트트랙 제도를 통해 입법화되었다.

04 다음 중 문학작품과 그 작품을 지은 작가의 이름이 잘못 연결된 것은?

① 장강명 – 댓글부대

② 김영하 – 오직 두 사람

③ 김지영 – 그녀 이름은

④ 구병모 – 네 이웃의 식탁

> **해설**
> '그녀 이름은'의 작가는 조남주이다. 조남주는 2016년 여성에 대한 차별을 담은 사회비판 소설 '82년생 김지영'을 통해 큰 호응을 얻기도 했다.

05 전당대회 후에 정당의 지지율이 상승하는 현상을 뜻하는 용어는?

① 빨대효과
② 헤일로효과
③ 메기효과
④ 컨벤션효과

> **해설**
> • **빨대효과(Straw Effect)**
> 고속도로와 같은 교통수단의 개통으로 인해 대도시가 빨대로 흡입하듯 주변 도시의 인구와 경제력을 흡수하는 현상이다.
> • **메기효과(Catfish Effect)**
> 노르웨이의 한 어부가 청어를 싱싱한 상태로 육지로 데리고 오기 위해 수조에 메기를 넣었다는 데서 유래한 용어이다. 시장에 강력한 경쟁자가 등장했을 때 기존의 기업들이 경쟁력을 잃지 않기 위해 끊임없이 분투하며 업계 전체가 성장하게 되는 것을 가리킨다.

06 칸 영화제에서 경쟁부문 최고 권위로 인정받는 상을 무엇이라 부르는가?

① 오스카상
② 황금종려상
③ 황금사자상
④ 심사위원대상

> **해설**
> 칸 영화제는 매년 5월 프랑스의 남부지방 칸에서 열리는 권위 있는 국제영화제이다. 영화제 공식 마크는 종려나무의 잎사귀에서 따왔으며, 그에 걸맞게 경쟁부문에서 최고 권위로 인정받는 황금종려상이 이 문양을 본떠 만들어진다.

07 다음 중 MBC에 대한 설명으로 틀린 것은?

① 지분의 약 70%를 보유한 방송문화진흥회로부터 관리·감독을 받는다.
② 방송문화진흥회는 이사 9명과 감사 1명으로 이루어졌다.
③ MBC의 사장은 국회 청문회를 통해 대통령에게 임명을 받는다.
④ 방송문화진흥회 이사 선출은 방송통신위원회가 결정한다.

> **해설**
> MBC는 법적 공영방송이 아니므로 방송문화진흥회에 의해 사장이 선출되었다면 국회청문회와 대통령의 임명은 필요없다.

08 미국 라스베이거스에서 열리는 소비자 전자제품 박람회의 영어 명칭으로 옳은 것은?

① CES
② KES
③ SNIEC
④ CEATEC

> **해설**
> CES는 'Consumer Electronics Show'의 약자로 1967년부터 매년 미국 라스베이거스에서 열리는 소비자 가전제품 박람회이다. 세계적인 전자회사들이 신기술과 신제품을 선보인다.

09 다음 중 POP 광고에서의 고려사항과 가장 거리가 먼 것은?

① 매장에 있는 점원의 용모
② 드라마, 영화 등에서의 상품 노출
③ 상품 전면에 적혀 있는 제조사의 로고
④ 매장을 찾아오는 고객 집단의 형태

해설
POP(Point Of Purchase advertising) 광고는 소비자가 실제 상품을 접하는 곳에서의 마케팅 요소 일체를 가리킨다. 구매가 일어나는 장소 외의 공간인 TV, 영화 등 미디어 매체에서의 노출은 POP 광고 마케팅 고려사항과 거리가 멀다.

10 다음 중 '서해5도'가 아닌 곳은?

① 우도
② 백령도
③ 연평도
④ 덕적도

해설
서해5도는 북한과 인접한 우도, 연평도, 백령도, 대청도, 소청도 등의 섬을 통틀어 이르는 말이다. 모두 행정구역상 인천광역시에 속한다. 우리나라는 2011년 1월부터 '서해5도 지원 특별법'을 시행해 지역 주민의 소득 증대와 생활안정 및 복지향상을 도모하고 있다.

11 의료용 및 기호용 대마초가 합법화된 지역으로 자본과 인력이 몰리는 현상을 뜻하는 용어는?

① 골드러시(Gold Rush)
② 그린러시(Green Rush)
③ 러시프린트(Rush Print)
④ 노멀크러시(Normal Crush)

해설
그린러시는 유흥·의료용 대마초가 합법화됨으로써 의료서비스와 유흥을 즐기고자 많은 이들이 몰리고 자금 또한 몰리게 되는 것을 말한다. ①은 많은 사람이 금광이 발견된 지역으로 몰려드는 현상이다. ③은 영화 촬영 후 편집하지 않은 채 촬영이 제대로 되었는지만 확인할 수 있는 필름을 말한다. ④는 화려하고 자극적인 것에 질린 젊은이들이 보통의 존재에 눈을 돌리는 현상이다.

12 사회적 현상으로 나타난 '○○족'이라는 신조어에 대한 설명 중 옳지 않은 것은?

① 딩크족 : 결혼은 하되 아이를 두지 않는 맞벌이 부부
② 딘트족 : 수입을 거두지만 시간이 없어 돈을 쓸 수 없는 신세대 맞벌이 부부
③ 그루밍족 : 자녀의 부양을 거절하고 자녀로부터 독립해 부부끼리 살아가는 노년층
④ 딩펫족 : 의도적으로 자녀를 낳지 않는 대신 애완동물을 기르는 현대 부부

해설
그루밍족은 패션과 미용에 아낌없이 투자하는 남자들을 말한다. 자녀의 부양을 거절하고 자녀로부터 독립해 부부끼리 살아가는 노년층은 통크족이라고 한다.

13 다른 매체의 원작을 리메이크한 것이 아닌 오리지널로 제작된 영화를 고르시오.

① 인랑
② 시동
③ 범죄도시
④ 신과 함께

해설
'인랑'은 동명의 일본 애니메이션을 기반으로 제작되었으며, '시동'과 '신과 함께'는 동명의 한국 웹툰을 원작으로 제작되었다.

14 다음 레오나르도 다 빈치의 회화 작품 중 2017년 미술품 경매 역사상 최고가를 경신해 화제가 됐던 작품은 무엇인가?

① 살바도르 문디
② 모나리자
③ 최후의 만찬
④ 수태고지

해설
'살바도르 문디(Salvator Mundi)'는 라틴어로 구세주, 즉 예수를 뜻한다. 레오나르도 다 빈치가 그린 유화 '살바도르 문디'는 1500년 무렵에 제작된 것으로 추정된다. 흔히 '남자 모나리자'라고도 불리며, 2017년 미술품 경매 사상 최고가인 약 4억 5,000만달러에 팔려 화제가 됐다.

15 다음 중 수두를 일으키는 바이러스에 의해 생기는 병은 무엇인가?

① 성홍열
② 지카열
③ 대상포진
④ 디프테리아

해설
• **대상포진**
유아 때 수두를 일으키는 바이러스가 신경절에 침투한 사람이 면역력이 약해졌을 경우 발생하는 질병
• **지카바이러스**
숲모기를 통해 사람에게 전염되는 바이러스로 지카열이라는 질병을 일으킨다. 질병 자체는 가벼운 편이나 산모의 경우 임신 중 지카열을 앓게 되면 소두증을 가진 아이를 낳게 된다고 추정하고 있다.

16 짧은 시간 동안 간편하게 즐기는 미디어 콘텐츠를 무엇이라 하는가?

① 스낵컬처(Snack Culture)
② 모노컬처(Mono Culture)
③ 핫미디어(Hot Media)
④ 카운터컬처(Counter Culture)

해설
스낵컬처는 바쁘면서도 항상 새로운 것을 열망하는 현대 소비자들이 간편하게 문화를 소비할 수 있도록 만든, 짧고도 빠르게 몰입할 수 있는 미디어 콘텐츠이다. 웹툰, 웹소설과 웹드라마 등이 대표적인 스낵컬처 미디어이며, 이에 따라 기성 문화 콘텐츠 또한 몰입의 호흡이 점차 짧아지고 있다.

17 빈칸의 ㉠과 ㉡에 들어갈 숫자를 알맞게 고른 것은?

> • 청와대 국민청원 게시판에 등록되는 청원은 (㉠)명 이상 사전 동의해야 공개된다.
> • 이후 30일 동안 (㉡)명 이상 추천해야 청와대의 공식 답변을 받을 수 있다.

① ㉠ : 50, ㉡ : 20만
② ㉠ : 50, ㉡ : 30만
③ ㉠ : 100, ㉡ : 20만
④ ㉠ : 100, ㉡ : 30만

해설

청와대 국민청원제도
문재인 정부가 2017년 8월 도입한 국민소통수단이다. 30일 이내에 안건에 동의한 인원이 20만명이 넘을 경우 정부와 청와대 관계자가 해당 안건에 대한 답을 내놓는 것이 규칙이다. 2019년 3월부터 청원의 내용을 100명 이상이 동의해야 게시판에 내용이 공개되도록 시스템이 바뀌었다.

18 세계 3대 영화제 중 하나로 국제영화제 중 가장 오랜 전통을 가진 영화제는?

① 아카데미 시상식
② 베니스 영화제
③ 칸 영화제
④ 베를린 영화제

해설

베니스 영화제는 매년 9월 이탈리아 베니스에서 열리는 국제영화제이다. 1932년에 처음 시작되어 국제영화제로서는 가장 오랜 전통을 갖고 있다. 최고의 수상작에는 황금사자상이 수여된다.

19 전세가와 매매가의 차익으로 이득을 얻는 '갭투자'와 관련된 경제 용어는 무엇인가?

① 레버리지
② 트라이슈머
③ 코픽스
④ 회색 코뿔소

해설

갭투자는 전세를 안고 하는 부동산 투자이다. 부동산 경기가 호황일 때 수익을 낼 수 있으나 부동산 가격이 위축돼 손해를 보면 전세 보증금조차 갚지 못할 수 있는 위험한 투자이다. ①은 대출을 받아 적은 자산으로 높은 이익을 내는 투자 방법이다.

20 다음 중 프로그램의 설명이 올바르지 않은 것은?

① 어시스턴트 : 구글사의 AI 프로그램
② Air Drop : 와이파이와 블루투스를 통해 다른 장치로 파일을 공유하는 애플사의 프로그램
③ 빅스비 : 삼성 갤럭시 핸드폰에 장착된 AI 프로그램
④ 블루투스 : 삼성이 개발한 무선 근거리 데이터 송신 프로그램

해설

블루투스는 1994년 스웨덴의 통신 장비 제조사 에릭슨이 개발한 근거리 무선통신산업 표준이다. 전 세계 많은 기업들이 무선장비의 통신규격으로 사용하고 있으며, 2016년 최신 버전5가 출시되었다. 블루투스의 명칭과 로고는 덴마크와 노르웨이를 통일한 왕 하랄드 블라톤의 별칭 '파란 이빨의 왕'에서 따왔다고 한다.

21 다음 기사에서 빈칸에 각각 들어갈 숫자들의 합은?

> 2018년 7월부터 하루 (　　)시간씩 (　　)일, 여기에 연장근로 (　　)시간을 더한 시간이 한 주에 일할 수 있는 최대 노동시간이 됐다.

① 23
② 25
③ 30
④ 32

해설
근로기준법에 따르면 근로자는 한 주에 하루 8시간씩 5일을 정규노동시간으로 하여 12시간까지 추가 근로를 할 수 있다. 한 주에 일할 수 있는 시간은 총 52시간이며, 이는 2018년 7월부터 300인 이상 사업장에서 적용됐다. 이후 2020년 1월 1일에는 50~299인의 사업장에, 2021년 7월 1일에는 5~49인 사업장에 실시됐다.

22 다음 중 2021년 노벨상과 가장 관련이 없는 무엇인가?

① 비대칭 유기촉매
② 지구 기후
③ 블랙홀
④ 인간의 촉각·통각 수용체

해설
2021 노벨생리의학상은 '인간의 촉각·통각 수용체'를 연구한 학자들이 수상했고, 노벨물리학상은 '지구기후'를 연구한 학자들이 수상했으며, 노벨화학상은 '비대칭 유기촉매'를 개발한 학자들이 수상했다. '블랙홀'은 2020 노벨물리학상을 수상한 학자들과 관련된 연구 분야이다.

23 중국이 발표한 '한반도 지역의 장기적인 안정 실현 방안'을 가리키는 한자어는 무엇인가?

① 쌍궤병행(雙軌竝行)
② 삼불일한(三不一限)
③ 일대일로(一帶一路)
④ 흑묘백묘(黑猫白猫)

해설
• 쌍궤병행(雙軌竝行)
  중국이 제시한 한반도 핵문제 해결방안으로 한반도 비핵화 프로세스와 북미 평화협정을 진행시키자는 의미이다.
• 삼불일한(三不一限)
  한중 관계회복을 위해 중국이 요구한 조건이다. 사드 추가배치 금지, 미국 MD(미사일 방어체계) 가입 금지, 한·미·일 군사동맹 금지, 배치한 사드의 한계적 사용 등이 해당한다.

24 가격상승, 물량소진의 불안으로 과도하게 주식, 부동산 등을 구매하는 행위는?

① 로스컷
② 바잉오퍼
③ 패닉셀링
④ 패닉바잉

해설
패닉바잉은 향후 가격상승이나 물량소진이 일어날 것이 예상될 때 그 이전에 최대한의 물량을 확보하려는 불안감으로 가격에 관계없이 주식, 부동산 등을 매점매석하는 현상이다. 우리말로는 '공황구매'라고 한다. 이 때문에 물량 확보를 위한 거래량이 증가하고 가격도 치솟는다. 패닉바잉으로 인해 가격이 급등하는 현상이 벌어진 시장은 '패닉마켓(Panic Market)'이라고 한다.

취업! 실전문제

최종합격 면접공략

01   NH농협은행

NH농협은행 6급 면접은 철저한 블라인드면접이다. 즉, 면접관이 지원자의 이름, 출신 학교, 현재 농협 계약직 근로여부 등을 알지 못한 채 면접이 실시된다. 따라서 지원자는 면접 시 자신의 신상공개를 하면 안 된다.

2014년까지는 집단면접과 토론면접이 치러졌으나 2015년 상반기 면접 전형부터는 토론면접이 RP(Role Play)면접으로 바뀌었다. RP면접은 연출된 금융점포 내에서 역할극(지원자 : 은행창구 직원)을 실시하여 고객을 어떻게 응대하는지 관찰·평가하는 면접방식이다. 순서는 조마다 다른데 RP면접을 먼저 실시하는 조가 있고 인성면접을 먼저 실시하는 조가 있다.

RP면접

2명씩 한 조를 구성하여 한 사람당 10분 정도의 시간이 주어진다. 현재 농협은행에 있는 금융상품(적금, 펀드, 보험 등)을 선택해서 상품 파악을 한 뒤에 면접관 앞에서 실제 은행원처럼 상품을 파는 형식으로 진행된다.

RP면접은 지원자가 농협은행의 일원으로서 마케팅 역량과 커뮤니케이션 능력이 있는지 검증한다. 주요 내용과 준비사항은 채용공고 때 사전공개되므로 농협은행의 금융상품에 대해 공부하고 실제 은행직원들의 고객응대 및 상담기술을 미리 연습해두어야 한다. RP면접을 효과적으로 준비하기 위해서는 지원자 본인이 지원한 직무를 확실하게 파악하고 있어야 하며 어떤 역량이 요구되는지를 이해하고 있어야 한다. 또한 문제를 해결하는 해결력과 주어진 과제를 무리 없이 소화할 수 있는 순발력이 필요하다.

기출문제

- 고객이 인터넷뱅킹을 신청하게 하시오.
- 30~40대 소상공인 사장님을 대상으로 농협의 상품을 판매하시오.
- 30~40대 자영업자에게 농협 상품 중 최대 2개를 선정해서 판매하시오.
- 단순 업무를 처리하기 위해 방문한 고객이 30분 동안 기다려서 화가 난 상태이다. 어떻게 풀어줄 것인가?

2

임원면접

5~6명이 한 조가 되어 50분 동안 다대다(多對多) 면접방식으로 진행된다. 면접관들은 지원자 모두에게 1~2분가량 자기소개를 시키고 질문을 시작한다. 자기소개서 내용을 바탕으로 한 인성 관련 질문이 주를 이룬다. 또한 최근 경제신문에서 다루고 있는 시사용어 또는 경제용어를 묻는 질문을 하기도 한다. 따라서 농협과 관련한 회사상식, 경제·시사상식을 미리 정리해두고 인성과 관련된 질문도 사전에 확인해보는 것이 좋다.

기출문제

- 첫 월급을 100만원으로 받았을 때 전체 금액으로 선물을 한다면 누구에게 무엇을 할 것인가?
- 금융권에서 가장 중요하게 생각하는 덕목과 역량은?
- 사람을 평가한 경험이 있는가? 무엇을 가장 중요하게 생각하는가?
- 고객이 전화를 걸어 화를 내는 클레임이 생긴다면?
- 은행원이 갖춰야 할 역량은 무엇이라고 생각하는가?
- 본인만의 영업전략은?
- 마지막으로 하고 싶은 말은?
- 상사와의 업무 시 의견충돌이 있을 때 어떤 식으로 본인의 의견을 관철시킬 것인가? 그리고 주변 사람들에게 어떤 식으로 제시할 것인가?
- 단순한 업무를 반복하는 은행의 업무는 매너리즘에 빠지기 쉽다. 본인이 과거에 단순한 업무를 반복하면서 매너리즘에 빠진 경험과 그 때 느꼈던 점, 그리고 본인의 가치관을 연결해서 말해보시오.
- 본인의 친화력으로 사람의 마음을 움직였던 경험을 말해보시오.
- 10년 후, 30년 후 농협은행의 방향성이 어떻게 바뀔지 말해보시오.
- 금융복합점포의 단점에 대해 이야기해보시오.
- 개인회생제도가 무엇인가?
- 세계에서 유통되고 있는 3가지 원유를 설명하시오.
- 기술금융이 무엇인가?
- 인터넷은행이 무슨 뜻인가?
- 저금리 시대에 은행과 농협의 대응 방안은?
- 내가 CEO인데 회사가 어려워졌다. 인원을 감축할 것인가, 전체 임금을 삭감할 것인가?
- 은행업의 미래와 농협의 방향성을 말하고 본인의 기여 방안에 대해 말해보시오.
- 핀테크와 인터넷전문은행은 무엇인가?
- PEF가 무엇인지 설명해보시오.

SK그룹은 '기업경영의 주체는 사람이며 사람의 능력을 어떻게 개발하고 활용하느냐에 따라 기업의 성패가 좌우된다'는 경영철학에 따라 인재를 채용하고 있다. SK이노베이션 역시 이러한 모그룹의 경영철학을 바탕으로 구성원이 자발적·의욕적으로 자신의 능력을 최대한으로 발휘할 수 있도록 인력관리에 힘쓰고 있다.

SK이노베이션의 면접전형은 지원자의 가치관, 성격특성, 보유역량의 수준 등을 종합적으로 검증하기 위하여 그룹토론면접, 심층면접 등의 다양한 면접방식을 활용하고 있다. 대상자별·회사별 차이는 있으나 그룹토의면접, 심층면접 등의 심도 있는 면접과정을 거쳐 지원자의 역량을 철저히 검증하고 있다.

1

실무진면접

2~5명의 면접관과 1명의 지원자로 구성되어 면접이 진행된다. 대략 15~20분 정도의 시간이 소요되며 자기소개서를 바탕으로 한 질문이 주를 이룬다. 질문은 꼬리에 꼬리를 무는 형식으로 주어지기 때문에 다음에 주어질 수 있는 질문을 예상한 뒤 답을 하는 것이 중요하다. 따라서 사전에 기출질문을 충분히 검토한 후 예상 답변을 만들어 보는 것도 하나의 방법일 수 있다. 자기소개서를 바탕으로 질문을 하는 면접의 경우 지원자의 가치관, 성향, 인생관 등을 파악하려는 의도가 담겨 있으므로 솔직하면서도 자신감이 묻어나는 답변을 할 수 있어야 한다.

기출문제

- 창업을 하기에 적절해보이는데, 취업을 선택한 이유가 있는가?
- 기존의 틀을 벗어난 방법으로 문제를 해결해본 경험이 있는가?
- 본인이 한 일 중 가장 성취도가 높았던 경험을 말해보시오.
- 부당한 지시를 받을 경우 어떻게 행동할 것인가?
- 동아리 활동 경험에 대해 말해보시오.
- 법이나 규칙 등을 위반했던 경험을 말해보시오.
- 지금까지 가장 열정을 다했던 경험에 대해 설명해보시오.
- SK이노베이션에 입사하기 위해 어떠한 노력을 했는지 설명해보시오.
- 백신과 바이오시밀러의 차이점에 대해 말해보시오.
- 우리 회사가 본인을 뽑아야 하는 이유는 무엇인가?
- 자신의 장단점에 대해 말해보시오.
- 셀 컬쳐를 해본 경험이 있다면 말해보시오.
- 회사 내에 맞지 않는 사람이 있을 텐데 일할 수 있겠는가?

2

임원면접

2~5명의 면접관과 1~3명의 지원자로 구성되어 면접이 진행된다. 실무진면접과 마찬가지로 자기소개서를 바탕으로 한 질문이 주어진다. 이밖에 이슈가 됐던 사회문제, 시사상식, 회사에 관련된 질문들이 추가적으로 주어지고 영어로 간략하게 자기소개를 시키는 경우도 있다. 실무진면접과 다른 점은 좀 더 전문적인 인재를 구별해내기 위한 추가 질문들이 주어진다는 점이다. 평소에 회사와 관련된 신문기사들을 꾸준히 읽는 것이 큰 도움이 된다.

기출문제

- SK이노베이션에 지원한 동기는 무엇인가?
- 해외지사 파견에 대해 어떻게 생각하는가?
- 우리 회사 외에 다른 회사에도 지원하였는가? 그 결과는 어떻게 되었는가?
- 제2외국어 자격증을 가지고 있는가? 대화도 가능한가?
- 여행 간 지역은 어디이고 그곳에 왜 갔는지, 무엇이 감명 깊었는지 말해보시오.
- 개인이 의도했던 목표를 달성하기 위해 열정을 다했던 경험에 대해 말해보시오. 그 열정은 언제 시작했고 왜 시작하게 되었는가? 그 과정에서 시행착오는 무엇이었고 구체적인 성과는 무엇이었는가?
- 주어진 규칙을 위반한 경험이 있다면 그 사례는 무엇인가?
- 인간관계에서 가장 어려웠던 경험과 해결 방안은 무엇이었는가?
- 실패한 경험이 있는가? 실패의 이유는 무엇이고 그것을 극복하기 위해 어떻게 해야 할 것인가?
- 창의적으로 문제를 해결한 경험이 있는가?
- 학생과 직장인의 차이는 무엇인가?
- 동시에 일을 수행하여 성공해본 경험이 있는가?
- 직무를 행하는 데 있어서 중요한 것은 무엇이라 생각하는가?
- 학연, 지연 등 인맥이라는 것에 대해 어떻게 생각하는가?
- 자신의 미래는 어떻게 되리라 보는가?
- 학점이 안 좋은 이유는 무엇인가?
- 친구들과 있을 때 의견을 내는 편인가, 따르는 편인가?
- 본인이 생각하는 리더의 자질은 무엇인가?
- 입사를 한다고 가정하고 자신만의 각오를 말해보시오.
- 신입사원이 갖추어야 할 자질과 덕목은 무엇인가?
- 마지막으로 하고 싶은 말을 해보시오.

대기업 적성문제

1. 수리논리

01 용산에서 출발하여 광주에 도착하는 ITX-새마을호가 있다. 이 열차가 용산에서 익산으로 가는 길에는 260m 길이의 다리가, 익산에서 광주로 가는 길에는 1,180m 길이의 터널이 있다. 동일한 속력으로 달리는 열차가 다리를 완전히 통과하는 데 40초가 걸리고 열차가 터널 안에 완전히 있는 시간은 2분이다. 이때 열차의 길이는 몇 m인가?

① 50m ② 100m ③ 150m ④ 200m ⑤ 250m

> **해설** 열차의 길이를 xm라고 하자.
> • 열차가 다리를 완전히 통과하는 데 움직인 거리 : $(x+260)$m
> • 열차의 끝이 터널 안에 완전히 들어간 상태에서 움직인 거리 : $(1,180-x)$m
> 열차의 속력은 일정하므로
> $$\frac{x+260}{40} = \frac{1,180-x}{120} \rightarrow 3(x+260) = 1,180-x \rightarrow 4x = 400$$
> $$\therefore x = 100$$

02 S회사의 감사팀은 과장 2명, 대리 3명, 사원 3명으로 구성되어 있다. A, B, C, D지역의 지사로 2명씩 나눠서 출장을 간다고 할 때, 각 출장 지역에 대리급 이상이 1명 이상 포함되어 있어야 하고 과장 2명이 각각 다른 지역으로 가야 한다. 과장과 대리가 한 조로 출장에 갈 확률은?

① $\frac{1}{2}$ ② $\frac{1}{3}$ ③ $\frac{2}{3}$ ④ $\frac{3}{4}$ ⑤ $\frac{8}{8}$

> **해설** 각 출장 지역마다 대리급 이상이 1명 이상 포함되어야 하므로 과장 2명과 대리 2명을 먼저 각 지역에 배치하면 $(_2C_2 \times _3C_2 \times 4!)$가지이고, 남은 대리 1명과 사원 3명이 각 지역에 출장가는 경우의 수는 4!가지이다.
> 즉, A, B, C, D지역으로 감사팀이 출장가는 전체 경우의 수는 $(_2C_2 \times _3C_2 \times 4! \times 4!)$가지이다.
> 다음으로 대리급 이상이 4개 지역에 1명씩 출장을 가야 하므로 1명의 대리만 과장과 짝이 될 수 있다. 과장과 대리가 한 조가 되어 4개 지역 중 한 곳에 출장가는 경우의 수는 $(_2C_1 \times _3C_1 \times 4)$가지이다.
> 그리고 남은 과장 1명, 대리 2명, 사원 3명이 3개 지역으로 출장가는 경우의 수는 $(_1C_1 \times _2C_2 \times 3! \times 3!)$가지이다.
> 즉, 과장과 대리가 한 조가 되는 경우의 수는 $(_2C_1 \times _3C_1 \times 4 \times _1C_1 \times _2C_2 \times 3! \times 3!)$가지이다.
> 따라서 과장과 대리가 한 조로 출장에 갈 확률은 $\dfrac{24 \times 3! \times 3!}{_2C_2 \times _3C_2 \times 4! \times 4!} = \dfrac{1}{2}$이다.

03 다음은 연도별 근로자 수 변화 추이에 관한 자료이다. 이에 대한 설명으로 옳지 않은 것은?

연도별 근로자 수 변화 추이

(단위 : 천명)

구분	전체	남성	비중	여성	비중
2016년	14,290	9,061	63.4%	5,229	36.6%
2017년	15,172	9,467	62.4%	5,705	37.6%
2018년	15,536	9,633	62.0%	5,902	38.0%
2019년	15,763	9,660	61.3%	6,103	38.7%
2020년	16,355	9,925	60.7%	6,430	39.3%

① 매년 남성 근로자 수가 여성 근로자 수보다 많다.

② 2016년 대비 2020년 근로자 수의 증가율은 여성이 남성보다 높다.

③ 2016~2020년 동안 남성 근로자 수와 여성 근로자 수의 차이는 매년 증가한다.

④ 전체 근로자 중 여성 근로자 수의 비중이 가장 큰 해는 2020년이다.

⑤ 2020년 여성 근로자 수는 전년보다 약 5% 증가하였다.

해설 2016~2020년의 남성 근로자 수와 여성 근로자 수 차이를 구하면 다음과 같다.
- 2016년 : $9,061-5,229=3,832$천명
- 2017년 : $9,467-5,705=3,762$천명
- 2018년 : $9,633-5,902=3,731$천명
- 2019년 : $9,660-6,103=3,557$천명
- 2020년 : $9,925-6,430=3,495$천명

즉, 2016~2020년 동안 남성과 여성의 차이는 매년 감소한다.

① 제시된 자료를 통해 알 수 있다.

② 성별 2016년 대비 2020년 근로자 수의 증가율은 다음과 같다.

- 남성 : $\dfrac{9,925-9,061}{9,061}\times100 \fallingdotseq 9.54\%$

- 여성 : $\dfrac{6,430-5,229}{5,229}\times100 \fallingdotseq 22.97\%$

따라서 여성의 증가율이 더 높다.

04 어떤 보안회사에서 하루에 정확하게 7개의 사무실에 보안점검을 실시한다. 7개의 회사는 A, B, C, D, E, F, G이다. 이때 다음과 같은 〈조건〉이 주어져 있을 때 E가 3번째로 점검을 받는다면, 다음 사무실 중 반드시 은행인 곳은?

─────── ● 조건 ● ───────

- 보안점검은 한 번에 한 사무실만 실시하게 되며, 하루에 같은 사무실을 중복해서 점검하지는 않는다.
- 7개의 사무실은 은행 아니면 귀금속점이다.
- 귀금속점은 연속해서 점검하지 않는다.
- F는 B와 D를 점검하기 전에 점검한다.
- F를 점검하기 전에 점검하는 사무실 가운데 정확히 두 곳은 귀금속점이다.
- A는 6번째로 점검받는다.
- G는 C를 점검하기 전에 점검한다.

① B   ② C   ③ D   ④ E   ⑤ G

해설 다섯 번째 조건에 의해 F는 점검받는 순서가 네 번째부터 가능하다. 또한 네 번째, 여섯 번째 조건에 의해 F가 네 번째로 점검받음을 알 수 있다. 주어진 조건을 이용하여 가능한 경우를 나타내면 다음과 같다.
G−C−E−F−B−A−D
G−C−E−F−D−A−B
두 번째, 세 번째, 다섯 번째 조건에 의해 G, E는 귀금속점이고, C는 은행이다.

05 학교에서 온라인 축구게임 대회가 열렸다. 예선전을 펼친 결과 8개의 나라만 남게 되었다. 남은 8개의 나라는 8강 토너먼트를 치르기 위해 추첨을 통해 대진표를 작성했다. 이들 나라는 모두 다르며 남은 8개의 나라를 본 3명의 학생 은진, 수린, 민수는 다음과 같이 4강 진출 팀을 예상하였다. 이때, 8개의 나라 중에서 4강 진출 팀으로 꼽히지 않은 팀을 네덜란드라고 하면, 네덜란드와 상대할 팀은 어디인가?

- 은진 : 브라질, 불가리아, 이탈리아, 루마니아
- 수린 : 스웨덴, 브라질, 이탈리아, 독일
- 민수 : 스페인, 루마니아, 독일, 브라질

① 불가리아   ② 루마니아   ③ 독일   ④ 스페인   ⑤ 브라질

해설 은진이가 예상한 '브라질, 불가리아, 이탈리아, 루마니아'는 서로 대결할 수 없다.
수린이가 예상한 팀은 은진이가 예상한 팀과 비교했을 때, '스웨덴과 독일'이 다르다.
따라서 '불가리아와 스웨덴' 또는 '불가리아와 독일', '루마니아와 스웨덴' 또는 '루마니아와 독일'이 대결함을 알 수 있다.
여기서 민수가 예상한 팀에 루마니아와 독일이 함께 있으므로, '루마니아와 스웨덴', '불가리아와 독일'이 대결함을 알 수 있다.
또한 수린이가 예상한 팀과 비교했을 때, 이탈리아 대신에 스페인이 있으므로 '이탈리아와 스페인'이 대결함을 알 수 있다.
결국 네덜란드와 상대할 팀은 브라질이다.

06 경찰은 어떤 테러범의 아지트를 알아내 급습했다. 그 테러범 아지트에는 방이 3개 있는데, 그중 2개의 방에는 지역특산물과 폭발물이 각각 들어있고, 나머지 1개의 방은 비어있다. 진입하기 전 건물을 확인한 결과 각 방에는 다음과 같은 안내문이 붙어 있었고 다음 안내문 중 단 하나만 참이라고 할 때, 가장 옳은 결론은?

- 방 A의 안내문 : 방 B에는 폭발물이 들어있다.
- 방 B의 안내문 : 이 방은 비어있다.
- 방 C의 안내문 : 이 방에는 지역특산물이 들어있다.

---

① 방 A에는 반드시 지역특산물이 들어있다.

② 방 B에는 지역특산물이 들어있을 수 있다.

③ 폭발물을 피하려면 방 B를 택하면 된다.

④ 방 C에는 반드시 폭발물이 들어있다.

⑤ 방 C에는 지역특산물이 들어있을 수 있다.

해설 제시된 문제의 조건과 안내문에 따라 정리하면 다음과 같다.
　㉠ 방 A의 안내문이 참일 때 : 방 B에는 폭발물이 들어있고, 방 C는 비어있고, 방 A에는 지역특산물이 들어있다.
　㉡ 방 B의 안내문이 참일 때 : 방 B는 비어있고, 방 C에는 폭발물이 들어있고, 방 A에는 지역특산물이 들어있다.
　㉢ 방 C의 안내문이 참일 때 : 방 B는 비어있지도, 폭발물이 들어있지도 않아야 하므로 지역특산물이 들어있어야 한다. 따라서 모순이 발생한다.
　따라서 ㉠, ㉡ 모두 방 A에는 지역특산물이 들어있다.

07 다음 제시된 단어의 대응관계가 동일하도록 빈칸 안에 들어갈 가장 적절한 단어를 고르면?

산만하다 : 정연하다 = 흡수하다 : (　　　　　)

---

① 섭취하다

② 배출하다

③ 영입하다

④ 흡착하다

⑤ 흡인하다

해설 제시된 단어의 대응관계는 반의관계이다.
'산만하다'는 '어수선하여 질서나 통일성이 없다'는 뜻으로 '가지런하고 질서가 있다'라는 뜻인 '정연하다'와 반의관계이다. 따라서 '빨아서 거두어들이다'라는 뜻을 가진 '흡수하다'와 반의관계인 단어는 '안에서 밖으로 밀어 내보내다'라는 뜻인 '배출하다'이다.

1. 언어

01 다음 글의 내용과 일치하는 것은?

> 뉴턴은 빛이 눈에 보이지 않는 작은 입자라고 주장하였다. 이것은 그의 권위에 의지하여 오랫동안 정설로 여겨
> 졌지만 19세기 초 토머스 영의 겹실틈 실험이 빛의 파동성을 증명하였다. 이 실험의 방법은 먼저 한 개의 실틈
> 을 거쳐 생긴 빛이 다음에 설치된 두 개의 겹실틈을 지나가게 하여 스크린에 나타나는 무늬를 관찰하는 것이다.
> 이때 빛이 파동이냐 입자이냐에 따라 결괏값이 달라진다. 즉, 빛이 입자라면 일자 형태의 띠가 두 개 나타나야
> 하는데, 실험 결과 스크린에는 예상과 다른 무늬가 나타났다. 마치 두 개의 파도가 만나면 골과 마루가 상쇄와
> 간섭을 일으키듯이, 보강 간섭이 일어난 곳은 밝아지고 상쇄 간섭이 일어난 곳은 어두워지는 간섭무늬가 연속
> 적으로 나타난 것이다. 그러나 19세기 말부터 빛의 파동성으로는 설명할 수 없는 몇 가지 실험적 사실이 나타났
> 다. 이에 1905년에 아인슈타인은 빛은 광량자라고 하는 작은 입자로 이루어졌다는 광량자설을 주장하였다. 빛
> 의 파동성은 명백한 사실이었으므로 이것은 빛이 파동이면서 동시에 입자인 이중적인 본질을 가지고 있다는 것
> 을 의미하는 것이었다.

① 뉴턴의 가설은 그의 권위에 의해 현재까지도 정설로 여겨진다.

② 겹실틈 실험은 한 개의 실틈을 거쳐 생긴 빛이 다음 설치된 두 개의 겹실틈을 지나가게 해서 그 틈
  을 관찰하는 것이다.

③ 겹실틈 실험 결과, 일자 형태의 띠가 두 개 나타났으므로 빛은 입자이다.

④ 토머스 영의 겹실틈 실험은 빛의 파동성을 증명하였지만 이는 아인슈타인에 의해서 거짓으로 판명
  났다.

⑤ 아인슈타인의 광량자설은 뉴턴과 토머스 영의 가설을 모두 포함한다.

해설 아인슈타인의 광량자설은 빛이 파동이면서 동시에 입자인 이중적인 본질을 가지고 있다는 것을 의미하므로 뉴턴의 입자설과
토머스 영의 파동성설을 모두 포함한다.
  ① 뉴턴의 가설은 그의 권위에 의해 오랫동안 정설로 여겨졌지만 토머스 영의 겹실틈 실험에 의해 다른 가설이 생겨났다.
  ② 겹실틈 실험은 한 개의 실틈을 거쳐 생긴 빛이 다음 설치된 두 개의 겹실틈을 지나가게 해서 스크린에 나타나는 무늬를
    관찰하는 것이다.
  ③ 일자 형태의 띠가 두 개 나타나면 빛이 입자임은 맞으나 겹실틈 실험 결과 보강 간섭이 일어난 곳은 밝아지고 상쇄 간섭
    이 일어난 곳은 어두워지는 간섭무늬가 연속적으로 나타났다.
  ④ 토머스 영의 겹실틈 실험은 빛의 파동성을 증명하였고 이는 명백한 사실이었으므로 아인슈타인은 빛이 파동이면서 동시
    에 입자인 이중적인 본질을 가지고 있다는 것을 증명하였다.

02 다음 글의 내용과 일치하는 것은?

> 쿤이 말하는 과학혁명의 과정을 명확하게 하기 위해 세 가지 질문을 던져보자. 첫째, 새 이론을 제일 처음 제안하고 지지하는 소수의 과학자들은 어떤 이유에서 그렇게 하는가? 기존 이론이 이상 현상 때문에 위기에 봉착했다고 판단했기 때문이다. 기존 이론은 이미 상당한 문제해결 능력을 증명한 바 있다. 다만 기존 이론이 몇 가지 이상 현상을 설명할 능력이 없다고 판단한 과학자들이 나타났을 뿐이다. 이런 과학자들 중 누군가가 새 이론을 처음 제안했을 때 기존 이론을 수용하고 있는 과학자 공동체는 새 이론에 호의적이지 않을 것이다. 당장 새 이론이 기존 이론보다 더 많은 문제를 해결할 리가 없기 때문이다. 그럼에도 불구하고 기존 이론이 설명하지 못하는 이상 현상을 새 이론이 설명한다는 것이 과학혁명의 출발점이다.
>
> 둘째, 다른 과학자들은 어떻게 기존 이론을 버리고 새로 제안된 이론을 선택하는가? 새 이론은 여전히 기존 이론보다 문제해결의 성과가 부족하다. 하지만 선구적인 소수 과학자들의 연구활동과 그 성과에 자극을 받아 새 이론을 선택하는 과학자들은 그것이 앞으로 점점 더 많은 문제를 해결하리라고, 나아가 기존 이론의 문제해결 능력을 능가하리라고 기대한다. 이러한 기대는 이론의 심미적 특성 같은 것에 근거한 주관적 판단이고, 그와 같은 판단은 개별 과학자의 몫이다. 물론 이러한 기대는 좌절될 수도 있으며 그 경우 과학혁명은 좌초된다.
>
> 셋째, 과학혁명이 일어날 때 과학자 공동체가 기존 이론을 버리고 새 이론을 선택하도록 하는 결정적인 요인은 무엇인가? 이 물음에서 선택의 주체는 개별 과학자가 아니라 과학자 공동체이다. 하지만 과학자 공동체는 결국 개별 과학자로 이루어져 있다. 그렇다면 문제는 과학자 공동체를 구성하는 과학자들이 어떻게 이론을 선택하는가이다. 그러나 이 단계에서 모든 개별 과학자들의 선택 기준은 더 이상 새 이론의 심미적 특성이나 막연한 기대가 아니다. 과학자들은 새 이론이 해결하는 문제의 수와 범위가 기존 이론의 그것보다 크다고 판단할 경우 새 이론을 선택할 것이다. 과학자 공동체의 대다수 과학자들이 이렇게 판단하게 되면 그것은 과학자 공동체가 새 이론을 선택한 것이고, 이로써 쿤이 말하는 과학혁명이 완성된다.

① 과학혁명 초기 과정은 소수의 과학자들이 문제 해결의 성과가 큰 새 이론을 지지하는 것이다.

② 기존 이론과 새 이론이 어떤 현상을 모두 설명하면 과학자들은 새 이론을 지지할 확률이 높다.

③ 과학혁명이 일어나려면 기존의 이론이 설명하지 못하는 현상이 존재해야 한다.

④ 과학자들은 어떤 이론을 판단할 때 심미적 특성과 같은 주관적 판단을 철저히 배제한다.

⑤ 과학자 공동체의 움직임은 권위 있는 과학자들의 의견에 따른 것이기 때문에 개별 과학자들의 입장과 차이가 있다.

해설 첫 번째 문단의 마지막 문장인 '그럼에도 불구하고~과학혁명의 출발점이다'를 통해 기존의 이론이 설명하지 못하는 현상이 존재해야 과학혁명이 일어남을 알 수 있다.

03 다음 C 프로그램의 실행 결괏값으로 옳은 것은?

```
#define VALUE1 1
#define VALUE2 2
main(   )
{
        {float i;
        int j, k, m;
        i=100300;
        j=VALUE1 & VALUE2;
        k=VALUE1 | VALUE2;}
        {if (j && k || i) m = i+j;
        else m=j+k;
        printf("i=%.if j=%d k=%d m=%03d\n", i, j, k, m);}
}
```

① i0.0, j0, k3, m003

② i0.3, j0, k3, m000

③ i0.0, j1, k1, m001

④ i0.3, j1, k1, m001

⑤ i0.0, j0, k3, m001

해설 • i100/300의 실수 변수는 0.0
  • jVALUE1 & VALUE2는 비트 연산 AND이므로,

	0001			0001
AND	0010		OR	0010
	0000			0011

따라서 j=0   따라서 k=3

  • k=VALUE1 | VALUE2는 비트 연산 OR이다.
  • j=0, k=3
  • if (j && k || i)m=i+j;
else m=j+k;

→ j와 k의 논리 연산 AND의 결과와 I와의 논리 연산 OR의 결과 참이면 m=i+j를 실행하고, 거짓이면 m=j+k를 실
  행한다. 우선 j && k(0 && 3이 되면 그 결과는 0)가 되고, 0 || i의 결과는 0이므로 거짓이다.
    따라서 m=j+k=3

04 다음 Java 프로그램의 실행 결과는?

```java
public class C {
    private int a;
    public void set(int a) {this.a = a;}
    public void add(int d) {a += d;}
    public void print(   ) {System.out.println(a);}
    public static void main(String args[   ]) {
        C p = new C(   );
        C q;
        p.set(10);
        q = p;
        p.add(10);
        q.set(30);
        p.print(   );
    }
}
```

① 10

② 20

③ 30

④ 40

⑤ 50

해설 객체 C는 p와 q로 접근하게 된다. p와 q가 같고, q는 30이다. 따라서 처리되는 a의 값은 30이다.

public	접근제한자, 내부 및 외부 어디서든 참조할 수 있는 가장 넓은 범위를 지님
static	• 자바는 main 메소드로 시작한다. main 메소드는 인스턴스의 생성과 상관없이 JVM에 의해 호출이 되므로 main 메소드 앞에 Static을 꼭 붙여야 한다. • Static은 메모리에 제일 먼저 로딩이 된다.
void	리턴(반환) 값을 의미하는데, main 메소드는 리턴해야 하는 값이 없으므로 void를 표기한다.
main	• 메소드 이름이며, 반드시 main이라는 이름을 사용해야 한다. • 프로그램이 시작되면 JVM이 가장 먼저 호출되는 것이 main 메소드이기 때문에 main이라는 메소드가 존재해야 한다.
String args[ ]	• 메인 메소드로 시작을 할 때, 메소드에서 인자 값으로 배열을 받을 수 있다는 의미이다. • args : 배열 이름
private	• 외부 클래스에서 사용 시 정보보호를 위해 쓰인다 • private 접근자는 같은 클래스 내부에서는 접근이 가능하다. 그래서 메소드를 통해 private의 변수를 매개 변수로 받아 저장하고, 메소드 값을 public으로 지정함으로써 메소드 접근을 가능하게 하여 리턴 값을 통해 전달되는 값을 받아낸다.

1. 언어

01 다음 글의 중심내용으로 가장 적절한 것은?

> 통계는 다양한 분야에서 사용되며 막강한 위력을 발휘하고 있다. 그러나 모든 도구나 방법이 그렇듯이, 통계 수치에도 함정이 있다. 함정에 빠지지 않으려면 통계 수치의 의미를 정확히 이해하고, 도구와 방법을 올바르게 사용해야 한다. 예를 들어보자. 친구 5명이 만나서 이야기를 나누다가 연봉이 화제가 되었다. 2천만원이 4명, 7천만원이 1명이었는데, 평균을 내면 3천만원이다. 이 숫자에 대해 4명은 "나는 봉급이 왜 이렇게 적을까?"하며 한숨을 내쉬었다. 그러나 이 평균값 3천만원이 5명의 집단을 대표하는 데에 아무 문제가 없을까? 물론 계산 과정에는 하자가 없지만, 평균을 집단의 대푯값으로 사용하는 데에 어떤 한계가 있을 수 있는지 깊이 생각해 보지 않는다면 우리는 잘못된 생각에 빠질 수도 있다. 평균은 극단적으로 아웃라이어(비정상적인 수치)에 민감하다. 집단 내에 아웃라이어가 하나만 있어도 평균이 크게 바뀐다는 것이다. 위의 예에서 1명의 연봉이 7천만원이 아니라 100억원이었다고 하자. 그러면 평균은 20억원이 넘게 된다. 나머지 4명은 자신의 연봉이 평균치의 100분의 1밖에 안 된다며 슬퍼해야 할까? 연봉 100억원인 사람이 아웃라이어이듯이 처음의 예에서 연봉 7천만원인 사람도 아웃라이어인 것이다. 두드러진 아웃라이어가 있는 경우에는 평균보다는 최빈값이나 중앙값이 대푯값으로서 더 나을 수 있다.

① 평균은 집단을 대표하는 수치로서는 매우 부적당하다.
② 통계는 숫자 놀음에 불과하므로 통계 수치에 일희일비할 필요가 없다.
③ 평균보다는 최빈값이나 중앙값을 대푯값으로 사용해야 한다.
④ 통계 수치의 의미와 한계를 정확히 인식하고 사용할 필요가 있다.
⑤ 통계는 올바르게 활용하면 다양한 분야에서 사용할 수 있는 도구이다.

> **해설** 제시문은 통계 수치의 의미를 정확하게 이해하고 도구와 방법을 올바르게 사용해야 하며 특히 아웃라이어의 경우를 생각해야 한다고 주장하고 있다.
> ① · ② 집단을 대표하는 수치로서의 '평균' 자체가 숫자 놀음과 같이 부적당하다고는 언급하지 않았다.
> ③ 아웃라이어가 있는 경우에는 평균보다는 최빈값이나 중앙값이 대푯값으로 더 적당하다.
> ⑤ 내용이 올바르지 않은 것은 아니지만, 통계의 유용성은 글의 도입부에 잠깐 인용되었을 뿐, 글의 중심내용으로 볼 수 없다.

02 다음 글의 서술상 특징으로 가장 적절한 것은?

> 미국의 언어생태학자 '드와잇 볼링거'는 물과 공기, 그리고 빛과 소리처럼 흐르는 것은 하나같이 오염물질을 지니고 있으며 그것은 언어도 예외가 아니라고 밝혔다. 실제로 환경위기나 생태계위기 시대에 언어오염은 환경오염에 못지않게 아주 심각하다. 환경오염이 자연을 죽음으로 몰고 가듯이 언어오염도 인간의 정신을 황폐하게 만든다.
>
> 그동안 말하고 글을 쓰는 방법에서 그야말로 엄청난 변화가 일어났다. 얼마 전까지만 하더라도 사람들은 말을 하거나 글을 쓸 때에는 어느 정도 격식과 형식을 갖추었다. 그러나 구어든 문어든 지금 사람들이 사용하는 말이나 글은 불과 수십 년 전 사람들이 사용하던 그것과는 달라서 마치 전보문이나 쇼핑목록을 적어 놓은 쪽지와 같다. 전통적인 의사소통에서는 '무엇'을 말하느냐와 마찬가지로 중요한 것이 '어떻게' 말하느냐 하는 것이었다. 그러나 지금은 '어떻게' 말하느냐는 뒷전으로 밀려나고 오직 '무엇'을 말하느냐가 앞쪽에 나선다. 그러다 보니 말이나 글이 엑스레이로 찍은 사진처럼 살은 없고 뼈만 앙상하게 드러나 있다.
>
> 전자기술의 눈부신 발달에 힘입어 영상매체가 활자매체를 밀어내고 그 자리에 이미지의 왕국을 세우면서 언어오염은 날이 갈수록 더욱 심해져만 간다. 문명이 발달하면서 어쩔 수 없이 환경오염이 생겨나듯이 언어오염도 문명의 발달에 따른 자연스러운 언어현상이므로 그렇게 우려할 필요가 없다고 주장하는 학자도 없지 않다. 그러나 컴퓨터를 통한 통신어에 따른 언어오염은 이제 위험 수준을 훨씬 넘어 아주 심각한 지경에 이르렀다. 환경오염을 그대로 방치해 두면 환경재앙을 맞게 될 것이 불을 보듯 뻔한 것처럼 언어오염도 인간의 영혼과 정신을 멍들게 할 뿐만 아니라 궁극적으로는 아예 의사소통 자체를 불가능하게 만들지도 모른다. '언어재앙'이 이제 눈앞의 현실로 바짝 다가왔다.

① 구체적인 근거를 제시하여 자신의 주장을 뒷받침하고 있다.

② 기존의 견해를 비판하면서 새로운 견해를 제시하고 있다.

③ 비유를 사용하여 상대방의 논리를 지지하고 있다.

④ 권위 있는 학자의 주장을 인용하여 내용을 전개하고 있다.

⑤ 현상의 문제점을 분석하고, 이에 대한 해결책을 제시하고 있다.

> **해설** 제시문에서는 언어도 물과 공기, 빛과 소리처럼 오염물질을 지니고 있다는 언어생태학자인 드와잇 볼링거의 주장을 제시하면서 내용을 전개하고 있다. 글쓴이는 드와잇 볼링거의 주장을 바탕으로 문명의 발달로 언어가 오염되고 있으며, 이러한 언어오염이 인간의 정신을 황폐하게 만든다고 주장하고 있다.
>
> ③ 말이나 글을 전보문이나 쇼핑 목록, 엑스레이로 찍은 사진 등으로 비유하는 방식을 사용하고 있으나, 이는 독자의 이해를 돕기 위해 사용한 것으로 상대방의 논리를 지지하기 위해 사용한 것으로는 볼 수 없다. 또한 언어오염과 언어재앙을 환경오염과 환경재앙으로 비유하고 있으나, 이 역시 상대방의 논리를 지지하는 것이 아니라 오히려 이를 통해 다른 학자의 주장을 반박하고 있다.

🔒 01 ④　02 ④

03 조선시대의 사상에 대한 설명으로 옳은 것은?

① 정도전은 성리학에만 국한하지 않고 다양한 사상을 포용하였으며 불교에 대해서도 관용적이었다.

② 이황은 16세기 조선 사회의 모순을 극복하는 방안으로 통치체제의 정비와 수취제도의 개혁 등을 주장하였다.

③ 노론은 정통 성리학 외에도 양명학을 수용하여 학문적 다양성을 추구하였다.

④ 18세기에는 인간과 사물의 본성이 다르다고 주장하는 호론과 같다고 주장하는 낙론 사이에서 논쟁이 벌어졌다.

> **해설** 18세기 이이의 사상을 계승한 노론 내부에서 인간과 사물의 본성이 같은지 여부를 두고 호락논쟁이 벌어졌다. 호론은 인물성이론을 주장하였으며, 낙론은 인물성동론을 주장하였다.
> ① 정도전은 다양한 사상을 포용하였으나 불교에 대해서는 『불씨잡변』을 저술하면서 비판하였고 이는 숭유억불 정책의 계기가 되었다.
> ② 16세기 조선사회의 모순을 극복하기 위해 주기론적 입장에서 통치체제 정비와 수취제도의 개혁을 주장한 것은 '이이'이다. 이이는 수미법 실시, 방군수포제 폐지, 십만양병설 등 다양한 개혁안을 제시하였다.
> ③ 노론은 성리학만을 정통 학문으로 인정하였고 양명학은 사문난적으로 규정하였다.

04 다음 실학 관련 서적들의 공통된 특징은?

지봉유설	성호사설	청장관전서

① 백과사전류 저서

② 역사 · 지리 연구서

③ 우리말 어휘 정리

④ 반도 중심의 사관 극복

> **해설** 조선 후기에는 실학이 발달하고 문화 인식의 폭이 넓어짐에 따라 백과사전류의 저서가 많이 편찬되었다. 이 방면의 효시가 된 책은 이수광의 '지봉유설'이며 그 뒤를 이어 이익의 '성호사설', 이덕무의 '청장관전서'가 편찬되었다.

05 밑줄 친 '이곳'에서 일어난 사건으로 적절한 것은?

> 이곳은 대한민국 경기도 광주시, 성남시, 하남시에 걸친 남한산을 중심으로 위치해 있다. 1950년대에 이승만 대통령에 의해 공원화된 이후 현재 도립공원으로 지정되어 많은 시민들이 즐겨 찾는 명소가 되었으며, 2014년에는 세계문화유산에 등재되기도 하였다.

① 동학농민군이 우금치에서 관군 및 일본군과 전투를 치렀다.
② 병자호란이 벌어졌을 당시 인조는 이곳에서 항전하였으나 결국 항복하였다.
③ 3 · 1운동 당시 제암리교회에서 일본군에 의한 학살이 벌어졌다.
④ 1980년 군사독재를 반대하는 민주화 운동이 벌어진 곳이다.

해설 '이곳'은 남한산성이다. 1636년 병자호란이 발발하자 인조는 세자와 대군을 강화도로 피신시킨 후, 자신도 강화도로 가고자 하였으나 청군에 의해 길목이 막히는 바람에 남한산성으로 피신하게 되었다. 인조는 남한산성에서 40일간 버티며 대항하였지만 청이 강화도를 함락하고 두 왕자를 볼모로 삼아 남한산성을 공격하자 결국 청에 항복했다.
① 우금치 전투에 관한 설명으로, 우금치는 현재 충청남도 공주시 금학동에 있는 고개이다.
③ 제암리교회 학살사건에 관한 설명으로, 제암리는 현재의 경기도 화성시 향남면에 소재한다.
④ 군사독재와 통치에 반발하여 민주화 운동이 벌어진 곳은 전라남도 광주이다.

06 ⊙ 제도의 시행 결과로 옳은 것은?

> 과전법 → (⊙) → 관수관급제

① 전지와 시지의 지급
② 수신전, 휼양전 폐지
③ 토지의 수조권 폐지
④ 퇴직 관리에게 토지 지급

해설 ⊙에 들어갈 제도는 직전법으로서, 조선 전기 현직 관리에게만 수조지(收租地)를 지급한 토지제도이다. 따라서 관료의 유가족에게 지급되던 수신전과 휼양전은 폐지되었다.

1. 언어추리

※ 다음 중 논리적 오류의 성격이 다른 것을 고르시오. [1~2]

01 ① 모든 잠자는 아이들의 얼굴은 천사 같다. 따라서 아이들은 자면서 천사처럼 하늘을 날 수 있을 것이다.

② 그녀가 그 남자와의 데이트를 거절하지 않았다면 그 남자를 좋아하는 게 틀림없어.

③ 우리 반 학생들 중 집이 잘 사는 아이들은 A브랜드 패딩을 입고, 못 사는 아이들은 B브랜드의 패딩을 입는다.

④ 운동에 소질이 있으면 운동선수가 되면 되고, 소질이 없다면 공부를 하면 된다.

⑤ 내 생일에 축하 문자도 보내지 않은 친구는 진정한 친구가 아니다.

해설 ①은 언어적 오류인 애매어의 오류이다. ② · ③ · ④ · ⑤는 흑백논리의 오류에 해당한다.

02 ① 학생의 본분은 공부이므로 나는 집안일은 전혀 하지 않고 공부만 한다.

② 이 아파트는 인기 연예인의 부모님이 사는 곳이므로 집값이 오른다고 보장할 수 있다.

③ 남자는 여자를 지켜줘야 하기 때문에 미정이가 친구의 돈을 빼앗는 것을 보았어도 그녀를 지켜주기 위해 아무에게도 말하지 않았다.

④ 다른 사람의 물건에 손대어서는 안 된다. 할머니께서 무거운 짐을 들고 가시더라도 함부로 손대어서는 안 되므로 들어드릴 수 없다.

⑤ 사람은 남의 것을 욕심내지 말아야 한다. 지하철에서 노인분들이 젊은 사람의 자리를 탐내는 것을 보면 이해할 수가 없다.

해설 ②는 심리적 오류인 부적합한 권위에 호소하는 오류에 해당한다. ① · ③ · ④ · ⑤는 우연(원칙 혼동)의 오류이다.

03 다음 오류에 대한 정의와 그 예를 올바르게 연결한 것은?

> (가) 논점과 관계없는 것을 제시하여 무관한 결론에 이르게 되는 오류
> (나) 의도하지 않은 결과를 의도가 있다고 판단하여 생기는 오류
> (다) 어떤 집합의 원소가 단 두 개밖에 없다고 여기고 추론하는 오류
> (라) 수긍할 수 없거나 수긍하고 싶지 않은 것을 전제하고 질문함으로써 수긍하게 만드는 오류

① 방학 동안 어떻게 지냈니? 너 근데 살쪘구나? 살 좀 빼! – (라)

② 당신의 아름다움을 잃고 싶지 않다면, 저희 ○○ 성형외과와 함께 하셔야 합니다. – (라)

③ 어차피 인생은 성공한 사람과 실패한 사람, 두 부류로 나뉘게 되어 있어. – (가)

④ 너 오늘 지각했는데, 반 아이들이 선생님께 혼나고 있는 것을 알고 피하려고 늦은 거지? – (다)

⑤ 복도에서 시끄럽게 뛰지 말랬지. 어서 들어가서 공부해! – (나)

해설 (가)는 논점 일탈의 오류, (나)는 의도 확대의 오류, (다)는 흑백논리의 오류, (라)는 복합 질문의 오류에 해당한다. ②는 수긍하고 싶지 않은 것을 전제로 하고 질문하는 오류를 범하고 있으므로 (라)와의 연결은 적절하다.

04 다음 제시된 명제가 모두 참일 때, 반드시 참인 명제는?

> ■ A카페에 가면 타르트를 주문한다.
> ■ 빙수를 주문하면 타르트를 주문하지 않는다.
> ■ 타르트를 주문하면 아메리카노를 주문한다.

① 아메리카노를 주문하면 빙수를 주문하지 않는다.

② 빙수를 주문하지 않으면 A카페에 가지 않았다.

③ 아메리카노를 주문하지 않으면 A카페에 가지 않았다.

④ 타르트를 주문하지 않으면 빙수를 주문한다.

⑤ 빙수를 주문하는 사람은 아메리카노를 싫어한다.

해설 'A카페에 간다'를 p, '타르트를 주문한다'를 q, '빙수를 주문한다'를 r, '아메리카노를 주문한다'를 s라고 하면, $p \rightarrow q \rightarrow {\sim}r$, $p \rightarrow q \rightarrow s$의 관계가 성립한다. 따라서 'A카페를 가면 아메리카노를 주문한다'는 참인 명제이므로 이의 대우 명제인 '아메리카노를 주문하지 않으면 A카페를 가지 않았다는 것이다' 역시 참이다.

🔒 01 ① 02 ② 03 ② 04 ③

※ 다음 자료는 이랜드그룹의 주요경영지표를 나타내고 있다. 이어지는 물음에 답하시오. [5~6]

이랜드그룹 경영지표

(단위 : 십억원)

구분	공정자산총액	부채총액	자본총액	자본금	매출액	당기순이익
2014년	2,610	1,658	952	464	1,139	170
2015년	2,794	1,727	1,067	481	2,178	227
2016년	5,383	4,000	1,383	660	2,666	108
2017년	5,200	4,073	1,127	700	4,456	-266
2018년	5,242	3,378	1,864	592	3,764	117
2019년	5,542	3,634	1,908	417	4,427	65

05 이랜드그룹의 투자자 A는 당해 연도 당기순이익을 매출액으로 나눈 수치를 평가하여 다음해 투자 규모를 결정한다고 한다. 투자자 A의 투자 규모가 가장 큰 해는?

① 2014년   ② 2015년   ③ 2016년

④ 2017년   ⑤ 2018년

해설 2014년부터 2019년의 당기순이익을 매출액으로 나눈 수치는 다음과 같다.
- 2014년 : $170 \div 1,139 \fallingdotseq 0.15$
- 2015년 : $227 \div 2,178 \fallingdotseq 0.1$
- 2016년 : $108 \div 2,666 \fallingdotseq 0.04$
- 2017년 : $(-266) \div 4,456 \fallingdotseq -0.06$
- 2018년 : $117 \div 3,764 \fallingdotseq 0.03$
- 2019년 : $65 \div 4,427 \fallingdotseq 0.01$

따라서 2014년의 수치가 가장 크므로 다음 해인 2015년의 투자 규모가 가장 크다.

06 다음 중 자료에 대한 설명으로 옳은 것은?

① 자본총액은 꾸준히 증가하고 있다.

② 전년 대비 당기순이익이 가장 많이 증가한 해는 2015년이다.

③ 공정자산총액과 부채총액의 차가 가장 큰 해는 2019년이다.

④ 각 지표 중 총액 규모가 가장 큰 것은 매출액이다.

⑤ 2014~2017년간 자본총액 중 자본금이 차지하는 비중은 계속 증가하고 있다.

해설 2014년부터 공정자산총액과 부채총액의 차를 순서대로 나열하면 952, 1,067, 1,383, 1,127, 1,864, 1,908이다.

※ 다음 자료는 E사 동호회의 인원 구성을 나타낸 자료이다. 이어지는 물음에 답하시오. [7~8]

E사 동호회 인원 구성

(단위 : 명)

구분	2016년	2017년	2018년	2019년
축구	87	92	114	131
농구	73	77	98	124
야구	65	72	90	117
배구	52	56	87	111
족구	51	62	84	101
등산	19	35	42	67
여행	12	25	39	64
합계	359	419	554	715

07 전년 대비 2019년 축구 동호회 인원 증가율이 계속 유지된다고 가정할 때, 2020년 축구 동호회의 인원은?(단, 소수점 이하 첫째 자리에서 반올림한다)

① 약 147명 ② 약 149명 ③ 약 151명
④ 약 153명 ⑤ 약 155명

해설 2019년 축구 동호회 인원 증가율은 $\dfrac{131-114}{114} \times 100 = \dfrac{17}{114} \times 100 ≒ 15\%$이다.

따라서 2020년 축구 동호회 인원은 $131 \times 1.15 ≒ 151$명이다.

08 다음 중 자료에 대한 설명으로 옳은 것은?

① 동호회 인원이 많은 순서로 나열할 때, 매년 그 순위는 변화가 없다.
② 2017~2019년간 동호회 인원 구성에서 등산이 차지하는 비중은 전년 대비 매년 증가했다.
③ 2017~2019년간 동호회 인원 구성에서 배구가 차지하는 비중은 전년 대비 매년 증가했다.
④ 2017년 족구 동호회 인원은 2017년 전체 동호회의 평균 인원보다 그 규모가 크다.
⑤ 등산과 여행 동호회 인원의 합은 매년 같은 해의 축구 동호회 인원에 비해 적다.

해설 2017년 전체 동호회의 평균 인원은 $419 \div 7 ≒ 60$명이다.

공기업 NCS문제

1. 문제해결능력

01 귀하가 근무하는 K공사는 출근할 때 카드 또는 비밀번호를 입력하여야 한다. 오늘 귀하는 카드를 집에 두고 출근하여 비밀번호로 근무지에 출입하려고 하였으나 비밀번호가 잘 기억이 나지 않아 현재 매우 당혹스럽다. 네 자리 숫자로 이루어진 비밀번호에 대하여 다음 사실이 기억났다면, 귀하가 추론할 수 있는 내용으로 옳지 않은 것은?

> ■ 비밀번호를 구성하고 있는 각 숫자는 소수가 아니다.
> ■ 6과 8 중에서 단 하나만이 비밀번호에 들어간다.
> ■ 비밀번호는 짝수로 시작한다.
> ■ 비밀번호의 각 숫자는 큰 수부터 차례로 나열되어 있다.
> ■ 같은 숫자는 두 번 이상 들어가지 않는다.

① 비밀번호는 짝수이다.
② 비밀번호의 앞에서 두 번째 숫자는 4이다.
③ 주어진 정보를 모두 만족하는 비밀번호는 모두 3개이다.
④ 비밀번호는 1을 포함하지만, 9는 포함하지 않는다.
⑤ 주어진 정보를 모두 만족하는 비밀번호 중 가장 작은 수는 6410이다.

해설 다음의 논리 순서를 따라 주어진 조건을 정리하면 쉽게 접근할 수 있다.
• 첫 번째 조건 : 0, 1, 2, 3, 4, 5, 6, 7, 8, 9 중 소수인 2, 3, 5, 7을 제외하면 0, 1, 4, 6, 8, 9가 남는다.
• 두 번째, 세 번째, 네 번째 조건 : 9를 제외하여 0, 1, 4, 6, 8이 남고 6과 8중에 하나만 사용된다.
이 사실을 종합하여 가능한 경우의 수를 정리하면 다음과 같다.

구분	첫 번째	두 번째	세 번째	네 번째
경우 1	8	4	1	0
경우 2	6	4	1	0

따라서 주어진 정보를 모두 만족하는 비밀번호는 8410과 6410으로 2개다.

02 〈조건〉을 근거로 판단할 때 〈보기〉에서 옳은 설명을 모두 고르면?

● 조건 ●

- 한글 단어의 '단어점수'는 그 단어를 구성하는 자음으로만 결정된다.
- '단어점수'는 각기 다른 자음의 '자음점수'를 모두 더한 값을 그 단어를 구성하는 자음 종류의 개수로 나눈 값이다.
- '자음점수'는 그 자음이 단어에 사용된 횟수만큼 2를 거듭제곱한 값이다. 단, 사용되지 않는 자음의 '자음점수'는 0이다.
- **예** 글자 수가 4개인 '셋방살이'는 ㅅ 3개, ㅇ 2개, ㅂ 1개, ㄹ 1개의 자음으로 구성되므로 '단어점수'는 $\dfrac{2^3+2^2+2^1+2^1}{4}$의 값인 4점이다.

  ※ 의미가 없는 글자의 나열도 단어로 인정한다.

● 보기 ●

ㄱ. '각기'는 '논리'보다 단어점수가 더 높다.
ㄴ. 단어의 글자 수가 달라도 단어점수가 같을 수 있다.
ㄷ. 글자 수가 4개인 단어의 단어점수는 250점을 넘을 수 없다.

① ㄴ

② ㄷ

③ ㄱ, ㄴ

④ ㄱ, ㄷ

⑤ ㄱ, ㄴ, ㄷ

해설 ㄱ. '각기'는 ㄱ이 3회 사용되어 단어점수는 $\dfrac{2^3}{1}=8$이며 '논리'는 ㄴ이 2회 사용되었고 ㄹ이 1회 사용되어 $\dfrac{2^2+2^1}{2}=3$이므로 옳은 내용이다.

ㄴ. 예를 들어 '글자'의 단어점수는 $\dfrac{2^1+2^1+2^1}{3}=2$이며 '곳'의 단어점수 역시 $\dfrac{2^1+2^1}{2}=2$이다. 즉 단어의 글자 수와 자음점수가 달라도 단어점수가 같을 수 있다.

ㄷ. 글자 수가 4개인 단어 중 단어점수가 최대로 나오는 경우는 '난난난난'과 같이 하나의 자음이 총 8회 나오는 경우이다. 이 경우의 단어점수는 $\dfrac{2^8}{1}=256$이므로 250점을 넘을 수 있다.

03 최종품목 또는 완제품의 주생산일정계획(Master Production Schedule)을 기반으로 제품생산에 필요한 각종 원자재, 부품, 중간조립품의 주문량과 주문시기를 결정하는 재고관리방법은?

① 자재소요계획(MRP)

② 적시(JIT) 생산시스템

③ 린(Lean) 생산

④ 공급사슬관리(SCM)

⑤ 칸반(Kanban) 시스템

해설 ② 적시(JIT) 생산시스템 : 필요한 때에 맞추어 물건을 생산·공급하는 것으로 제조업체가 부품업체로부터 부품을 필요한 시기에 필요한 수량만큼만 공급받아 재고가 없도록 해주는 재고관리시스템이다.
③ 린(Lean) 생산 : 작업공정 혁신을 통해 비용은 줄이고 생산성은 높이는 것으로 숙련된 기술자의 편성과 자동화기계의 사용으로 적정량의 제품을 생산하는 방식이다.
④ 공급사슬관리(SCM) : 어떤 제품을 판매하는 경우 자재 조달, 제품 생산, 유통, 판매 등의 흐름을 적절히 관리하여 공급망 체인을 최적화함으로써 조달시간 단축, 재고비용이나 유통비용 삭감, 고객문의에 대한 빠른 대응을 실현하는 것이다.
⑤ 칸반(Kanban) 시스템 : JIT 시스템의 생산통제수단으로 낭비를 제거하고 필요한 때에 필요한 물건을 필요한 양만큼만 만들어서 보다 빨리, 보다 싸게 생산하기 위한 목적으로 활용되는 시스템이다.

04 다음 중 포터(M. Porter)의 경쟁전략 유형에 해당하는 것은?

① 차별화(Differentiation) 전략

② 블루오션(Blue Ocean) 전략

③ 방어자(Defender) 전략

④ 반응자(Reactor) 전략

⑤ 분석자(Analyzer) 전략

해설 〈포터(M. Porter)의 경쟁전략 유형〉
• 원가우위 전략
• 차별화 전략
• 원가집중화 전략
• 차별적 집중화 전략

05 기업의 경영자는 출자뿐만 아니라 기업을 경영하는 기능까지 수행하는 소유경영자와 기업의 대규모화 및 복잡화에 따라 전문적인 경영지식을 갖춘 전문경영자로 구분할 수 있다. 다음 중 전문경영자에 대한 설명으로 옳지 않은 것은?

① 상대적으로 강력한 리더십을 발휘할 수 있다.

② 소유과 경영의 분리로 계속기업이 가능하다.

③ 자신의 이해관계를 주주의 이해관계보다 더 중시할 수 있다.

④ 재직기간 동안의 단기적 이익 창출만을 중시할 수 있다.

⑤ 통제의 규모와 범위에 대한 인식이 모호하다.

> **해설** 기업의 지배권을 가진 소유경영자가 전문경영자에 비해 상대적으로 더 강력한 리더십을 발휘할 수 있다. 주식회사의 대형화 와 복잡화에 따라 조직의 경영을 위한 전문지식과 기술을 가진 전문경영자를 고용하여 기업의 운영을 전담시키게 된다. 전문 경영자의 장점은 합리적 의사결정 가능, 기업문화와 조직 혁신에 유리, 지배구조의 투명성 등이 있다. 단점으로는 책임에 대 한 한계, 느린 의사결정, 단기적인 이익에 집착, 대리인 문제의 발생이 있다.

06 다음 중 효과적인 시장세분화를 위한 요건으로 옳지 않은 것은?

① 측정가능성

② 충분한 시장 규모

③ 접근가능성

④ 세분시장 간의 동질성

⑤ 실행가능성

> **해설** 〈시장세분화의 요건〉
> • 측정가능성 : 세분시장의 특성(고객 수, 구매력)이 측정 가능해야 한다.
> • 접근가능성 : 유통경로나 매체를 통한 접근이 가능해야 한다.
> • 실행가능성 : 세분시장을 공략하기 위한 효과적 마케팅 프로그램을 개발할 수 있어야 한다.
> • 충분한 세분시장의 규모 : 충분한 이익을 얻을 수 있어야 한다.
> • 차별화 가능성 : 세분시장 내는 동질적, 세분시장 간은 이질적이어야 한다.

1. 수리능력

01 A회사의 2021년 1월부터 7월까지 제품 판매량이 매달 평균 5,000개씩 증가하였다. 8월 판매량을 분석한 결과 3,500개를 판매한 1일부터 같은 달 18일까지 매일 평균 100개씩 증가하였다. 8월 말일까지 매일 평균 100개씩 증가한다고 가정하였을 때, 8월의 전달 대비 판매량 변화율은 얼마인가?(단, 1월 판매량은 90,000개이다)

① 약 15% ② 약 18% ③ 약 23% ④ 약 29% ⑤ 약 32%

해설 8월의 전달 대비 판매량의 변화율을 구하려면 7월과 8월의 판매량을 구해야 한다.

7월의 판매량은 1월의 판매량에 판매량의 증가분을 더하면 구할 수 있다. 매달 평균 5,000개가 증가하였으므로 7월의 판매량은 $90,000+5,000\times6=120,000$개이다.

다음으로 8월의 판매량은 8월 1일에 3,500개를 판매하고 매일 평균 100개씩 증가한다고 가정하였으므로 8월 31일 판매량은 $3,500+100\times30=6,500$개이다.

등차수열의 합 공식을 이용하여 8월의 판매량을 구하면

$$\frac{31\times(3,500+6,500)}{2}=155,000개이다.$$

따라서 8월의 전달 대비 판매량 변화율은

$$\frac{155,000-120,000}{120,000}\times100≒29\%이다.$$

02 다음은 시·군지역의 비경제활동 인구에 관해 조사한 자료이다. (가), (나)에 알맞은 수를 올바르게 나열한 것은?(단, 소수점 둘째 자리에서 반올림한다)

비경제활동 인구

(단위 : 천명, %)

구분	총계	남성	비중	여성	비중
시지역	7,800	2,574	(가)	5,226	
군지역	1,149	385		764	(나)

	(가)	(나)
①	30	65
②	31	65.5
③	32	66
④	33	66.5
⑤	34	67

해설 (가) $\dfrac{2,574}{7,800}\times100=33\%$ (나) $\dfrac{764}{1,149}\times100=66.5\%$

03 A회사의 X사원은 회의가 길어져 편의점에서 간식을 구매해 모두에게 햄버거와 음료수 하나씩을 주려고 한다. 총 11명이 회의에 참석한다면 어떻게 구매하는 것이 총금액을 최소화할 수 있는가?(단, 모든 사람이 같은 메뉴를 먹을 필요는 없다)

햄버거

종류	가격	특징
치킨버거	2,300원	2개 구매 시, 그 중 1개는 30% 할인
불고기버거	2,300원	3개 구매 시, 물 1병 증정
치즈버거	2,000원	–

음료수

종류	가격	특징
보리차	1,100원	2병 구매 시, 추가로 1병 무료 증정
물	800원	–
오렌지주스	1,300원	4병 구매 시, 추가로 2병 무료 증정
포도주스	1,400원	치즈버거 개수만큼 포도주스 병당 40% 할인

① 치킨버거 10개, 치즈버거 1개, 보리차 9병, 물 2병

② 치킨버거 8개, 불고기버거 3개, 보리차 6병, 오렌지주스 4병, 물 1병

③ 불고기버거 9개, 치즈버거 2개, 보리차 6병, 물 3병, 포도주스 2병

④ 불고기버거 6개, 치즈버거 5개, 보리차 3병, 물 3병, 포도주스 5병

⑤ 치즈버거 11개, 포도주스 11개

해설 햄버거의 가격을 비교하면 다음과 같다.

- 치킨버거 2개를 사면 하나가 30% 할인되므로 1개당 가격은 $\dfrac{2,300+2,300\times0.7}{2}=1,955$원이다.

- 불고기버거를 3개 사면 물 1병이 증정되므로 1개당 가격은 $\dfrac{2,300\times3-800}{3}=2,033.33\cdots$원이다.

- 치즈버거의 경우 개당 2,000원으로 불고기버거보다 저렴하며 구매개수만큼 포도주스의 가격을 할인받을 수 있다. 하지만 할인된 금액이 $1,400\times(1-0.4)=840$원이므로 물의 가격인 800원보다 커 의미가 없다. 즉, 버거는 가장 저렴한 치킨버거를 최대한 많이 사야 하며 나머지는 치즈버거가 적절하다. 따라서 치킨버거 10개, 치즈버거 1개를 사야 한다.

음료수의 가격을 비교하면 다음과 같다.

- 보리차는 2+1로 구매할 수 있으므로 1병당 가격은 $\dfrac{1,100\times2}{3}=733.333\cdots$원이다.

- 물은 1병당 800원이다.

- 오렌지주스는 4+2로 구매할 수 있으므로 1병당 가격은 $\dfrac{1,300\times4}{6}=866.666\cdots$원이다.

- 포도주스의 경우 치즈버거를 산다고 가정했을 때 1병당 가격은 $1,400\times0.6=840$원이다.

즉, 음료는 보리차를 최대한 많이 사야 하며 나머지는 물이 적절하다. 따라서 보리차 9병, 물 2병을 사야 한다.

04 백혈병에 걸린 아이들을 돕기 위한 자선 축구대회에 한국, 일본, 중국, 미국 대표팀이 초청되었다. 이들은 월요일부터 금요일까지 〈조건〉에 따라 서울, 수원, 인천, 대전 경기장에서 연습을 하게 된다. 다음 중 옳지 않은 것은?

• **조건** •

㉠ 각 경기장에는 한 팀씩 연습하며 기간 동안 연습을 쉬는 팀은 없다.
㉡ 모든 팀은 모든 구장에서 적어도 한 번 이상 연습을 하여야 한다.
㉢ 외국에서 온 팀의 첫 훈련은 공항에서 가까운 수도권 지역에 배정한다.
㉣ 이동거리 최소화를 위해 각 팀은 한 번씩 경기장 한 곳을 이틀 연속해서 사용해야 한다.
㉤ 미국은 월요일과 화요일에 수원에서 연습을 한다.
㉥ 목요일에 인천에서는 아시아 팀이 연습을 할 수 없다.
㉦ 금요일에 중국은 서울에서, 미국은 대전에서 연습을 한다.
㉧ 한국은 인천에서 연속으로 연습을 한다.

---

① 목요일, 금요일에 연속으로 같은 지역에서 연습하는 팀은 없다.
② 수요일에 대전에서는 일본이 연습을 한다.
③ 대전에는 한국, 중국, 일본, 미국의 순서로 연습을 한다.
④ 한국은 화요일, 수요일에 같은 지역에서 연습을 한다.
⑤ 미국과 일본은 한 곳을 연속해서 사용하는 날이 같다.

해설 ㉠~㉦을 이용하여 표로 정리하면 다음과 같다.

구분	월	화	수	목	금
서울	일본		미국		중국
수원	미국	미국			
인천	중국			미국	
대전	한국				미국

㉧에 따라 한국은 화, 수요일에는 인천에서 연습을 한다. 그러면 목요일에는 서울, 금요일에는 수원에서 연습을 한다. ㉠, ㉡, ㉣을 이용하여 표를 완성하면 다음과 같다.

구분	월	화	수	목	금
서울	일본	일본	미국	한국	중국
수원	미국	미국	일본	중국	한국
인천	중국	한국	한국	미국	일본
대전	한국	중국	중국	일본	미국

따라서 수요일에 대전에서는 중국이 연습을 한다.

05 콩쥐, 팥쥐, 향단, 춘향 네 사람은 함께 마을 잔치에 참석하기로 했다. 빨간색, 파란색, 노란색, 검은색 색깔별로 총 12개의 족두리, 치마, 고무신을 구입하여 각자 다른 색의 족두리, 치마, 고무신을 착용하기로 했다. 예를 들어 어떤 사람이 빨간색 족두리, 파란색 치마를 착용한다면 고무신은 노란색 또는 검은색으로 착용해야 한다. 이때 반드시 참인 것은?

> ■ 선호하는 것을 배정받고 싫어하는 것은 배정받지 않는다.
> ■ 콩쥐는 빨간색 치마를 선호하고 파란색 고무신을 싫어한다.
> ■ 팥쥐는 노란색을 싫어하고 검은색 고무신을 선호한다.
> ■ 향단은 검은색 치마를 싫어한다.
> ■ 춘향은 빨간색을 싫어한다.

① 콩쥐는 검은색 족두리를 착용한다.
② 팥쥐는 노란색 족두리를 착용한다.
③ 향단이는 파란색 고무신을 착용한다.
④ 춘향이는 검은색 치마를 착용한다.
⑤ 빨간색 고무신을 착용하는 사람은 파란색 족두리를 착용한다.

해설 조건을 정리하면 다음과 같다.

구분	족두리	치마	고무신
콩쥐	파란색/검은색	빨간색	노란색 (파란색×)
팥쥐	빨간색	파란색 (노란색×)	검은색
향단	검은색/파란색	노란색 (검은색×)	빨간색
춘향	노란색 (빨간색×)	검은색 (빨간색×)	파란색 (빨간색×)

콩쥐가 빨간색 치마를 입으므로 남은 파란색, 노란색, 검은색 치마는 나머지 사람들이 나눠입는데, 팥쥐는 노란색 치마를 싫어하고 검은색 고무신을 선호하므로 파란색 치마를 배정받고, 향단이는 검은색 치마를 싫어하므로 노란색 치마를 배정받는다. 따라서 남은 검은색 치마는 춘향이가 배정받게 된다.

1. 대인관계능력

01 다음에서 설명하고 있는 리더십능력은 무엇인가?

> 개인이 지닌 능력을 최대한 발휘하여 목표를 이룰 수 있도록 돕는 일로 커뮤니케이션 과정의 모든 단계에서 활용할 수 있다. 직원들에게 질문을 던지는 한편 직원들의 의견을 적극적으로 경청하고, 필요한 지원을 아끼지 않아 생산성을 높이고 기술 수준을 발전시키며, 자기 향상을 도모하는 직원들에게 도움을 주고 업무에 대한 만족감을 높이는 과정이다. 즉, 관리가 아닌 커뮤니케이션의 도구이다.

① 코칭　　　　② 티칭　　　　③ 멘토링　　　　④ 컨설팅　　　　⑤ 카운슬링

> **해설** 일반적으로 코칭은 문제 및 진척 상황을 직원들과 함께 자세하게 살피고 지원을 아끼지 않으며 지도 및 격려를 하는 활동을 의미한다. 직원들을 코칭하는 리더는 직원 자신이 권한과 목적의식을 가지고 있는 중요한 사람이라는 사실을 느낄 수 있도록 이끌어 주어야 한다. 또한 직원들이 자신만의 장점과 성공 전략을 활용할 수 있도록 적극적으로 도와야 한다.

02 다음은 협상전략의 유형을 설명한 것이다. 빈칸 (A)~(D)에 들어갈 용어가 적절하게 들어간 것은?

> (A)는 상대방이 제시하는 것을 일방적으로 수용하여 협상의 가능성을 높이려는 전략이다. 즉, 상대방의 욕구와 주장에 자신의 욕구와 주장을 조정하고 순응시켜 굴복한다.
> (B)는 자신이 상대방보다 힘에 있어서 우위를 점유하고 있을 때 자신의 이익을 극대화하기 위한 공격적 전략이다. 즉, 상대방의 주장을 무시하고 자신의 힘으로 일방적으로 밀어붙여 상대방에게 자신의 입장을 강요하는 전략이다.
> (C)는 무행동전략이며, 협상으로부터 철수하는 철수전략이다. 즉, 협상을 피하거나 잠정적으로 중단하거나 철수하는 전략이다.
> (D)는 협상 참여자들이 협동과 통합으로 문제를 해결하고자 하는 협력적 문제해결전략이다. 문제를 해결하는 합의에 이르기 위해서 협상 당사자들이 서로 협력하는 것이다.

	(A)	(B)	(C)	(D)
①	유화전략	협력전략	강압전략	회피전략
②	회피전략	강압전략	유화전략	협력전략
③	유화전략	강압전략	협력전략	회피전략
④	회피전략	협력전략	강압전략	유화전략
⑤	유화전략	강압전략	회피전략	협력전략

> **해설** (A)의 경우 상대방이 제시하는 것을 일방적으로 수용한다는 점을 볼 때, 유화(상대편을 너그럽게 용서하고 사이좋게 지냄)전략임을 알 수 있으며, (B)의 경우 자신의 이익을 극대화하기 위한 공격적 전략이라는 점에서 강압전략임을 알 수 있다. (C)의 경우 협상을 피하는 점으로 회피전략임을, (D)의 경우 협동과 통합으로 문제를 해결한다는 점에서 협력전략임을 알 수 있다.

03 다음은 리더십의 개념 중 하나인 임파워먼트(Empowerment)에 대한 설명이다. 다음을 읽고 임파워먼트를 조성할 수 있는 조건으로 옳지 않은 것은?

> 리더십의 핵심 개념 중 하나는 '임파워먼트(Empowerment)', 즉 '권한 위임'이라고 할 수 있다. 직원들에게 일정 권한을 위임함으로써 훨씬 수월하게 성공의 목표를 이룰 수 있을뿐더러 존경받는 리더로 거듭날 수 있다. 자신의 능력을 인정받아 권한을 위임받았다고 인식하는 순간부터 직원들의 업무효율성은 높아지게 마련이지만, 안타까운 점은 많은 리더들이 직원들에게 권한을 위임하지 않는다는 것이다.
> 이처럼 임파워먼트(Empowerment)란 '조직구성원들을 신뢰하고, 그들의 잠재력을 믿으며, 그 잠재력의 개발을 통해 높은 수준의 조직이 되도록 하는 일련의 행위'로 정의할 수 있다.

① 긍정적인 인간관계

② 제한된 정책과 절차

③ 학습과 성장의 기회

④ 상부로부터의 지원

⑤ 도전적이고 흥미있는 업무

해설 ②는 임파워먼트의 장애요인으로 볼 수 있다.

〈임파워먼트의 조성 조건〉
- 도전적이고 흥미있는 일
- 학습과 성장의 기회
- 성과에 대한 지식
- 긍정적인 인간관계
- 개인들이 공헌하며 만족한다는 느낌
- 상부로부터의 지원

〈임파워먼트 장애요인〉
- 개인 차원 : 주어진 일을 해내는 역량의 결여, 동기의 결여, 결의의 부족, 책임감 부족, 의존성
- 대인 차원 : 다른 사람과의 성실성 결여, 약속 불이행, 성과를 제한하는 조직의 규범, 갈등처리 능력 부족, 승패의 태도
- 관리 차원 : 통제적 리더십 스타일, 효과적 리더십 발휘 능력 결여, 경험 부족, 정책 및 기획의 실행 능력 결여, 비전의 효과적 전달 능력 결여
- 조직 차원 : 공감대 형성이 없는 구조와 시스템, 제한된 정책과 절차

04 귀하의 회사는 몇 년째 실적 부진으로 골머리를 앓고 있다. 문제를 해결하기 위해 귀하를 비롯한 회사의 임직원들이 모여 회사의 문제점을 파악하고 구체적인 해결책을 마련해보는 시간을 가졌다. 각 사원이 말한 문제점과 해결책으로 가장 적절하지 않은 것은 무엇인가?

① A사원 : 우리 회사의 문제점은 자신이 소속된 부서 이외에는 별로 관심이 없다는 것입니다. 이번 기회로 부서들끼리 자주 소통하는 자리를 마련해 다른 부서의 업무를 파악하는 데 주의를 기울일 필요가 있을 것 같습니다.

② B사원 : 각 부서의 목표가 너무 상이하다는 것도 문제입니다. 분기별로 회의를 통해 하나의 목표를 설정한 뒤 모든 부서가 그 목표를 달성하기 위해 힘을 모으는 것이 좋겠습니다.

③ C사원 : 직원들의 업무 독립성이 좀 더 뚜렷해질 필요도 있습니다. 예를 들어 A라는 업무는 A사원이 담당해 처음부터 끝까지 모든 과정을 책임지는 거죠. 지금은 업무 과정이 너무 유기적이에요.

④ D사원 : 직원들의 성과급이 너무 적어서 업무 만족도나 의욕 등이 점점 낮아지고 있다고 생각해요. 성과가 있을 때마다 회사에서 그에 합당한 보상을 확실히 해준다면 직원들의 업무 의욕도 점점 커질 것입니다.

⑤ E사원 : 분기별로 업무 계획을 확실히 세우고 매일매일 그것을 확인해가는 방식으로 일을 해보는 것은 어떨까요? 우리 회사는 구체적인 계획을 세우기보다 즉흥적으로 일을 해나가는 점이 문제인 것 같아서요.

> **해설** 직장에 소속된 개인은 회사의 이윤창출 등 회사 공동의 목표를 위해 동료와 상호작용을 해나가는 구성원으로 조직의 구성원은 서로 협력하여 공동의 목표를 향해 노력해야 한다. 그러므로 업무를 뚜렷하게 나눠 독립적으로 일을 처리하기보다는 유기적으로 소통하고 부족한 부분을 채워가며 업무를 진행하는 것이 조직의 성격과 어울린다고 볼 수 있다. 그러므로 ③이 가장 적절하지 않다.

05 다음 밑줄 친 부분에 대한 설명으로 가장 적절한 것은?

> 산업민주주의의 발달과 함께 근로자 또는 노동조합을 경영의 파트너로 인정하는 협력적 노사관계가 중시됨에 따라 이들을 조직의 경영의사결정 과정에 참여시키는 경영참가제도가 논의되고 있다. 특히 최근에는 국제경쟁의 가속화와 저성장, 급격한 기술발전과 같은 환경변화에 따라 대립적인 노사관계만으로는 한계가 있다고 지적되면서 점차 경영참가의 중요성이 커지고 있다.

① 경영자의 고유한 권리인 경영권이 강화될 수 있다.
② 모든 근로자의 참여로 보다 합리적인 의사결정이 가능하다.
③ 분배 문제를 해결함으로써 노동조합의 단체교섭 기능이 강화된다.
④ 가장 큰 목적은 경영의 민주성을 제고하는 것이다.
⑤ 경영자의 일방적인 의사결정보다 빠른 의사결정이 가능하다.

[해설] 경영참가제도의 가장 큰 목적은 경영의 민주성을 제고하는 것이다. 근로자 또는 노동조합이 경영과정에 참여하여 자신의 의사를 반영함으로써 공동으로 문제를 해결하고 노사 간의 세력 균형을 이룰 수 있어야 한다.

06 다음은 A회사의 직무전결표의 일부분이다. 이에 따라 문서를 처리하였을 경우 올바르지 않은 것은?

직무 내용	대표이사	위임 전결권자		
		전무	이사	부서장
정기 월례 보고				○
각 부서장급 인수인계		○		
3천만원 초과 예산 집행	○			
3천만원 이하 예산 집행		○		
각종 위원회 위원 위촉	○			
해외 출장			○	

① 인사부장의 인수인계에 관하여 전무에게 결재받은 후 시행하였다.
② 인사징계위원회 위원을 위촉하기 위하여 대표이사 부재중에 전무가 전결하였다.
③ 영업팀장의 해외 출장을 위하여 이사에게 사인을 받았다.
④ 3천만원에 해당하는 물품 구매를 위하여 전무 전결로 처리하였다.
⑤ 정기 월례 보고서를 작성한 후 부서장의 결재를 받았다.

[해설] 각종 위원회 위원 위촉에 관한 전무의 위임 전결규정은 없다. 따라서 정답은 ②가 된다.

1. 의사소통능력

01 다음 제시문에 나타난 의사소통의 저해 요인으로 가장 적절한 것은?

> '말하지 않아도 알아요' TV 광고 음악에 많은 사람이 공감했던 것과 같이 과거 우리 사회에서는 자신의 의견을 직접적으로 드러내지 않는 것을 미덕이라고 생각했다. 하지만 직접 말하지 않아도 상대가 눈치껏 판단하고 행동해주길 바라는 '눈치' 문화가 오히려 의사소통 과정에서의 불신과 오해를 낳는다.

① 의사소통 기법의 미숙
② 부족한 표현 능력
③ 평가적이며 판단적인 태도
④ 선입견과 고정관념
⑤ 폐쇄적인 의사소통 분위기

해설 말하지 않아도 상대방이 이해할 것이라는 선입견과 고정관념이 의사소통의 저해 요인이 되고 있다.

02 다음 중 밑줄 친 단어와 같은 의미로 쓰인 것은?

> 우리나라 사람들은 일반적으로 책에 관심이 적은 것 같다.

① 마치 구름을 탄 것과 같다.
② 너 같으면 어떤 말을 했겠니?
③ 우리 선생님 같은 분은 세상에 또 없을 거야.
④ 비가 올 것 같으니 우산을 준비해라.
⑤ 그는 군인 같은 군인이다.

해설 제시문과 ④의 '같다'는 ('-ㄴ/는 것', '-ㄹ/을 것' 뒤에 쓰여) 추측, 불확실한 단정을 나타내는 말이다.
　　① 다른 것과 비교하여 그것과 다르지 않음을 나타내는 말이다.
　　② ('같으면' 꼴로 쓰여) '-라면'의 뜻을 나타내는 말이다.
　　③ ('같은' 꼴로 체언 뒤에 쓰여) 그런 부류에 속한다는 뜻을 나타내는 말이다.
　　⑤ ('같은' 꼴로 동일 명사 사이에 쓰여) 기준에 합당함을 나타내는 말이다.

03 다음 중 ⑦~⑩의 수정 방안으로 적절하지 않은 것은?

> 사물인터넷은 각종 기기에 센서와 통신 기능을 내장하여 인터넷을 통해 실시간으로 데이터를 주고받는 기술이나 환경을 일컫는 용어이다. 물론 지금도 인터넷에 연결된 기기를 주변에서 종종 볼 수 있지만, 사물인터넷이 주도하는 시대의 모습은 다르다.
>
> 지금까지는 인터넷에 연결된 기기들이 정보를 주고받으려면 인간의 조작이 개입되어야 했다. ⑦ 그리고 사물인터넷의 시대에서 인터넷에 연결된 기기는 간단한 설정만 해주면 사람의 도움 없이 기기끼리 정보를 주고받는다. 사람이 누군가와 대화를 하기 위해 상대방을 마주하고 이름을 물어보듯, ⑥ 서로 정보를 나누려면 상대 기기의 아이디나 IP 주소를 알아야 한다. 블루투스나 근거리 무선통신(NFC) 등이 이들의 소통을 돕는 기술이 된다. 기기끼리 통성명을 한 후에는 다양한 센서를 이용해 수집한 정보를 화제로 삼아 기기 간의 대화가 이루어지고, 대화를 통해 주고받은 정보를 바탕으로 다양한 일을 처리하게 된다.
>
> 사물인터넷의 시대가 ⑥ 본격적으로 전개되는 가운데, 2009년 당시 9억개 정도였으나 2020년이 되면 370억개에 이를 것으로 전망된다. 해외에서는 이미 적극적으로 사물인터넷을 활용하고 있다. 세계 각국의 자동차 회사에서는 신차에 사물인터넷을 적용하려는 시도가 활발하다. 한 회사에서는 ⑥ 거진 모든 부품이 인터넷과 연결된 신형 차를 내놓았다. 이 차는 에어백이 터지면 센서를 통해 이를 감지하여 중앙관제센터로 신호가 전송된다. 센터에 연결된 클라우드 시스템에서는 그동안 발생했던 수천만 건의 사고 유형을 분석해 해결책을 모색한다. 범퍼는 어느 정도 파손됐는지, 과거 비슷한 사고가 있었는지, 해당 지역 도로와 날씨는 어떠한지, 사고가 날 만한 특이 사항은 없었는지 등의 데이터를 분석한 후 사고라고 판단되면 근처 고객센터와 병원에 즉시 사고 수습 차량과 구급차를 보내라는 명령을 전송하고, 보험사에도 자동으로 통보한다고 한다.
>
> 우리나라의 사물인터넷 사용은 아직 걸음마 단계이다. ⑩ 지금도 많은 기기들이 인터넷으로 연결되어 서로 정보를 주고받고 있다. 국내에서는 2013년부터 사물인터넷의 개념과 관련 산업에 대한 논의가 집중적으로 이루어지기 시작했으며, 2014년 5월 '사물인터넷 기본계획'이 발표되었지만 아직 본격적인 실행 단계에 올라섰다고 보기 어렵다.

① ⑦ – 문장을 자연스럽게 연결하기 위해 '그러나'로 수정한다.

② ⑥ – 필요한 문장 성분이 생략되었으므로 문장 앞에 '기기도'를 추가한다.

③ ⑥ – 문맥의 흐름을 고려하여 '적극적으로'로 수정한다.

④ ⑥ – 표준어가 아닌 방언이므로 '거의'로 수정한다.

⑤ ⑩ – 글의 통일성을 해치고 있으므로 삭제한다.

해설 '본격적'은 '제 궤도에 올라 제격에 맞게 적극적인 것'을 의미하므로 문맥의 흐름상 적절하게 사용되었다.

04 중요한 프로젝트를 앞두고 있는 기획팀의 L씨는 자신의 체계적인 계획에도 불구하고 도저히 업무가 진행되고 있지 않아 고민이다. L씨는 자신의 업무 수행을 방해하는 요인을 찾아 이를 해결하고자 한다. 다음 중 L씨의 해결방안에 대한 설명으로 적절하지 않은 것은?

① 영업팀 K씨는 오전부터 L씨에게 전화를 걸어 사적인 이야기를 나눈다. 다른 사람들과 대화를 단절하는 것은 바람직하지 않으므로 L씨는 K씨에게 사적인 전화는 업무시간 외에 통화하도록 이야기하였다.

② L씨는 오전부터 점심 메뉴를 고민하는 P씨의 메신저에 대답하느라 바쁘다. 메신저에 즉각적으로 대답할 필요는 없으므로 L씨는 메신저에 접속하는 시간을 정하기로 하였다.

③ 최근 쉴 새 없이 쏟아지는 광고메일로 인해 업무에 필요한 메일을 선별하는 데 많은 시간이 걸린다. 따라서 L씨는 일과 중 메일을 확인하는 시간을 3시간 동안 10분 단위로 계획하기로 하였다.

④ 갈등은 반드시 부정적 결과를 초래하므로 무조건 회피하는 것이 좋다. 따라서 L씨는 일단 같은 팀 사원과의 갈등 상황을 모른 척하기로 하였다.

⑤ 적정 수준의 업무 스트레스는 오히려 성과 도출에 도움을 주기도 한다. 따라서 L씨는 스트레스를 효과적으로 관리하기 위해 운동을 다니기로 하였다.

> **해설** 조직 내 갈등은 업무시간을 지체시키고 정신적인 스트레스를 가져오지만, 항상 부정적인 결과만을 초래하는 것은 아니다. 갈등은 새로운 시각에서 문제를 바라보게 하고 다른 업무에 대한 이해를 증진시켜주며 조직의 침체를 예방해주기도 한다.

05 다음은 카메론(Cameron)과 퀸(Quinn)이 개발한 조직문화 진단 척도 중 일부이다. ①~④의 기준과 부합하여 (가)에 들어갈 기준척도로 가장 적절한 것은?

(가)	점수
① 우리 회사는 인적자원개발을 중요시하며 높은 신뢰도, 개방성, 참여도를 강조한다.	
② 우리 회사는 새로운 자원을 발굴하고 도전하는 것을 중시하여 새로운 시도와 기회창조를 높이 평가한다.	
③ 우리 회사는 경쟁과 성과를 중시하여 시장에서 목표달성과 경쟁에서 이기는 것을 강조한다.	
④ 우리 회사는 영속성과 안정성을 강조한다. 효율성, 통제, 원활한 운영이 중요하다.	
총점	100

① 전략적 강조점   ② 조직의 응집력   ③ 성공의 기준

④ 조직의 리더십   ⑤ 조직의 관리

> **해설** 기준의 내용에서 '인적자원개발 강조', '새로운 자원 발굴', '목표달성과 경쟁에서 이기는 것 강조', '영속성과 안정성 강조'의 내용을 볼 때 전략적 강조점이 기준척도로 가장 적절함을 알 수 있다.

06 다음 중 조직문화의 특성과 기능에 대한 설명으로 옳은 것을 〈보기〉에서 모두 고르면?

• 보기 •

ㄱ. 조직문화는 조직의 외부환경의 변동성이 높을수록 내부 결속력을 강화하는 기능을 한다.
ㄴ. 기업의 조직문화는 직원들의 업무능력을 향상시키기도 한다.
ㄷ. 조직구성원들은 자신이 속한 조직의 문화에 대하여 항시적으로 인식하고 있다.
ㄹ. 조직문화는 구성원들의 행동에 대하여 공식적인 통제력을 갖는다.
ㅁ. 강한 조직문화는 조직의 혁신을 저해하기도 한다.

---

① ㄱ, ㄴ, ㄷ   ② ㄱ, ㄹ, ㅁ   ③ ㄱ, ㄴ, ㅁ
④ ㄴ, ㄷ, ㄹ   ⑤ ㄷ, ㄹ, ㅁ

[해설] ㄱ. 조직문화는 구성원들에게 일체감과 정체성을 부여한다. 특히, 외부환경이 변하게 되면 조직구성원의 결속력을 강화하는
기능을 한다.
　　　 ㄴ. 조직문화는 조직몰입을 높여준다. 구성원들은 조직에 소속감을 느끼고 조직의 목표를 달성하기 위하여 자신의 노력과 능
력을 기울이므로 업무능력을 향상시킨다.
　　　 ㅁ. 지나치게 강한 조직문화는 다양한 구성원들의 의견을 받아들일 수 없게 하거나 조직이 변화해야 할 시기에 장애요인으로
작용하기도 한다.

07 다음은 조직문화 모형인 7S 모형에 대한 설명이다. 옳지 않은 것을 〈보기〉에서 모두 고르면?

• 보기 •

ㄱ. 7S 모형에 제시된 조직문화 구성요소는 공유가치, 리더십 스타일, 구성원, 제도, 절차, 구조, 전략, 스킬을
가리킨다.
ㄴ. '리더십 스타일'이란 조직구성원들의 행동이나 사고를 특정 방향으로 이끌어 가는 원칙이나 기준을 의미한다.
ㄷ. '구조'는 조직의 전략을 수행하는데 필요한 틀로서 구성원의 역할과 그들 간의 상호관계를 지배하는 공식
요소를 가리킨다.
ㄹ. '전략'은 조직의 장기적인 목적과 계획 그리고 이를 달성하기 위한 장기적인 행동지침을 가리킨다.

---

① ㄱ   ② ㄴ   ③ ㄱ, ㄷ
④ ㄴ, ㄹ   ⑤ ㄷ, ㄹ

[해설] ㄴ. '리더십 스타일'이란 구성원들을 이끌어 나가는 전반적인 조직관리 스타일을 가리키는 것이다. 조직구성원들의 행동이나
사고를 특정 방향으로 이끌어 가는 원칙이나 기준은 '공유가치'이다.

한국사능력검정시험

01 (가) 시대에 처음 제작된 유물로 옳은 것은? [1점]

선사 문화 축제

농경과 정착 생활이 시작된 (가) 시대로 떠나요!

- **일시:** 2020년 ○○월 ○○일~○○일
- **주최:** △△ 문화 재단

움집 생활 체험하기

가락바퀴로 실 뽑기

갈돌과 갈판으로 곡식 갈기

①

②

③

④

 #신석기시대 #움집, 가락바퀴, 빗살무늬 토기
#농경 시작

해설

신석기 시대에는 농경이 시작되면서 조ㆍ피 등을 재배하였고 강가나 바닷가에 갈대나 억새를 엮어 만든 지붕을 덮어 움집을 짓고 살았다. 또한, 갈돌과 갈판으로 곡식을 갈아서 음식을 만들어 먹었으며, 가락바퀴로 실을 뽑아 뼈바늘로 옷을 지어 입었다.
② 신석기시대에는 빗살무늬 토기에 식량을 저장하였다.

02 밑줄 그은 '제도'로 옳은 것은? [1점]

역사 연극 대본

S# 7. 왕이 길가에서 울고 있는 백성을 만난다.
　　고국천왕: 왜 그렇게 슬피 우느냐?
　　백성: 흉년으로 곡식을 구하기 어려워 어떻게 어머니를 봉양해야 할지 걱정이 되어 울고 있습니다.

S# 8. 궁에서 신하와 국정을 논의하고 있다.
　　고국천왕: 어려운 백성을 구제할 해결책을 찾아보아라.
　　을파소: 봄에 곡식을 빌려주고 겨울에 갚게 하는 제도를 마련하겠습니다.

① 의창
② 환곡
③ 사창제
④ 진대법

기출 태그 #고국천왕 #을파소 #진대법 #빈민 구제법

해설

④ 고구려 고국천왕은 국상인 을파소의 건의에 따라 먹을거리가 부족한 봄에 곡식을 빌려주고 겨울에 갚게 하는 빈민 구제책인 진대법을 실시하였다.

03 밑줄 그은 '이 인물'에 대한 설명으로 옳은 것은? [2점]

신라 왕실의 후예로 알려진 이 인물은 양길의 부하가 되어 세력을 키웠다.

이후 그는 송악을 도읍으로 삼아 새로운 국가를 세웠다. 스스로를 미륵불이라 칭하였다.

① 훈요 10조를 남겼다.
② 청해진을 설치하였다.
③ 백제 계승을 내세웠다.
④ 국호를 태봉으로 바꾸었다.

해설
신라의 왕족 출신인 궁예는 북원에서 반란을 일으킨 양길의 휘하로 들어가 세력을 키워 송악에 도읍을 정하고 후고구려를 세웠다(901). 그는 광평성을 중심으로 한 정치 기구를 새롭게 마련하였으나 미륵 신앙을 바탕으로 한 전제 정치로 인해 백성과 신하들의 원성을 사면서 왕건에 의해 축출되었다(918).
④ 궁예는 후고구려 건국 후 영토를 확장하여 철원으로 천도하고 국호를 마진으로 바꿨다가 다시 태봉으로 바꾸기도 하였다.

04 (가) 인물의 활동으로 옳은 것은? [2점]

경의 건의에 따라 설치된 별무반을 거느리고 여진을 정벌하시오.

명을 받들겠습니다.

신기군

신보군

항마군

(가)

① 우산국을 정복하였다.
② 4군 6진을 설치하였다.
③ 동북 9성을 축조하였다.
④ 강동 6주를 확보하였다.

해설
고려 숙종 때 부족을 통일한 여진족이 고려의 국경을 자주 침입하자 윤관이 왕에게 건의하여 신기군, 신보군, 항마군으로 구성된 별무반을 편성하였다.
③ 예종 때 윤관은 별무반을 이끌고 여진을 몰아내어 동북 9성을 축조하였다(1107).

05 밑줄 그은 '이것'으로 옳은 것은?   [1점]

① 호패
② 족보
③ 교지
④ 공명첩

기출
태그   #호패법 #16세 이상 남성 신분증명서 #조선 태종

해설

① 조선 태종은 정확한 호구 파악과 이에 따른 조세, 역 부과를 위해 16세 이상의 남자들에게 일종의 신분증 명서인 호패를 발급하는 호패법을 실시하여 국가 재 정 기반을 확보하였다. 호패에는 주인의 이름과 출생 연도, 과거 급제 사실, 직위 등의 정보가 포함되어 있 었다.

06 다음 비석을 세운 왕의 업적으로 옳은 것은?   [3점]

이 건물 안에 있는 비석은 탕평비입니다. '두루 원만하고 치우치지 않음이 군자의 공 정한 마음이요. 치우치고 두루 원만하지 못 함이 소인의 사사로운 마음이다.'라는 글이 새겨져 있습니다.

① 비변사를 혁파하였다.
② 속대전을 편찬하였다.
③ 나선 정벌을 단행하였다.
④ 백두산정계비를 건립하였다.

기출
태그   #탕평비 #조선 영조 #붕당 정치 폐해 방지
#속대전 #탕평책

해설

영조는 붕당 정치의 폐해를 막고 능력에 따른 인재를 등 용하기 위해 탕평책을 실시하였고, 이를 알리기 위해 성 균관에 탕평비를 건립하였다.

② 영조는 『경국대전』 편찬 이후에 시행된 법령을 통 합한 『속대전』을 편찬하고 통치 체제를 정비하였다 (1746).

07 교사의 질문에 대한 학생의 답변으로 옳은 것은? [2점]

화면의 사진은 1907년 영국 기자 매켄지가 의병들을 취재하면서 찍은 것입니다. 당시 의병 활동에 대해 말해 볼까요?

① 13도 창의군을 결성하였어요.

② 정부에 헌의 6조를 건의하였어요.

③ 백산에 집결하여 4대 강령을 발표하였어요.

④ 곽재우, 고경명 등이 의병장으로 활약하였어요.

 기출 태그 #영국 기자 매켄지 #독립운동 취재 #정미의병
#13도 창의군 #서울 진공 작전

해설
영국 언론 '데일리 메일'의 종군 기자 프레드릭 아서 매켄지(Frederick A. Mackenzie)는 특파원 자격으로 대한 제국에 입국하여 1907년 정미의병의 모습을 담은 사진을 촬영하였다. 그는 체류 기간 동안 일제의 각종 만행과 이에 저항하는 항일 의병 등의 독립운동 활동을 직접 취재하여 『대한 제국의 비극』을 발간하기도 하였다(1908).
① 한일 신협약으로 강제 해산된 군인들이 정미의병 활동에 가담하면서 의병 전쟁이 전국적으로 확대되자 허위와 이인영을 중심으로 13도 창의군이 결성되었다. 이들은 각국 공사관에 국제법상 교전 단체로 인정해 줄 것을 요구하면서 서울 진공 작전을 추진하였다(1908).

---

08 밑줄 그은 '부대'로 옳은 것은? [3점]

 우표 수집 기록

대한민국 KOREA 2020

봉오동 전투 전승 100주년 380 KOREA POST

■ **수집일:** 2020년 ○○월 ○○일
■ **수집처:** △△ 우체국

이 우표는 만주에서 있었던 봉오동 전투 승리 100주년을 기념하기 위해 우정 사업 본부에서 발행한 것이다. 학교에서 홍범도 장군에 대해 인상 깊게 배운 적이 있는데, 그분이 이끈 <u>부대</u>가 참여했던 전투이기 때문에 더욱 관심이 갔다.

① 한국 광복군

② 조선 의용대

③ 조선 혁명군

④ 대한 독립군

기출 태그 #대한 독립군 #홍범도 #봉오동 전투

해설
④ 홍범도의 대한 독립군은 대한 국민회군, 군무도독부 등의 독립군과 연합하여 봉오동 전투에서 일본군을 상대로 큰 승리를 거두었다(1920).

09 (가)에 들어갈 내용으로 옳은 것은?　　　[2점]

- **호** 우사
- **생몰** 1881년~1950년
- **직업** 정치인, 학자, 독립 운동가
- **활동** 신한 청년단 대표로 파리 강화 회의 파견

(가)

① 남북 협상 참석
② 단독 정부 수립 주장
③ 조선 혁명 선언 작성
④ 종로 경찰서 폭탄 투척

해설

① 미·소 공동 위원회가 결렬되자 미국은 유엔 총회에 한반도 문제를 상정하였다. 그러나 유엔 총회에서 결의한 전체 한반도 내 선거가 무산되자 유엔 소총회에서 가능한 지역에서만 선거를 실시하라는 결정이 내려졌다. 이에 남북 분단을 우려한 김규식은 김구와 함께 평양에서 김일성을 만나 남북 협상을 개최하였으나 큰 성과를 거두지는 못하였다(1948).

---

10 밑줄 그은 '전쟁'에 대한 설명으로 옳은 것은?
　　　[1점]

1950년에 일어난 전쟁 때 폭탄을 맞아 생겨난 흔적이란다. 이 전쟁으로 많은 이산가족이 아픔을 겪고 있지.

경의선 장단역 증기 기관차

이 기관차에는 왜 구멍이 많은 거예요?

① 인천 상륙 작전을 전개하였다.
② 쌍성보에서 한·중 연합 작전을 펼쳤다.
③ 미·소 공동 위원회를 개최하였다.
④ 김원봉이 의열단을 조직하였다.

해설

경의선 장단역 증기 기관차는 6·25 전쟁 당시 연합군 군수 물자 수송을 위해 개성역에서 황해도 한포역까지 올라갔다 전세가 악화되어 남쪽으로 내려오던 중 경의선 장단역에서 피폭되어 탈선하면서 멈춰선 증기 기관차이다. 검붉게 녹슬고 부식된 채로 반세기 넘게 비무장 지대 안에 방치되어 있었는데, 문화재청은 이를 남북 분단의 뼈아픈 역사적 상징물로 보호·관리하기 위해 국가 등록 문화재 제78호로 등록하였다.

② 북한의 불법 남침으로 인해 시작된 6·25 전쟁으로 낙동강 방어선까지 밀렸던 국군은 유엔군의 파병과 인천 상륙 작전 성공으로 서울을 수복하고 압록강까지 진격하였다.

01 (가) 나라에 대한 설명으로 옳은 것을 〈보기〉에서 고른 것은? [2점]

> 아들을 거쳐 손자 우거 때 이르러서는 …… 주변의 여러 나라들이 글을 올려 천자를 알현하고자 하였으나, 또한 가로막고 통하지 못하게 하였다. …… 좌장군이 두 군대를 합하여 맹렬히 (가) 을/를 공격하였다. 상 노인, 상 한음, 니계상 참, 장군 왕협 등이 서로 항복을 모의하였다. …… 우거왕이 항복하려 하지 않았다. 한음, 왕협, 노인이 모두 도망하여 한에 항복하였는데, 노인은 도중에 죽었다.
>
> – 『사기』 –

● 보기 ●

ㄱ. 22담로에 왕족을 파견하였다.
ㄴ. 빈민을 구제하기 위해 진대법을 실시하였다.
ㄷ. 진번과 임둔을 복속시켜 세력을 확장하였다.
ㄹ. 살인, 절도 등의 죄를 다스리는 범금 8조가 있었다.

① ㄱ, ㄴ
② ㄱ, ㄷ
③ ㄴ, ㄷ
④ ㄴ, ㄹ
⑤ ㄷ, ㄹ

02 (가) 나라에 대한 설명으로 옳은 것은? [2점]

> 문화재청이 김해 대성동과 양동리 고분에서 출토된 목걸이 3점에 대해 보물 지정을 예고했습니다. 이 유물은 김수로왕이 건국했다고 전해지는 (가) 의 수준 높은 공예 기술을 보여줍니다. 또한 출토지가 명확하고 보존 상태가 온전하여 학술 및 예술적 가치가 높은 것으로 평가됩니다.

대성동과 양동리 출토 목걸이, 보물로 지정 예고

① 골품에 따라 관등 승진에 제한이 있었다.
② 만장일치제로 운영된 화백 회의가 있었다.
③ 철이 많이 생산되어 낙랑과 왜 등에 수출하였다.
④ 박, 석, 김의 3성이 교대로 왕위를 계승하였다.
⑤ 여러 가(加)들이 별도로 사출도를 주관하였다.

기출 태그 #고조선 우거왕 #한무제의 침공 #왕검성 함락 #위만의 부족 통합 #범금 8조

해설

위만의 손자인 우거왕 때 한의 무제가 고조선을 침공하여 항전하였으나 결국 왕검성이 함락되고 고조선이 멸망하였다.
ㄷ. 위만은 고조선의 확산된 철기 문화를 바탕으로 진번, 임둔 등 주위 부족을 통합하여 세력을 크게 확장하였다.
ㄹ. 고조선은 사회 질서를 유지하기 위해 8개의 조항으로 이루어진 범금 8조를 만들었으나 현재는 3개의 조항만 전해진다.

기출 태그 #금관가야 #김해 대성동 고분군, 양동리 고분군 #철 생산·수출

해설

김해 대성동 고분군과 양동리 고분군에서 '김해 대성동 76호분 출토 목걸이', '김해 양동리 270호분 출토 수정 목걸이', '김해 양동리 322호분 출토 목걸이', 총 3점이 보물 제2081~2083호로 지정되었다. 이는 금관가야를 대표하는 장신구로서 개별 유적에서 일괄로 출토되었고, 금관가야 유적에서 출토된 목걸이 중 가장 많은 수량이라는 점에서 학술적 보존 가치가 높다.
③ 김수로왕이 건국한 금관가야는 철이 풍부하게 생산되어 낙랑과 왜에 수출하였다.

🔒 09 ① 10 ② / 01 ⑤ 02 ③

03 다음 장면에서 등장하는 왕에 대한 설명으로 옳은 것은? [1점]

내 몸은 비록 궁궐에 있지만 마음은 언제나 백성에게 있노라. 지방 수령들의 눈과 귀를 빌어 백성의 기대에 부합하고자 한다. 이에 우서(虞書)의 12목 제도를 본받아 시행할 터이니, 주나라가 8백년간 지속되었듯이 우리의 국운도 길이 이어질 것이다.

① 천수라는 독자적인 연호를 사용하였다.
② 관학을 진흥하고자 양현고를 설치하였다.
③ 독서삼품과를 실시하여 관리를 채용하였다.
④ 최승로의 시무 28조를 받아들여 통치 체제를 정비하였다.
⑤ 쌍성총관부를 공격하여 철령 이북을 수복하였다.

기출태그 #고려 성종 #최승로 #시무 28조 #향리제 실시 #전국 12목 설치

해설
④ 고려 성종은 최승로의 시무 28조를 받아들여 통치 체제를 정비하였다. 지방관을 파견하고 향리제를 마련하여 지방 세력을 견제하였으며, 전국 주요 지역에는 12목을 설치하고 목사를 파견하였다.

04 다음 사진전에 전시될 사진으로 적절하지 않은 것은? [2점]

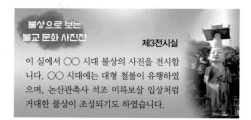

불상으로 보는 불교 문화 사진전   제3전시실

이 실에서 ○○ 시대 불상의 사진을 전시합니다. ○○ 시대에는 대형 철불이 유행하였으며, 논산관촉사 석조 미륵보살 입상처럼 거대한 불상이 조성되기도 하였습니다.

①  ②

③  ④

⑤

기출태그 #고려 시대 불상 #관촉사 석조 미륵보살 입상 #대형 철불

해설
충남 논산시 관촉사에 있는 논산 관촉사 석조 미륵보살 입상은 국보 제323호로 지정되어 있으며, 대형 철불이 유행하였던 고려 시대 최대 규모의 불상이다.
② 경주 석굴암 본존불 - 통일 신라

05 (가)~(마)에 대한 탐구 활동으로 적절하지 않은 것은? [3점]

답사 계획서

- **주제**: 조선 왕의 자취를 찾아 길을 걷다
- **기간**: 2020년 10월 ○○일~○○일
- **답사 지역 및 일정**

1일차 경복궁 → 종묘

(가) 경복궁
(나) 종묘

2일차 남한산성 → 수원 화성

(다) 남한산성
(라) 수원 화성

3일차 영릉 → 신륵사

(마) 영릉(英陵)
신륵사

① (가) – 조선 건국 이후 한양으로 천도한 과정을 조사한다.
② (나) – 국왕이 신농, 후직에게 풍년을 기원하던 의례를 검색한다.
③ (다) – 인조가 피신하여 청과 항전을 벌인 과정을 살펴본다.
④ (라) – 장용영 외영의 창설 배경을 알아본다.
⑤ (마) – 훈민정음을 창제한 목적을 파악한다.

해설
② 조선 시대에는 선농단에서 농사짓는 법을 가르쳤다고 일컬어지는 고대 중국 제왕 신농씨(神農氏)와 후직씨(后稷氏)를 주신으로 풍년을 기원하는 제사를 지냈다.

---

06 (가)~(다)를 일어난 순서대로 옳게 나열한 것은? [3점]

(가) 한영규가 아뢰기를, "서양의 간특한 설이 윤리와 강상을 없애고 어지럽히니 어찌 진산의 권상연, 윤지충 같은 자가 또 있겠습니까? 제사를 폐하고 위패를 불태웠으며, 조문을 거절하고 그 부모의 시신을 내버렸으니 그 죄가 매우 큽니다."라고 하였다.

(나) 사헌부에서 아뢰기를, "아! 통분스럽습니다. 이가환, 이승훈, 정약용의 죄가 무거우니 이를 어찌 다 처벌할 수 있겠습니까? 사학(邪學)이란 것은 반드시 나라에 흉악한 화를 가져오고야 말 것입니다."라고 하였다.

(다) 의금부에서, "죄인 남종삼은 명백한 근거도 없이, 러시아에 변란이 있을 것이고 프랑스와 조약을 맺을 계책이 있다면서 사람들을 현혹하였습니다. 감히 나라를 팔아먹고자 몰래 외적을 끌어들이려 하였으니, 그 죄는 만 번을 죽여도 모자랍니다. 죄인이 자백하였습니다."라고 아뢰었다.

① (가) – (나) – (다)
② (가) – (다) – (나)
③ (나) – (가) – (다)
④ (나) – (다) – (가)
⑤ (다) – (나) – (가)

해설
(가) 신해박해(1791): 정조 때 진산의 윤지충은 모친의 신주를 모시는 대신 천주교 의식으로 상을 치렀으며 권상연이 이를 옹호하자 모두 사형에 처해졌다.
(나) 신유박해(1801): 순조 때 정순 왕후의 수렴청정이 시작되자 노론 벽파가 정권을 장악하였고 남인 시파에 대한 탄압이 심화되었다. 이때 이승훈, 이가환, 주문모, 정약종 등 300여 명의 천주교 신자들이 처형되고 정약전, 정약용 등이 유배를 가는 등 천주교 전파에 앞장섰던 실학자들과 많은 천주교 신자들이 피해를 입었다.
(다) 병인박해(1866): 조선 후기의 천주교인 남종삼은 천주교를 통해 프랑스와 조약을 체결하고 러시아의 남하 정책을 견제하는 방책을 흥선 대원군에게 건의하여 추진하였다. 그러나 국내외에서 천주교에 대한 반발이 생겨나고 선교사와 연락 문제가 생기자 남종삼은 참수를 당하고 8년간의 박해가 진행되었다.

07 다음 자료의 상황이 나타난 시기에 볼 수 있는 모습으로 적절하지 않은 것은? [1점]

> 김상철이 말하기를, "도성 백성들의 생계는 점포를 벌여 놓고 사고파는 데 달려 있습니다. 그런데 근래 기강이 엄하지 않아서 어물과 약재 등 온갖 물건의 이익을 중간에서 독점하는 도고(都庫)의 폐단이 한둘이 아닙니다. 대조(大朝)께서 여러 차례 엄하게 다스렸으나, 점차 해이해져 많은 물건의 가격이 폭등한 것은 오로지 이 때문이라고 합니다. 평시서(平市署) 등에서 적발하여 강하게 다스렸다면 어찌 이런 일이 있었겠습니까?"라고 하였다.

① 청요직 통청을 요구하는 서얼
② 한글 소설을 읽고 있는 부녀자
③ 동국문헌비고를 열람하는 관리
④ 염포의 왜관에서 교역하는 상인
⑤ 장시에서 판소리를 구경하는 농민

기출 태그 #조선 후기 경제 #사상, 송상, 만상 #도고의 폐단
#평시서 #계해약조

해설

조선 후기에는 생산력 증대와 유통 경제의 발달로 상업이 발전하면서 사상(私商)이 성장하여 개성, 의주, 평양 등의 지역에서 송상, 만상 등이 무역으로 부를 축적하였다. 또한, 상품의 매점이나 독점을 통해 가격을 조작하고 이익을 취하는 도고가 등장하기도 하였다.
④ 조선 전기인 세종 때 대마도주의 요구를 받아들여 부산포, 제포, 염포의 삼포를 개방하였고, 이후 제한된 범위 내에서 무역을 허락하는 계해약조를 체결하였다.

08 다음 상황이 전개된 배경으로 옳은 것은? [2점]

> 백동화를 제일 은행권으로 바꾸려고 교환소에 갔더니, 터무니없이 낮게 평가해 바꿔 주더군.

> 백동화는 곧 사용할 수 없을 테니 손해를 보더라도 교환할 수밖에 없지 않겠나.

① 금속류 회수령이 공포되었다.
② 국채 보상 운동이 전개되었다.
③ 산미 증식 계획이 실시되었다.
④ 조선 물산 장려회가 조직되었다.
⑤ 재정 고문으로 메가타가 임명되었다.

기출 태그 #제1차 한일 협약 #대한 제국에 대한 내정 간섭
#화폐 정리 사업 #백동화

해설

⑤ 제1차 한일 협약(1904)을 통해 스티븐스가 외교 고문, 메가타가 재정 고문으로 임명되어 대한 제국의 내정에 간섭하였다. 재정 고문 메가타는 대한 제국의 경제권을 장악하기 위해 탁지부를 중심으로 화폐 정리 사업을 시작하여 백동화를 갑·을·병종으로 구분하고 제일 은행권으로 교환하였다(1905).

09 (가)에 들어갈 내용으로 옳은 것은?　　　[1점]

① 저항시 그날이 오면을 발표하였습니다.

② 근대극 형식을 도입한 토월회를 조직하였습니다.

③ 단성사에서 개봉된 영화 아리랑을 제작하였습니다.

④ 고대사 연구를 바탕으로 조선상고사를 저술하였습니다.

⑤ 일제 강점기 농촌 현실을 묘사한 소설 고향을 연재하였습니다.

해설

① 일제 강점기의 저항 시인이자 소설가 심훈은 3·1 운동에 가담하여 퇴학당한 뒤 중국으로 망명하였다가 귀국하여 소설 집필 활동에 몰두하였다. 1930년 민족의식을 담은 저항시 「그날이 오면」을 발표하였으며, 1935년에는 브나로드 운동을 소재로 하여 농촌 사업의 휴머니즘과 저항 의식을 고취시키는 장편 소설 『상록수』를 동아일보에 연재하였다.

---

10 (가) 민주화 운동에 대한 설명으로 옳은 것은?

　　　[2점]

① 한일 국교 정상화에 반대하여 일어났다.

② 호헌 철폐와 독재 타도 등의 구호를 내세웠다.

③ 대학 교수단이 대통령 퇴진을 요구하며 시위 행진을 벌였다.

④ 3·1 민주 구국 선언을 통해 긴급 조치 철폐 등을 요구하였다.

⑤ 5년 단임의 대통령 직선제 개헌이 이루어지는 계기가 되었다.

해설

③ 이승만의 장기 집권과 자유당 정권의 3·15 부정 선거에 저항하여 4·19 혁명이 발발하였고, 대학 교수단이 대통령의 하야를 요구하는 행진을 전개하는 등 시위가 전국적으로 확산되었다(1960). 결국 이승만 대통령이 하야하고 내각 책임제를 기본으로 하는 허정 과도 정부가 구성되었다.

직업기초능력, 다시 보는 키워드
근면과 정직이란?

이번 호는 직업윤리의 하위 영역인 [근로윤리]에서 가장 중요한 윤리덕목인 '근면'과 '정직'에 대한 내용을 살펴보도록 하겠습니다. 직업윤리에서의 근면과 정직은 직장인으로서 직장에서 업무를 수행하는 가운데 필요한 덕목을 의미합니다. 우리가 이미 잘 알고 있는 본래의 의미와 크게 다르지 않지만 그 의미를 적용하는 환경이나 상황은 직장이라는 특수한 상황, 직업인이라는 특수한 입장을 고려한 것이라고 생각하면 됩니다.

NCS 직업윤리 매뉴얼에는 직장인의 근면과 정직에 대해 몇 가지 예시를 열거하고 있습니다. 이 내용은 실제 여러 문제에서 상황형 문제로 응용되어 나오기 때문에 암기까지는 아니더라도 문맥상 이해와 개략적인 숙지는 필요합니다. 근면과 정직에 대한 내용을 정리하면 다음과 같습니다.

먼저 근면과 관련된 내용입니다.

❶ 출퇴근 시간을 엄수한다.
❷ 업무 시간에는 개인적인 일을 하지 않는다.
❸ 일이 남았으면 퇴근 후에도 일을 한다.
❹ 항상 일을 배우는 자세로 임하여 열심히 한다.
❺ 술자리를 적당히 절제하여 다음 생활에 지장이 없도록 한다.
❻ 일에 지장이 없도록 건강관리를 유의한다.
❼ 오늘 할 일을 내일로 미루지 않는다.

❽ 주어진 시간 내에 최선을 다한다.
❾ 사무실 내의 메신저 등을 통해 사적인 대화를 나누지 않는다.
❿ 회사에서 정해진 시간(점심시간 등)을 지킨다.

다음은 정직과 관련된 내용입니다

❶ 사적인 용건일 경우 회사 전화를 쓰지 않는다.
❷ 장기적으로 생각했을 때 나에게 이익이 되는 일보다 옳은 일을 한다.
❸ 업무시간에 거짓말을 하고 개인적인 용무를 보지 않는다.
❹ 비록 실수를 했더라도 정직하게 밝히고 그에 상응하는 대가를 치른다.
❺ 부정직에 타협하지 않고 눈감아 주지 않는다.
❻ 부정한 관행을 인정하기보다 고치도록 노력한다.
❼ 직장 외에서도 음주운전, 교통위반 등을 하지 않는다.
❽ 매출 실적을 올리기 위해 남들에게 커미션을 주지 않는다.
❾ 나의 입장과 처지를 보호하기 위한 거짓말을 하지 않는다.
❿ 남들이 하는 부정직한 관행을 따르지 않는다.

NCS는 기본적으로 K(Knowledge), S(Skill), A(Attitude), 즉 지식과 기술과 태도로 구분됩니다. 직업윤리는 그 영역의 특성상 지식과 기술보다는 대부분 태도에 대한 내용이 많기 때문에 직업윤리에서 상황형 문제가 나오는 경우 대부분 윤리덕목의 개념을 묻거나 그 개념에 따르는 적절한 행동을 묻는 문제가 더 많습니다. 이 점을 고려하여 기출문제를 풀면 도움이 될 것입니다. 지금까지 살펴본 내용을 바탕으로 직업윤리의 근면과 정직에 관련된 몇 가지 예시문제를 살펴보겠습니다.

예시 1

아래 사례가 전달하고자 하는 핵심 메시지는 무엇인가?

> 항공기 제작회사인 더글러스와 보잉사는 최초의 대형 제트 여객기를 이스턴 항공사에 팔기 위해 경합을 벌이고 있었다. 이스턴 항공사의 사장인 레켄배커 사장은 더글러스 사장에게 편지를 써서 더글러스사가 보잉사보다 더 우수한 소음 방지 장치를 달아 주겠다는 약속을 할 수 있는지 마지막으로 물어보았다. 이에 더글러스 사장은 다음과 같은 편지를 보냈다.
>
> To : 이스턴 항공사의 레켄배커氏
> 우리 회사의 기술자들에게 조회해 본 결과, 소음 방지장치에 대한 약속은 할 수 없음을 알려드립니다.
>
> 그러자 레켄배커는 다음과 같은 내용의 답신을 보냈다.
>
> To : 더글러스사의 도날드 더글러스氏
> 나는 당신이 그 약속을 할 수 없다는 것을 알고 있었습니다. 나는 당신에 대해 더 알고 싶었을 뿐입니다. 이제 1억 3,500만달러 상당의 항공기를 주문하겠습니다. 마음 놓고 소음을 최대한 줄여 보도록 노력해 주십시오.

① 객관적 태도
② 정직한 태도
③ 비판적 태도
④ 창의적 태도

이번 문제는 직업윤리 중 중요한 요소인 정직의 의미에 대해 묻는 문제입니다. 제시된 사례는 정직의 중요성을 전달하기 위한 예시입니다. 따라서 정답은 ②번입니다.

예시 2

아래 자료는 근면에 대한 설명이다. 다음 중 나머지 보기와 종류가 다른 하나는 무엇인가?

> 근면에는 두 종류가 있다. 첫째는 외부로부터 강요당한 근면이요, 둘째는 스스로 자진해서 하는 근면이다. 이전에 가난했을 때 논밭이나 작업장에서 오랜 시간 동안 열악한 노동 조건하에서 기계적으로 일을 하던 것은 삶을 유지하기 위해 필요에 의해서 강요된 근면이었다. 그렇지 않으면 생계를 유지할 수 없었기 때문이다.

① A씨는 해외영업의 달인이 되기 위해 최근 새벽에 일어나 영어공부를 하고 있다.
② 실적이 수입과 직결되는 세일즈맨인 B씨는 주말인 오늘도 최고 세일즈맨의 영광을 위해 일하고 있다.
③ C씨는 연말 인센티브를 받기 위해 본인의 영업실적을 열심히 올리고 있다.
④ D씨는 자신의 실수로 업무가 지연이 되어 마감준수를 위해 야근을 자처하게 되었다.

이번 문제는 근면의 두 가지 종류에 관한 문제입니다. 근면에는 두 가지 종류가 있는데 내부에서 우러나오는 '자발적인 근면'과 외부의 환경이나 니즈에 의해 어쩔 수 없이 해야만 하는 환경에서의 '강요된 근면'이 있습니다. 보기를 살펴보면 ① · ② · ③번은 자발적 근면에 해당하고 ④번은 강요에 의한 근면에 해당합니다. ④번에 '자진해서'라는 말이 있기는 하지만 현실적인 상황을 고려해 볼 때 그 이유가 자신의 업무지연으로 인해 어쩔 수 없이 해야만 하는 일을 수행한다는 측면이 강합니다. 따라서 종류가 다른 근면은 ④번이 됩니다.

직장인이 직무수행을 함에 있어 공정함을 위해 취해야 할 생각이나 태도와 가장 거리가 먼 내용을 고르시오.

① 부패나 관행은 특정 부서나 특정 사람에게서 발생한다는 사실을 먼저 인식해야 한다.
② 자신의 주변에 부패가 우려되는 상황을 발견한다면 원칙에 의거하여 시정하여야 한다.
③ 직무를 수행함에 있어 공적인 관계로 대할 때에는 과거의 개인적인 관계에 영향을 받지 않도록 한다.
④ 업무효율성이라는 이유로 편법이나 원칙에 위배되는 일을 하는 것을 피한다.

이번 문제는 직업인으로서 공정성을 위해 행동하는 태도나 자세에 대해 묻고 있습니다. 여기서 ②~④번은 모두 공정함을 갖추기 위해 당연히 해야 할 행동수칙이 됩니다. 하지만 ①번의 경우 부패나 관행은 누구에게나, 어느 부서에서나 발생할 수 있기 때문에 조직의 구성원 모두가 경계하고 유의해야 합니다. 따라서 가장 거리가 먼 예시는 ①번입니다.

아래 자료는 음주운전과 보험금 인상의 악순환을 보여주고 있는 그림이다. 이에 대한 상황을 보고 가장 적절한 의견을 말한 사람은 누구인가?

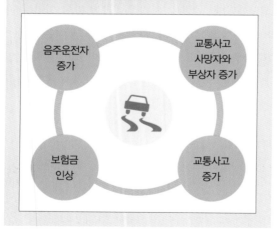

① 막대한 사회적 비용을 부담하는 기업은 결국 자사의 이익을 위해 보험적용의 범위를 확대할 수밖에 없다.
② 자신의 이득을 취하기 위해서는 공적인 이익과 부합이 되어야만 한다.
③ 한 사람의 근면성이 사회 전체에 파급을 주기 위해서는 최소한의 시간이 필요하다.
④ 개인적인 부패는 사회 전체에 엄청난 사회적 비용을 지불하게 만들 원인이 될 것이다.

이번 문제는 정직과 사회적 손실의 관계를 묻는 문제입니다. 여기서 그림이 전달하는 가장 중요한 핵심은 '나 하나쯤이야 하는 개인의 부정직은 부패가 되고 이것이 사회에 만연하게 되면 결국 사회 시스템 전체가 엄청난 사회적 비용을 지불하게 될 것이다'라는 것입니다. 즉, 개인윤리로서의 정직을 사회적 윤리로서의 영향과 가치에 대하여 설명하고 있습니다. 이와 같은 관점에서 가장 근접한 내용은 ④번이 됩니다.

지금까지 직업윤리의 대표적 윤리덕목인 근면과 정직에 대한 다양한 형태의 예시문제를 살펴보았습니다. 직업윤리의 내용은 일반적이고 상식적인 내용이기 때문에 NCS 직업윤리 매뉴얼의 내용 자체를 습득하는 것은 큰 어려움이 없을 것으로 생각합니다. 또한 정직과 근면이 어려운 개념은 아니지만 실제로 그 개념의 의미 자체를 묻는 문제보다 일정한 사례나 상황을 주고 어떤 행동을 해야 하는지를 묻는 유형의 문제가 많이 나오고 있으므로 미리 예시문제를 풀어보는 것이 좋습니다. 더불어 기업의 사회적 책임, 기업가 정신 등 단순히 개인적인 윤리 측면이 아니라 조직 관점에서의 사례나 예시를 평소에 접하면 더욱 도움이 될 것입니다.

❶ 아래 자료의 내용과 관련하여 가장 거리가 먼 것은 무엇인가?

> 싱가포르가 멕시코 수준으로 부패가 만연할 경우 세율이 자그마치 20%가 높아진다고 한다. 이는 엄청난 세금이 부패구조로 인해 낭비되고 있음을 나타낸다. 기업 역시 조직구성원이 부패하면 엄청난 비용의 증가와 손실이 발생한다. 가정과 개인도 마찬가지로 깨끗하지 못하고 부도덕한 행위가 많으면 써야 할 돈이 많아지게 된다.

① 정직하지 않으면 결국 사회적 손실을 초래한다.
② 부패란 사적 이익을 공적 이익으로 전환하는 것을 의미한다.
③ 부패는 당사자들만의 문제로 국한되지 않는다.
④ 정직은 단순히 개인 차원의 윤리적 규범이 아니다.
⑤ 부패는 모두에게 사회적 비용을 지불하게 만든다.

영역	직업윤리	정직과 부패, 사회의 영향
정답		②
해설		이번 문제는 정직과 부패와 관련된 내용입니다. 정직과 부패가 사회에 미치는 영향이 무엇일지 생각해 보면 상식적인 측면에서 ②번을 제외한 다른 보기의 내용은 타당한 내용입니다. 부패란 수행할 업무를 공적인 목적의 기준으로 판단하지 않고 사적인 이익을 결부시켜 판단하고 실행하는 것입니다. 따라서 정답은 ②번이 됩니다.

❷ 직업인에게 요구되는 가장 중요한 태도 중 두 가지는 근면과 정직이다. 다음 자료에서 근면에 해당하는 것을 모두 고르시오.

> ① 나쁜 관행을 인정하지 않고 개선한다.
> ② 출근시간을 엄수한다.
> ③ 항상 배우는 자세로 업무에 임한다.
> ④ 주어진 시간에 최선을 다한다.
> ⑤ 나를 합리화하는 변명을 하지 않는다.
> ⑥ 사내에서는 사적인 대화를 지양한다.
> ⑦ 실수에 대하여 상응하는 대가를 치른다.
> ⑧ 이익이 되는 일보다 옳은 일을 선택한다.

① [2], [3], [4], [6]
② [1], [4], [5], [7]
③ [2], [3], [6], [8]
④ [1], [4], [6], [8]

영역	직업윤리	근면과 정직의 태도
정답		①
해설		이번 문제는 근면과 정직의 태도에 대해 묻는 문제입니다. 자료의 내용을 정리하면 근면에 해당하는 경우는 [2], [3], [4], [6]이고, 정직에 해당하는 경우는 [1], [5], [7], [8]입니다. 따라서 정답은 ①번이 됩니다.

필자 소개

안쌤(안성수)
채용컨설팅 및 취업 관련 콘텐츠/과제 개발
NCS 채용 컨설팅, NCS 퍼실리테이터
취업·채용 관련 강의, 코칭, 경력 및 직업상담
공공기업 외부면접관/면접관 교육 등
취업/채용 관련 칼럼니스트, 자유기고가
저서 〈NCS와 창의적 사고기법으로 접근하기〉 外

지원 분야 기여 방안은
경험이 핵심이다

기업의 성장에 기여할 수 있는 방안은 지원 기업의 상황과 자신의 경험을 조합해 구성합니다. 업무 수행 계획은 직무 상세를 보며 방향을 잡을 수 있지만 기업 현황을 간과하면 일반적인 내용만 기술하기 쉽습니다. 그러나 일반적인 내용으로는 지원자의 특색을 표현하기가 쉽지 않고 기여 방안에 대한 신뢰를 부여하는 것도 어렵습니다. 읽는 이가 수긍할 대상은 현재 기업에서 진행하고 있거나 직면하고 있는 문제 상황입니다. 지원 기업의 정보를 확인한 후 기여 방안의 현실성을 고려해 내용을 기술해야 합니다.

본인의 경험은 근거로 활용합니다. 이미 타 항목에서 해당 경험을 소개했다면 기여 방안과 어울리는 요소만 간추려 간략하게 언급할 수도 있습니다. 경험이 많아 최초로 소개하는 내용이 많을 때는 과도함을 경계해야 합니다. 지나치게 경험을 나열할 경우 집중도가 낮아져 기여 방안이 모호해집니다. 직무에 대한 이해도를 보여주며 기업이 마주한 현실을 짚어내고 문제를 해결하는 데 자신의 경험을 근거로 활용하는 것이 기여 방안을 요구하는 항목을 다루는 핵심입니다. 사례를 통해 기업 유형별 대응 요령을 살펴보겠습니다.

성장 지속형 기업

기업의 성장세가 뚜렷한 상황에서는 추가 성장에 초점을 맞춰 기여 방안을 구성합니다. 유사 업종의 사례를 참고하고 경쟁사의 전략도 고려합니다. 지원 기업에서 시도하지 않았던 방안이어야 하며 근거를 제시할 수 있어야 합니다. 이러한 내용을 지원 분야에 연결해야 하므로 직무에 대한 이해도가 필요합니다.

업종마다 특징이 달라 특별한 방안을 선택하기 어려운 경우가 있습니다. 그런 경우에는 성장 지속형 기업의 과제를 토대로 기여 방안을 선택하고 자신의 경험에서 연결성이 있는 요소를 선별합니다.

사례

유가 변동성에 대비해 2018년부터 오로지정유가 개발해 온 부동산 사업이 올해 350% 이상 성장하며 유망한 매출원으로 자리매김했습니다. 코로나19로 유가 방향은 예측이 쉽지 않지만 오로지정유의 신사업이 변동성을 보완하며 창사 이래 분기 최대 수익을 거두는 데 일조했습니다.

입사 후 부동산 사업을 개발하는 데 관련 경험을 활용하며 오로지정유의 매출 확대에 기여할 계획입니다. 공인중개사 자격을 취득하며 부동산에 대한 지식을 쌓았고 창업 동아리에서 지역 경제 활성화 프로젝트로 상권을 분석하며 시야도 넓혔습니다. 오로지정유가 2020년에 도심에서 시작한 창고 대여업은 상권과 물류 환경의 확보가 사업의 성공을 위해 중요합니다. 상권 분석 경험과 부동산 지식을 활용해 오로지정유의 부동산 사업이 지속 성장할 수 있도록 최선을 다하겠습니다.

정유사의 신사업 부문에 지원하며 부동산을 연결 고리로 사용했습니다. 공인중개사 자격이 직접적인 효과를 발휘할 수는 없겠지만 관련 분야에 대한 관심과 기본 지식을 나타내는 데 효과적입니다. 또 창업동아리 활동으로 상권을 분석했던 경험을 근거로 제시하며 부동산 사업과 어울리는 요소를 강조했습니다. 또한 서두에 언급한 유가 변동은 시장에 대한 이해를 보여주는 기본 내용이고 2018년부터 시행한 신사업 내용 기재는 지원자의 기업에 대한 관심을 의미합니다. 이처럼 지원 부문과 경험의 접점을 찾는 것이 가장 중요합니다.

위기 대응형 기업

풀어야 할 과제가 명확한 기업은 수위 조절에만 유의하면 기여 방안을 설정하기가 한결 수월합니다. 관련 경험을 근거로 제시할 경우 유사한 위기 상황을 극복했거나 완화하는 데 일조했던 내용을 기술하는 것이 효과적입니다. 이를 통해 자신의 역량을 간접적으로 드러낼 수 있습니다.

기여 방안을 작성할 때 중요하게 고려해야 할 것은 기업의 민감한 부분을 소재로 사용하지 않는 것입니다. 지원자가 단번에 기업의 문제를 해결할 수 없는 게 현실이므로 위기를 둘러싼 부수 요소를 기여 대상으로 선정하는 것이 적절합니다.

사례

건강식품 시장이 활황을 이어가자 관련 사업을 영위하는 기업이 급격히 증가했습니다. 이로 인해 품질에 대한 고객의 요구는 더욱 높아졌고 제품 가격은 할인 정책의 남발로 낮아지고 있는 상황입니다. 오로지건강은 비타민과 종합영양제 카테고리에 안구, 피부, 모발 제품을 추가하며 시장영역을 확대했습니다. 올해는 홍보비용 증가로 이익이 다소 줄었지만 공급망과 영업망을 조율하며 반등을 이뤄내고자 노력을 기울이고 있습니다.

마케팅 수업에서 제품 카테고리 확대 기업의 성장 사례를 주제로 선택해 다각적으로 분석한 경험이 있습니다. 이 과정을 통해 비용이 중복해 발생하는 영역을 최소화하고 각 카테고리를 전담하는 부서 간 소통을 강화해야 성장이 가능함을 알 수 있었습니다. 해외 사례도 분석하며 문화의 차이를 극복하는 방식도 확인했습니다. 이러한 경험을 토대로 오로지건강의 마케팅 부문에서 제품 카테고리를 효율적으로 다룰 수 있는 방안을 탐구하고 다양한 사례로 관련 부서와 깊이 있게 소통하며 이익 신장을 이뤄내겠습니다.

기업이 무리한 사업 확장으로 위기를 겪는 경우는 빈번합니다. 오로지건강도 그와 같은 상황에 해당합니다. 하지만 이를 지적하는 것은 곤란하므로 부수적인 요소인 홍보비용 증가를 문제로 설정했습니다.

마케팅 사례를 분석한 경험은 지원 기업의 문제 상황을 해결하는 데 유효합니다. 또한 문화 다양성 이해와 소통 능력은 지원자의 역량에 해당합니다. 기업이 직면한 위기를 강조하는 것은 읽는 이가 식상함을 느낄 수 있으므로 지원 직무로 영역을 축소해 해결 방안을 기술하는 전략으로 접근해야 합니다.

공기업

공기업의 경우 기업의 방향은 뚜렷하나 기여 방안은 기업의 역할에 제약을 받습니다. 공기업의 목적을 이해한 후 자신의 경험을 덧붙여 기여 방안을 기술해야 합니다. 제약 사항을 고려하면 특별한 경험보다는 일반 소양을 드러내는 경험이 조직 환경에 더욱 적합합니다. 기술 분야는 전공 관련 경험을 기술하며 기여 방안을 구체화하고 일반 분야는 관련 경험으로 접점을 만들며 문제 해결에 기여할 수 있는 역량을 소개합니다.

오로지시정연구원은 2021년에 조직 개편과 예산 확충으로 시정 연구 분야를 확대했습니다. 과년 대비 인건비, 연구사업비, 연구관리비는 평균 40% 이상 증가했습니다. 오로지시정연구원의 연구 확대를 위해 세밀한 관리가 필요한 상황입니다.

회계팀에서 1년간 인턴으로 근무하며 각종 비용 관리와 예산 편성 업무를 지원했습니다. 경영 방침과 목표에 맞춰 회계 업무를 수행하면서 비용 절감에 기여할 수 있었습니다. 오로지시정연구원에서 이러한 경험을 바탕으로 효율적인 비용 관리를 지원하고 부서 간 소통에 앞장서며 미래에 대비하는 예산 수립을 이뤄낼 계획입니다. 연구 현황을 파악해 지출 규모를 예상하고 그에 부합하는 관리로 10개 주요 과제에서 연구 성과를 높이는 데 기여하겠습니다.

지원 기업의 경영 환경 변화를 소재로 선정했고 회계 직무에서 기여할 수 있는 방안으로 비용 절감을 선택했습니다. 규모 확대는 비용 증가를 의미합니다. 인턴으로 근무하며 비용 절감에 일조했던 사항을 간략하게 언급하며 기여 방안의 실행 가능성을 뒷받침했습니다. 연구원의 목적은 연구 성과를 높여 시정 활동에 이바지하는 것입니다. 비용 절감과 효율적인 관리는 연구 성과 향상으로 이어질 수 있으므로 목적에도 부합합니다.

실제 사례 탐구(한국조폐공사)

KOMSCO

Q. 우리 공사의 기본역량인 정도와 책임, 소통과 협력, 열정과 도전과 관련하여 한 가지를 선택해 본인의 역량과 관련하여 기술해 주십시오. [500자]

본인의 경험이 한국조폐공사가 요구하는 역량과 밀접한 속성을 띠도록 적절한 어휘를 사용해 강조합니다. 역량 관련 어휘를 문장 내 배치하여 읽는 이에게 선택 사항을 알리고 해당 역량뿐만 아니라 경험이 포괄하고 있는 다면성을 드러내는 데 주의를 기울이며 내용을 구성합니다.

열정과 도전 역량을 다루는 경험에는 소통, 책임 등의 요소가 들어갈 수 있습니다. 선택 역량을 중심으로 설정하고 부수적으로 조직 활동에 적합한 소양을 소개하는 전략이 유용합니다.

[다이어리 편딩에 도전해 모금액 800%를 달성하다]
사진첩을 디자인 요소와 결부한 다이어리를 기획해 펀딩에 도전했습니다.

열정과 도전 역량을 선택하며 반복 표현을 사용하지 않고자 제목과 첫 문장에 도전을 언급했습니다. 제목에 선택 사항을 분할 기재할 수도 있지만 글자 수 제한을 고려하면 굳이 반복해 표현할 이유는 없습니다. 비효율적인 방식입니다.

비어 있는 페이지가 많음에도 해마다 다이어리를 바꾸는 것은 낭비라고 생각했습니다. 그 공간을 사진으로 채운다면 다이어리를 효율적으로 사용할 수 있다고 판단해 폴라로이드 사이즈에 맞춰 레이아웃을 설정했습니다.

조직에서 절약은 주인 의식을 보여주는 소양에 해당합니다. 낭비 현상에 문제를 제기하는 모습을 통해 도전 역량의 부수 소양으로 주인 의식을 나타냈습니다. 지원 부문과 연결할 요소가 있다면 적극적으로 활용해야 합니다. 사례에서 지원자는 인쇄 부문에 지원하고 있습니다. 관련 경험을 직무와 연결하고자 레이아웃을 언급했습니다.

또한 접이식 속지를 삽입해 콘텐츠에 따라 디자인을 바꿀 수 있는 기능을 추가했습니다. 이와 같은 기획으로 폴라로이드 카메라와 묶음형 상품을 구성해 펀딩을 진행했습니다.

접이식 속지와 디자인도 인쇄 분야와 연결할 수 있는 내용입니다. 묶음형 상품은 수요에 대응하기 위한 시도에 해당하며, 이를 기획의 틀에 담아 도전과 열정을 부각했습니다.

개시 후 단 3일 만에 목표액을 달성했고 2주 후에는 목표 대비 800% 이상의 모금액에 도달했습니다.

도전은 결과와 맞물려야 효과를 발휘합니다. 숫자는 성취 사항을 강조하는 데 유용하며, 시간 요소를 활용해 그에 대한 강도를 나타낼 수 있습니다.

다이어리 생산을 위해 인쇄소에서 출력 샘플을 살펴보고 그에 맞춰 색채를 수정하며 결과물을 가다듬었습니다. 폴라로이드 카메라는 제조사와 협의해 가격을 조율했고 포장 상자는 틴케이스로 준비해 상품 콘셉트에 맞췄습니다.

지원 부문과 연결할 수 있는 요소를 반복해 사용했습니다. 출력 샘플 확인을 통해서는 지원자의 부수적 소양으로 꼼꼼함을 표현했고, 가격 협의는 소통 역량을 보여주는 것이 목적입니다. 포장 상자 준비에서는 기획을 행동으로 옮기는 적극성을 기대할 수 있습니다.

그 결과 우수한 만족도를 기록하며 기획과 생산 과정에서 아이디어를 구체화하는 방법을 익힐 수 있었습니다.

도전과 열정 역량은 펀딩의 목적에 대한 설명과 결과로 충족했습니다. 이에 추가해 고객의 만족도까지 아우르는 내용으로 지원자의 종합적인 소양을 읽는 이에게 전달했습니다. 시대

▲ 대전 유성구에 위치한 한국조폐공사 본사

더 많은 자기소개서 작성 팁을
유튜브로 만나자!

필자 소개

정승재(peoy19@gmail.com)
홈페이지 오로지첨삭(www.오로지첨삭.한국)
오로지면접(fabinterview.com)
유튜브 채널 : 오로지첨삭
저서 〈합격하는 편입자소서 & 학업계획서〉
〈합격하는 취업, 자소서로 스펙 뛰어넘기〉

고객의 다양성을 존중하다
맞춤형화장품 조제관리사

맞춤형화장품 조제관리사란?

다양성과 개성을 존중하는 시대가 되면서 사회 전반적으로 맞춤형 솔루션과 관련한 산업이 각광받고 있다. 다양해진 고객의 요구사항을 반영해 고객관리, 교육·레슨, 제품 생산, 건강관리 등 생활전반의 영역에서 맞춤형 산업이 등장하고 있는 것은 이러한 사회적 흐름이 반영된 것이다. 특히 K-뷰티 영역은 국내 소비자들이 개인의 피부타입에 맞는 맞춤형 제품을 선호하는 등 소비패턴이 변화하고, 또한 관련 산업의 발전으로 세계적인 인기를 끌게 되면서 뷰티업계 전문가를 체계적으로 양성할 필요가 생겼다. 이렇게 다양해진 고객의 개별적 니즈와 관련 산업의 발전을 위해 맞춤형화장품 판매업 제도가 우리나라에서 처음 도입·시행됐다.

2020년 3월 14일 정식시행된 맞춤형화장품 판매업 제도는 고객의 요구에 따라 제조·수입된 화장품을 소분하거나 다른 화장품의 내용물 또는 원료를 추가·혼합한 화장품을 판매하는 것을 말한다. 제도 시행에 따라 도입된 맞춤형화장품 조제관리사 자격시험은 제도가 정식시행되기 전인 2020년 2월 22일 처음 실시됐다. 자격을 취득하게 되면 고객의 선호도와 피부상태 등을 반영해 화장품의 색소와 향료 등을 조합하고 소분하는 업무를 담당하게 된다.

취득정보와 관련자격

맞춤형화장품 조제관리사는 국가전문자격으로 식품의약품안전처가 주관하고 한국생산성본부에서 시행하고 있다. 응시자격에 제한이 없으며 시험은 1년에 2번 필기시험으로만 진행된다. 시험과목은 화장품법의 이해, 화장품 제조 및 품질관리, 유통 화장품 안전관리, 맞춤형 화장품의 이해의 총 4과목으로 구성되어 있으며 120분 동안 진행된다. 맞춤형화장품을 제조하는 전문가를 양성한다는 자격목적에 따라 문제의 문항수가 다르게 배정되어 있으며 배점 역시 맞춤형화장품의 이해가 400점, 화장품 제조 및 품질관리와 유통 화장품 안전관리가 각각 250점, 화장품법의 이해가 100점으로 다르게 배정되어 있다. 당연히 과목별 합격점수도 다르기 때문에 합격기준은 각

과목당 40% 이상 득점, 총점 600점 이상 득점하면 합격할 수 있다. 합격기준이 높지 않은 편이지만 1회(33.1%)를 제외하고 특별시험과 2~4회의 합격률이 10% 안팎인 것으로 봤을 때 각 과목의 중요개념 및 빈출문제를 중심으로 꼼꼼하게 학습하고 내용을 정확하게 숙지할 필요가 있다.

맞춤형화장품 조제관리사 시험은 실기시험 없이 필기시험으로만 실시되고 실무를 별도로 규정하고 있지 않아 수험자의 부담이 적은 편이다. 또 자격의 유효기간이 없고 자격유지를 위한 교육을 받을 필요가 없다. 그러나 맞춤형화장품 판매장에서 근무할 시 안전·품질관리와 관련된 교육을 매년 이수해야 한다. 또한 '화장품법 시행규칙'의 개정법령에 따라 맞춤형화장품 조제관리사 자격이 있는 경우 1년 근무경력만으로 화장품 책임판매관리자 자격을 인정받을 수 있다. 화장품 책임판매관리자는 품질관리 기준에 따른 품질관리와 안전성 확보, 화장품제조업자 관리감독 업무 등을 담당한다.

자격증 활용정보 · 시험일정

개인의 취향과 개성을 중시하는 개인화 트렌드와 맞물리면서 업계에서는 맞춤형 화장품이 뷰티 시장의 새로운 성장동력이 될 것으로 기대하고 있다. 맞

춤형화장품 조제관리사는 신설된 지 오래되지 않은 자격이지만 K-뷰티 산업의 수요 증가와 맞춤형 솔루션 산업의 인기로 관련 업종에 종사하고자 하는 이들에게 도움이 된다. 특히 K-뷰티가 세계적으로 인정을 받으면서 정부에서도 2022년까지 K-뷰티 산업을 집중적으로 지원할 것이라고 발표한 바 있는 만큼 높은 응시율을 보이고 있다. 이에 맞춤형화장품 조제관리사에 대한 관심이 더욱 높아질 것으로 예상된다.

맞춤형화장품을 판매하고자 하는 자는 맞춤형화장품 판매업으로 식약처 관할 지방청에 신고해야 하고 판매장마다 국가자격시험을 통과한 조제관리사를 두어야 한다. 맞춤형화장품 조제관리사 자격을 취득할 경우 대형 화장품 회사부터 뷰티업계 크리에이터 협업 회사, 화장품 연구소, K-뷰티 일선 에스테틱 및 컨설팅업체 등에 지원할 때 우대사항으로 인정받을 수 있으며 개인 창업도 가능하다. 실제로 관련 업계에서도 맞춤형화장품 자격을 취득한 사람들을 우대 선발하는 추세이기 때문에 적용 범위가 확대될 것으로 기대된다. 시대

맞춤형화장품 조제관리사 시험일정

구분	원서접수기간	시험일자	합격자 발표
5회	1. 25(화)~2. 4(금)	3. 5(토)	3. 25(금)

2021 맞춤형화장품 조제관리사 한권으로 끝내기

맞춤형화장품 조제관리사 시험에 출제되는 핵심이론 및 적중예상문제를 수록하여 효율적인 학습이 가능하도록 했다. 또한 실제 시험유형에 맞춘 최종모의고사도 함께 수록하여 실전에 대비할 수 있도록 했다.

편저 한국화장품전문가협회

상식 더하기

"유일한 방법은 오직 무력응징뿐이다"
안경신 의사

2022년은 광복 77주년이 되는 해다. 그러는 동안 우리 역사는 많은 독립의 영웅들을 기억하고 기렸다. 하지만 한국전쟁과 분단이라는 비극을 극복하지 못한 채 사회주의자였다, 공산주의자였다는 이유로 영웅들을 배척하고 역사에서 지웠다. 또한 안타까운 것은 여성 영웅의 부재였다. 일제와 싸우고 독립을 외친 이가 어떻게 남성만 있었을까만은 적극적 활동보다는 내조를 강조하고 족보에 이름조차 올리지 못하는 유교적 사회분위기가 만들어낸 비틀림이었다. 그래서 우리는 지금껏 여성 독립운동가라고는 유관순 열사 한 분만을 알고 살았다. 그나마도 최근에야 영화 '암살'을 통해 알게 된 안옥윤, 안창호·이봉창 의사의 거사를 도왔다는 이화림, "대의에 죽는 것이 어미에 대한 효도"라고 말했다는 안중근의 어머니 조마리아 여사와 백범 선생의 어머니 정도가 알려졌을 뿐이다. 하지만 우리에게도 안중근 의사나 윤봉길 의사처럼 무력투쟁을 독립으로 가는 길로 삼은 잔 다르크가 있었다.

안경신 의사
(1888.7.22.~?)

1920년 8월 3일, 평양이었다. 폭음과 함께 새로 지은 평양경찰서 청사의 바깥벽과 유리창이 박살이 났다. 놀란 가슴이 가라앉기도 전에 폭탄이 날아왔지만, 빗물에 젖어 불발되고 말았다. 사건 직후 언론은 '폭탄범'에 대해 대대적으로 보도했고, 일제는 분풀이하듯 집요하고 가혹하게 수사하고 추적했다. 그 결과 거사 7개월 만인 1921년 3월 20일, 평양경찰서 고등계 형사들은 피신처에 숨어 있던 용의자를 체포했다.

안경신이었다. 그는 전국의 경찰서 등 조선의 식민지화로 상징되는 대표적 건물들의 파괴를 목표로

조직된 대한광복군 총영 결사대원이었다. 그리고 아기를 낳은 지 2주도 채 지나지 않은 산부였다. 안경신은 젖먹이 어린 아기와 함께 경찰서의 썰렁한 마룻바닥에서 고문을 당했고, 품에 핏덩이를 안은 채 원산을 거쳐 3월 26일 평양지방법원 검사국으로 이송돼 재판을 받았다.

▲ 안경신 의사 체포소식을 보도한 '매일신보'

안 의사는 1888년에 평안남도 대동에서 태어났다. 3·1만세운동에 참여했다가 일본 경찰에 체포되어 29일간 구금됐던 것을 계기로 대한애국부인회

에 합류, 모금한 군자금을 상해임시정부로 전달하는 교통부원으로 활동했다. 쌀 한 가마에 1원이던 당시 2,400원을 모금하는 등 중요한 일을 맡아 수행했다.

그러던 중 1920년 8월에 미국의 상·하 의원단 100여 명이 중국에 갔다가 일본으로 가는 길에 조선을 방문한다는 정보를 입수한 대한광복군 총영은 독립의 당위성을 세계에 알릴 수 있는 절호의 기회라고 판단, 총영 소속 청년들로 3개 대대의 결사대를 꾸렸다. 목표는 평양, 신의주의 경찰서 등을 폭파하는 것. 안 의사는 그 결사대의 유일한 여성대원이었고, 평양을 공격목표로 하는 제2대 소속이었다. 그리고 임신 5개월의 임부였다.

▲ 1927년 12월 17일자 '조선일보'에 실린 안경신 의사 추정 사진

일제는 안 의사에게 사형을 구형했다. 한국 여성에게 내려진 최초의 사형선고였다. 이에 상해임시정부는 안경신이 사건과 전혀 무관하다는 내용으로 투서했다. "평남도청 폭탄사건은 임시정부 특명으로 광복군 사령장의 지휘하에 결사대장 장덕진이 동지 수명과 더불어 투탄한 것이며, 안경신은 전혀 무관하니 방면하라"는 내용의 투서를 김구, 이탁, 장덕진 등이 연서하여 총독부로 발송한 것이다. 안 의사도 시종일관 무죄를 주장했다. 재판장이 항소한 이유를 묻자 "하지 아니한 일을 하였다니까 불만족이 아니고 무슨 일인가"하고 되물었다고 한다.

대한애국부인회의 동지들은 안 의사에 대해 이렇게 증언한다. 비록 몸은 작았지만, 내면의 세계가 알차고 강인한 투쟁정신으로 일관되어 있다고. 안 의사는 독립이 외교적 노력으로 가능하다고 생각지 않았다. 오직 무력투쟁만이 독립을 쟁취할 수 있다고 믿었다. "타협 안 되는 자에게는 무력응징밖에 없다"면서 시종일관 무력적 투쟁에 앞장서서 강렬한 폭음과 함께 살고 죽겠다고 했다.

▲ 안경신 의사 기념우표

재판 중에 안 의사는 어머니를 잃었고, 감옥에서 제대로 영양을 섭취하지 못한 아들은 앞을 보지 못하게 되었으며, 동지였던 장덕진의 부음을 들었다. 그리고 10여 년 수감생활 이후의 행적은 알려진 것이 없다. 정확히 언제 출옥했는지, 어떻게 살았는지, 어디서 어떻게 생을 마쳤는지, 그의 가족들이 어떻게 되었는지 등 모든 기록이 사라졌다. 정부는 안 의사에게 1962년 3·1절을 맞아 건국훈장 국민장(현 독립장)을 추서했다. 하지만 오늘까지 유족조차 찾지 못해 훈장을 국가보훈처가 보관하고 있다. 〖시대〗

특별한 날
국경일, 공휴일, 기념일

새해 달력을 받으면 가장 먼저 쉬는 날이 언제인지 확인하게 되곤 합니다. 국경일, 공휴일, 기념일이 언제인지에 따라 그해의 쉬는 날이 바뀌기 때문입니다. 우리나라에서는 법률로 국경일과 공휴일, 기념일에 관한 내용을 규정해놓고 있습니다. 이번 호에서는 비슷해 보이면서도 다른 국경일과 공휴일, 기념일에 대해 알아보겠습니다.

국경일, 공휴일, 기념일은 얼핏 들으면 비슷한 것처럼 느껴진다. 특별한 날이라는 범주로 따져도 비슷하고, 쉬는 날이라는 범주로 따져도 비슷하다. 하지만 이 세 단어가 가지는 의미는 엄밀히 따지면 다르다. 법으로도 국경일과 공휴일, 기념일을 구분해놓고 있다.

국경일과 공휴일

현재 대한민국의 '국경일(國慶日)'은 총 5개다. 3월 1일 삼일절, 7월 17일 제헌절, 8월 15일 광복절, 10월 3일 개천절, 10월 9일 한글날이다. 나라에 있어 경사스러운 날이라고 하여 법률 제53호에 의거해 국경일로 지정된 날들이다.

반면 6월 6일 현충일은 '경사스러운 날'이 아니므로 국경일에 포함되지 않는다.

'공휴일(公休日)'은 말 그대로 '공적으로 쉬기로 한 날'을 가리키는 개념이다. 대부분의 국경일 역시 포함되는 이 공휴일은 설날이나 추석 같은 명절도 들어가기 때문에 매년 달라진다. 매년 쉬는 날이 늘어나거나 줄어드는 이유가 바로 이 공휴일 때문이다.

수차례 바뀐 끝에 현재 지정된 공휴일을 살펴보자. 다음은 관공서의 공휴일에 관한 규정(대통령령 제28394호) 제2조의 내용이다.

> **관공서의 공휴일은 다음 각 호와 같다. 다만 재외공관의 공휴일은 우리나라의 국경일 중 공휴일과 주재국의 공휴일로 한다.**
>
> 1. 일요일
> 2. 국경일 중 3·1절, 광복절, 개천절 및 한글날
> 3. 1월 1일
> 4. 설날 전날, 설날, 설날 다음 날 (음력 12월 31일, 1월 1일, 2일)
> 5. 삭제 <2005.6.30.> (식목일)
> 6. 부처님오신날 (음력 4월 8일)
> 7. 5월 5일 (어린이날)
> 8. 6월 6일 (현충일)
> 9. 추석 전날, 추석, 추석 다음 날 (음력 8월 14일, 15일, 16일)
> 10. 12월 25일 (기독탄신일)
> 10의2. 「공직선거법」 제34조에 따른 임기만료에 의한 선거의 선거일 (대통령선거, 국회의원선거, 지방선거)
> 11. 기타 정부에서 수시 지정하는 날

이처럼 자세히 보면 국경일과 공휴일은 다르다. 제헌절은 국경일이지만 공휴일이 아니다. 2008년부터 공휴일에서 제외됐기 때문이다. 4월 5일 식목일 역시 2005년 6월 30일부터 공휴일에서 제외됐다. 한편 공휴일에 관한 규정 제3조에는 '대체공휴일' 제도가 명시되어 있다. 2021년 8월 4일 개정된 내용에 따르면 설날과 추석이 다른 공휴일과 겹치는 경우, 혹은 3·1절, 어린이날, 광복절, 개천절, 한글날이 토요일이나 다른 공휴일과 겹칠 경우에 공휴일 이후의 첫 번째 비공휴일을 공휴일로 하고 있다. 보통 우리에게는 설날, 추석이 일요일이거나 어린이날 등이 토요일일 때 직후에 오는 월요일에 쉬는 제도로 인식되고 있다.

기념하기 위한 날, 기념일

'기념일(紀念日)'은 말 그대로 '기념하기 위한 날'이다. 여기서 기념일은 '각종 기념일 등에 관한 규정(대통령령 제29562호)'이나 별도의 법률에 의해 규정된 법정 기념일을 지칭한다. 정부에서 어떤 기념 행사를 주관하기 위해서는 반드시 그날을 법정 기념일로 지정하도록 법률(대통령령 제29562호 제5조)에서 규정하고 있다. 문재인정부에서 추가한 2·28 민주화운동, 3·1 민주의거, 동학농민운동혁명기념일(5월 11일), 부마항쟁기념일(10월 16일) 등도 모두 법정 기념일로 등록이 되어 있다. 2021년 12월 기준 대통령령 29562호에 등록되어 있는 대한민국의 법정 기념일은 총 53개이며, 개별 법률로 등록된 기념일은 총 83개다.

국경일과 공휴일, 기념일을 모두 살펴봤을 때 6월 6일 현충일은 국경일은 아니지만 공휴일이고 동시에 기념일이다. 5월 5일 어린이날 역시 마찬가지다. 기념일은 기쁜 일과 슬픈 일을 모두 포함하고 있기 때문이다. 시대

나는 여태 이것도 모르고 한국인인 척했다

이 책에 담긴 것은 이른바 'K-인문학'이다. 주변에서 매일 일어나고 있는 이야기와 우리가 몰랐던 한국의 먹거리, 일상에서 접하는 문화들이 담겨 있다.

저자 한글퀴즈협회
대한민국 지식의 저변을 확대시키고자 한다.
방송사 퀴즈프로그램 우승을 휩쓰는
잡학지식의 마이스터들.

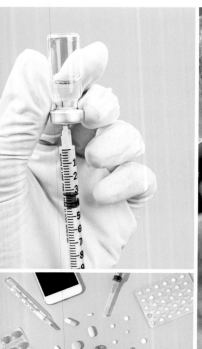

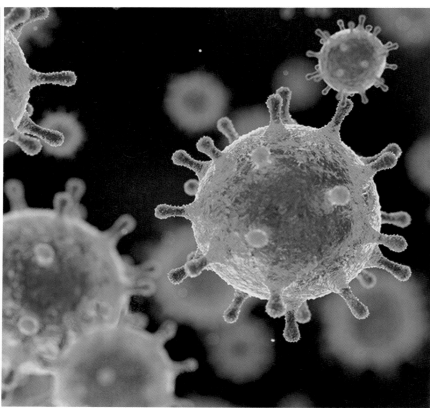

전 세계적 유행
감염병의 습격

2019년 갑자기 등장한 코로나19가
전 세계로 퍼지며 유행한 이후
사회·경제적 혼란이 계속되고 있습니다.
오래전부터 존재했던 대규모 감염병은
인류의 역사에 있어 무시할 수 없는
영향을 끼쳐왔습니다.
역사상 최초의 대규모 감염병은
고대 그리스 아테네에서 관찰됐는데
증상으로 보아 페스트로 추청됩니다.

코로나19나 홍콩 독감 같은 전염병이 전 세계적으로 유행하는 것을 '팬데믹(pandemic)'이라고 부르는데 이는 세계보건기구(WHO)가 선포하는 감염병 6단계 중 최고 경고 등급이다. 지금도 일부 목격자가 생존해 있는 20세기 최고의 팬데믹은 1918~1919년의 스페인 독감이었다. 당시 세계 인구가 17억명이었는데 5억명이 감염되고 최소 5,000만~1억명이 사망했다고 한다. 이는 당시 막바지에 치닫던 제1차 세계대전의 사망자 1,000여 만명보다 훨씬 더 많은 수다. 우리나라 역시 예외는 아니었다. 조선총독부 통계에 따르면 742만명이 감염되어 13만 9,000여 명이 희생됐다고 한다. 한반도 인구가 1,678만명이던 시절이니 무려 44%가 감염된 것이지만, 사망률은 0.83%로 유럽 등 다른 나라에 비해서는 다행히 낮은 편이었다.

감염병의 시작

인류가 수렵생활을 했던 원시시대엔 대규모 감염병이 존재하지 않았다고 한다. 감염병은 신석기시대에 농사를 짓기 시작함에 따라 좁은 지역에 많은 사람들이 모인 환경이 갖춰지고, 정착생활과 함께 키우기 시작한 가축의 바이러스가 인간에게 전파되면서 시작되었기 때문이다. 동물과 인간의 생체구조가 다르기 때문에 동물 바이러스가 인간의 몸에 정착하기 어렵지만, 동물에 적응해 살던 바이러스가 어쩌다 인간의 몸에 적응하게 되면 인류에겐 신종 감염병이 되는 것이다. 최근 밝혀진 바에 따르면 인류를 괴롭혀온 전염병 중 홍역, 결핵, 천연두는 소에서 기생하던 바이러스가 인간의 몸에 적응하면서 시작된 것이고, 백일해와 인플루엔자(독감)는 원래 돼지에 있던 바이러스가 전파된 것이라고 한다. 또한 감기 역시 3가지 다른 계통에서 유래한 것으로 밝혀졌다.

이러한 감염병 문제로 인해 인류 최초의 4대 문명이 모두 건조한 기후대이면서도 풍부한 수량을 가진 강 주변 지역에서 발생했다는 이론이 존재한다. 최근 고고학이 발전하면서 홍산 문명, 불가리아 문명 등 다른 지역에서도 초기 문명의 흔적이 발견되고 있다. 이러한 초기 문명이 오랜 기간 존속하지 못한 이유에 대해서 사막이 아닌 습윤한 지역이어서 가축으로부터 유래한 전염병이 빨리 퍼져 집단사망 사태가 발생했기 때문이 아니었을까 추측되고 있다.

최초의 대규모 감염병

역사상 최초의 대규모 감염병은 그리스 문명이 쇠퇴하게 되는 펠레폰네소스 전쟁 당시 아테네에서 발생했다. 페르시아 제국을 물리치고 그리스 도시국가들 위에 군림하던 아테네가 이에 반발한 스파르타를 중심으로 한 여러 도시국가들과 지루한 내전을 이어

가던 중 알 수 없는 전염병이 아테네에 퍼졌다. 당시 해상무역을 주도하던 아테네인들은 항구로 들어온 배에서 전파된 병에 의해 아테네 인구의 30% 가까이 사망자가 발생하면서 회복 불능의 상태에 빠졌다. 당시 아테네 전염병상황을 기록한 투키디데스의 저서에는 두통, 안구 충혈, 구토, 설사 등의 증상을 보인 뒤 일주일여 만에 사망했다고 쓰여 있다. 이처럼 아테네가 대혼란에 빠진 반면, 스파르타는 내륙에 위치해 외부와의 교류가 거의 없었고 소수 정예병으로 군대를 구성한 덕에 전염병에 걸리지 않아 결국 최종 승자가 됐다.

이 당시 아테네에서 유행한 전염병은 기록에 나온 여러 증세를 봤을 때 '페스트'였을 것이라고 분석된다. 급성 열성 감염병인 페스트는 원래 쥐가 걸리는 감염병인데 실제로는 쥐에 붙어사는 쥐벼룩에 의해 전파된다. 페스트균은 숙주인 쥐벼룩의 식도까지 막아 피를 빨아도 소용이 없게 만듦으로써 죽을 때까지 쉬지 않고 피를 빨게 유도해 이 쥐에서 저 쥐로 급속도로 전파시킨다고 알려져 있다. 페스트는 증세에 따라 림프절 페스트, 패혈성 흑사병, 폐렴형 흑사병으로 구분된다. 이들 세 가지 페스트 모두 감염자의 피부가 검게 변해서 동양에선 오랜 기간 검게 변해 죽는 병, 즉 '흑사병(黑死病)'이라고 불렀다.

알아두면 쓸데 있는 유쾌한 상식사전 —최초·최고편—

내가 알고 있는 상식은 과연 진짜일까?
단순한 호기심에서 출발할 수 있는 많은 의문들을
수많은 책과 연구 자료를 바탕으로 파헤친다!

저자 조홍석
아폴로 11호가 달에 도착하던 해에 태어났다.
유쾌한 지식 큐레이터로서
'한국의 빌 브라이슨'으로 불리길 원하고 있다.

적과의 투쟁, 적과의 동침

장미전쟁 (Wars of the Roses)

1455~1485년 영국의 왕위계승을 놓고 일어난 내란

#랭커스터 #요크 #튜더왕조 #정략혼

<템플법학원 정원에서 흰장미와 붉은장미 중 선택하기>, 헨리 아서 페인(1908)

붉은 옷을 입은 사내가 하얀 장미 한 송이를 붉은 장미들 사이에 선 또 다른 남성에게 건넨다. 건네는 사람이나 받는 사람이나 심지어 주변 인물들까지 꽃을 건네는 낭만적인 상황과는 도무지 어울리지 않게 표정이 험악하다. 건네는 것이 꽃이 아니라면 결투를 신청하는 줄로 알겠다. 건네는 것이 칼이나 결투신청용 장갑이라면 딱이겠다 싶은 이 상황은 목숨을 걸었다는 점에서는 결투라고 봐도 딱히 틀린 것은 아니다. 둘만의 결투가 아니라 잉글랜드 귀족 전체를 양분한 대결투였다. 그들의 결투는 같은 귀족이면서도, 같은 왕실의 녹을 먹고 있는 관료이면서도 결코 동지일 수 없었던 이들의 투쟁이었다.

실패한 전쟁, 무너진 왕권

잉글랜드는 프랑스 왕위계승권과 플랑드르를 먹겠다고 프랑스와 전쟁을 벌였다. 100년전쟁이다. 객관적 전력에서도 프랑스를 앞섰고 전쟁 전반기에는 승기도 잡았다. 신에게 계시를 받았다며 프랑스군을 파죽지세로 이끌던 성녀 잔 다르크도 잡아서 화형시켜 버렸다. 하지만 전쟁은 100년이라는 시간과 수많은 사람의 생명과 물자와 식량, 돈을 잡아먹었다. 그러다 패배했다. 잉글랜드의 국고가 빈 만큼 자존심도 바닥으로 추락했고, 더불어 랭커스터가문 출신의 헨리 6세가 이끄는 왕실의 권위도 회복될 수 없을 지경으로 추락했다. 여기에 파당적인 소수당의 집권으로 중앙은 무정부에 가까워진 상태였다.

보통 왕실이 힘을 잃으면 권력을 잡겠다고 엉덩이를 들썩이는 하이에나들이 있기 마련이다. 100년전쟁이 끝난 후 잉글랜드의 하이에나는 전쟁에서 돌아와 무기력한 중앙 대신 지방귀족과 영주들에게 의탁한 병사들과 그들을 이용해 무력을 키운 지방귀족과 영주들이었다. 여기에 가장 크고 사나운 하이에나는 지방권력을 제 세력으로 끌어안은 요크가문이었다.

당시 랭커스터가문의 헨리 6세는 무기력한 왕이었다. 게다가 전쟁 막바지에는 광기까지 보이는 등 병색이 깊었다. 때문에 실질적 권력은 앙주가문 출신 마거릿 왕비에게 넘어갔다. 이는 귀족동맹의 지지를 받아 병든 헨리 6세 대신 섭정을 하고 있던 요크가문의 공작 리처드의 위기감에 부채질했고, 결국 그로 하여금 무기를 들게 했다. 공교롭게도 장미를 문장으로 삼은 두 가문이 왕좌를 차지하기 위해 벌인, 붉은장미를 문장으로 하는 랭커스터가문과 흰장미를 문장으로 하는 요크가문의 왕좌의 게임, 곧 30년 장미전쟁의 시작이었다.

표면적으로는 왕가와 귀족동맹의 대결이지만, 실상은 기존의 왕가이자 왕가를 등에 업고 있던 랭커스터가문과 지방귀족들을 등에 업고 새로 힘을 키운 요크가문의 대결이었다. 잉글랜드의 귀족들은 살아남기 위해 두 가문 중 하나에 붙어야 했고, 두 가문의 대결은 잉글랜드 귀족들을 둘로 갈라서게 했다.

▲ 랭커스터의 붉은장미와 요크의 흰장미

첫 공격이 있은 지 6년 만에 왕좌가 바뀌었다. 요크 공작 리처드는 기습공격을 당해 사망했지만, 1461년 그의 맏아들이 헨리 6세를 비롯한 랭커스터가문을 스코틀랜드로 쫓아내고 에드워드 4세로 즉위했다. 그러나 이로인해 귀족동맹이 왕권을 무시하기 시작했고, 결국 1469년, 요크가문이 왕좌를 차지한 지 8년 만에 워릭과 에드워드의 동생 클래런스 공작 조지가 연합해 왕실을 향해 반란의 기치를 세웠다. 잉글랜드는 또다시 전화에 휩싸였다. 반란 1년 만에 에드워드 4세가 워릭 일파를 프랑스로 쫓아내고 다시 통치력을 회복하는가 싶었으나, 워릭이 축출된 왕인 헨리 6세와 앙주의 마거릿과 손을 잡고 다시 공격해 왔다. 결국 연합작전에 밀린 에드워드 4세는 폐위되고 랭커스터의 헨리 6세가 복위하면서 다시 왕좌의 주인이 교체됐다.

하지만 평화는 오지 않았다. 헨리 6세가 그랬듯 쫓겨난 에드워드 4세도 재기를 노렸으니까. 그는 추종자들과 함께 네덜란드에서 힘을 모았고, 1471년 3월 돌아와 워릭과 마거릿, 헨리 6세를 제거하고 왕좌를 탈환했다. 세 번째 왕좌의 교체였다.

▲ 에드워드 4세가 승리한 튜크스베리 전투(1471)

네 번의 반란과 한 번의 찬탈

모두 그렇게 요크가문의 승리로 내란이 끝날 줄 알았다. 그런데 1483년 요크가문 안에서 문제가 생

겼다. 그해 4월 9일, 에드워드 4세가 뇌졸중으로 나이 마흔 살에 급사하고 만 것이다. 난잡한 여성편력, 폭식과 폭음으로 건강이 망가진 탓이었다. 문제는 왕위를 물려받은 에드워드 5세가 겨우 열두 살이었다는 데 있었다. 때문에 유언장에 따라 에드워드 4세의 동생 리처드가 삼촌으로서 섭정이 되어 국정을 대리하게 됐다. 문제는 또 있었다. 엄연히 선왕의 유지에 따른 섭정이 있었음에도 선왕의 아내이자 현왕의 어머니인 엘리자베스 우드빌이 실권을 휘둘렀다는 것이다. 엘리자베스 왕비의 집안이 랭커스터가문을 지지하고 있었다. 결국 리처드는 전 왕비를 쫓아내기로 했다. 그는 이야기꾼들을 동원하고 사제들에게 뇌물을 먹여서 방방곡곡에 에드워드 4세의 방탕함과 전 왕비가 재혼이었던 것을 근거로 소문을 만들어 퍼뜨렸다. 에드워드 5세가 사생아라며 정통성을 건드렸다. 그리고 왕비의 힘을 믿고 수많은 부정부패를 저질러온 우드빌가문을 탄핵하고 전 왕비 엘리자베스를 쫓아냈다. 이제 거칠 게 없었다. 리처드는 안전을 도모한다는 명목으로 에드워드 5세를 런던탑에 가둔 뒤 사생아설을 공론화하여 자신을 적법한 에드워드 4세의 계승자로 선언하고 왕위에 올랐다. 리처드 3세다. 어린 단종과 외척, 공신들을 숙청하고 스스로 왕위에 오른 세조의 잉글랜드 버전이랄까.

이제 리처드 3세에게 남겨진 과제는 흔들리지 않는 강력한 왕권 확립이었다. 그러나 강력한 왕권을 추구한 왕들은 역사적으로 강력한 반발을 샀다. 이전과 다른 왕권을 노렸던 조선의 정조나 효명세자가 외척과 권문세가들의 견제와 위협에 시달렸던 것과 같은 맥락이다. 물론 리처드 3세가 좋은 왕이었냐 아니냐를 논하기 전에 그는 일단 어린 조카를 죽이고 스스로 왕이 된 원죄가 있는 왕이었기 때문에 의회와의 대결은 귀족배척으로 받아들여지는 원인으로 작용했고, 여기에 전 왕비 엘리자베스의 장녀와의 결혼설이 퍼지면서 민심까지 잃고 말았다.

▲ 요크가문의 리처드 3세

혼란이 혼란을 낳듯, 리처드 3세가 벼랑에 몰리자 우드빌과 동맹을 맺은 랭커스터가문의 헨리 튜더가 급히 프랑스의 지원을 받고 랭커스터와 요크들 중 리처드에게 등을 돌린 세력을 규합해 반란을 일으켰다. 리처드 3세도 잉글랜드 전역의 귀족들을 소집해 진압에 나섰지만, 소집한 귀족들의 5명 중 4명이 소집에 응하지 않은 데다가 노련한 장수도 없었다. 결국 1485년 8월 22일 보스워스 평원의 전투에서 측근들의 후퇴요구를 거부하고 직접 전투에 앞장섰던 리처드 3세는 전사하고 말았다. 그에게 적대적인 튜더왕조의 사가들조차 "리처드 3세는 용감하게 싸우다 죽었다"고 평한 이유다. 리처드 3세의 죽음으로 30년이나 지속한 내란이 끝났다. 헨리 튜더는 에드워드 4세의 딸 엘리자베스와의 결혼을 통해 요크가문과 랭커스터가문의 왕위계승권 주장을 하나로 만들어 내란을 종식하고 헨리 7세로서 명실상부 새로운 왕조, 튜더왕조를 열었다.

적이면서 동지, 동지인 듯 남인듯

장미전쟁이 일어난 이유는 일단 ▲ 100년전쟁에서의 패배와 유명무실한 왕가의 권위하에 왕비와 랭커스터가문의 득세가 요크가문의 위기감을 키운 데다가 ▲ 국고고갈로 잉여병력을 소모할 수 있는 상비군 창설에 실패하면서 지방귀족이 사병으로 흡수돼 세력화됐기 때문이었다. 아무튼 30여 년 동안 연이은 반란과 찬탈의 과정에서 패배한 세력들은 외국으로도 갔지만 대부분 죽음을 맞았다. 이 때문에 헨리 7세가 즉위한 후 귀족들의 수는 전쟁 이전에 비해 절반밖에 되지 않았다. 귀족의 수가 적어진 것은 두 가지 결과로 이어졌다. 첫 번째는 지방에 영주가 일부 사라지면서 지배력에 공백이 생겼다는 것이다. 이는 봉건제도의 붕괴를 의미했다. 두 번째는 귀족의 수적 열세로 왕권이 강화되었다는 것이다. 바로 헨리 8세와 엘리자베스 1세의 절대왕권시대를 펼쳐나갈 수 있게 하는 중요한 밑거름이 되었다.

서양에서는 부부싸움을 장미전쟁에 비유하곤 한다. 동질집단 내의 권력싸움, 목표를 위한 선택적 적과의 동침, 내 편이면서도 결코 영원한 내 편이라고 장담할 수 없으며 한때는 절대적 동지였어도 돌아섰을 때는 남보다 더 잔인한 관계…. 랭커스터와 요크가 그랬던 것처럼 부부관계도 그러하다는 것이다. 시대

설탕 대체제
사카린의 탄생비화

1879년 콘스탄틴 팔베르그(Constantin Fahlberg)는 스승인 아이러 렘슨(Ira Remse) 교수와 유기화학 반응에 관한 연구를 진행하고 있었다. 화학자들의 실험이 대부분 그렇듯 팔베르그도 각종 시약들을 섞고 끓이고 식히고 증발시키고 하는 작업을 반복하고 있었다. 그런데 한창 이 시약 저 시약들을 섞고 끓이며 실험을 하던 때였다.

따르르르릉!

난데없이 전화벨이 울렸다. 팔베르그는 급한 마음에 씻지도 못한 채 약품이 잔뜩 묻어 있는 손으로 서둘러 수화기를 집어 들었다.

"여보세…."

순간 팔베르그는 할 말을 잊고 말았다. 전화기를 귀로 가져가다가 손끝이 살짝 입술에 닿았는데 혀로 핥다가 묘한 맛을 느꼈기 때문이었다.

'달다. 그것도 엄청나게….'

팔베르그는 머리에 벼락을 맞은 듯한 충격을 받았다. 그래서 수화기를 그대로 집어 던지고 실험대로 달려갔고, 그 위에 널린 시약들을 하나하나 확인하기 시작했다. 그러기를 한참, 팔베르그는 마침내

톨루엔(Toluene)과 클로로설폰산(Chlorosulfonic acid)을 가지고 한 합성실험물에서 자연계에는 없는 물질, 벤조산 설피나이드(Benzoic Sulfimide)가 만들어졌다는 것을 발견했다.

▲ 아이러 렘슨(왼쪽)과 콘스탄틴 팔베르그

렘슨과 팔베르그는 이날의 발견을 논문으로 발표해 세상에 알렸고, 특허를 출원했다. 그리고 공장을 세워 대량생산을 시작하면서 복잡한 화학명 대신 쉬운 이름을 붙였다. 그렇게 해서 붙은 이름이 사카린(Saccharin)이다.

▲ 팔베르그의 사카린 공장(1905)

몸은 움직이기 위해 에너지가 필요하고, 에너지는 포도당에서 나온다. 단맛은 이 포도당의 맛이다. 꿀, 설탕, 과일, 밥에서 단맛이 나는 것은 모두 포도당과 관련된 화학물질이 들어 있다는 의미다. 그런데 과거에는 단맛을 내는 먹거리를 구하는 일이 쉽지 않았다. 꿀은 자연에서 생산되는 대표적인 단맛의 먹을거리였지만, 생산량이 많지 않아서 왕이나 귀족만 겨우 먹을 수 있었다.

사탕수수를 가공해 만든 설탕이 등장한 것도 20세기나 되어서였다. 하지만 이 역시 아메리카나 아프리카에서 생산된 탓에 가격이 비싸서 돈 있는 사람들의 전유물일 수밖에 없었다. 그런 의미에서 사카린은 일대 혁명이었다. 설탕보다 300배 이상 강한 단맛을 냈으니까. 게다가 체내에 흡수되지 않아서 그야말로 아무리 먹어도 제로칼로리였다. 혈중 포도당 농도에도 영향을 주지 않아 당뇨처럼 당 때문에 힘들어하는 사람에게도 제격이었다. 무엇보다 화학 합성물이었기 때문에 대량생산이 가능해서 가격이 쌌다.

▲ 공업화된 사카린

콜라가 그랬던 것처럼 사카린의 대중화에도 전쟁이 큰 역할을 했다. 콜라는 제2차 세계대전 중 코카콜라사가 마실 물이 마땅치 않았던 미군부대에 자사 제품을 대량으로 공급해 인식을 개선하고 인기를 끌었다. 이와 마찬가지로 사카린 역시 1~2차 세계대전으로 물자가 부족한 상황에서 비싼 설탕을 대체할 수 있는 제품으로 선택을 받았다. 하지만 자연계 물질이 아닌 것에 대한 인간의 두려움은 사카린에도 적용됐다. 유해성 논란이 그것이다. 1907년 미국에서 시작된 유해성 논란은 '식품에 포함된 사카린은 "불순물질"이므로 사카린의 생산을 금지해야 한다'는 주장들에서 비롯한다. 결국 1911년에는 생산이 금지됐고, 70년대에는 안전한 물질목록에서 제외되었을 뿐만 아니라 '암을 유발하는 감미료'라는 빨간 딱지가 붙었다. 2000년대에 와서야 NTP(미국 독성물질 프로그램)의 인체실험을 통해 암을 유발한다는 누명을 벗고 '사람이 사용해도 안전한 물질'로 공식 인정받았다.

▲ 사카린을 이용한 미국의 제로칼로리 감미료 광고

우리나라에서도 사카린은 소주를 비롯해 널리 사용됐지만, 1992년 국제사회 분위기에 휩쓸려 허용식품 범위를 대폭 축소했다. 현재는 식품업계가 사용할 수 있는 범위가 조금 늘어나기는 했지만, 여전히 미국이나 유럽이 무해한 식품으로 선언한 것과 달리 몇몇 제품군에서는 사용이 제한적이다. 한때 전 국민에게 '엄마의 맛'으로 통했던 미원, 다시다 등의 조미료가 '유해한 것'이 되어 퇴출되고, 이후 '식품첨가물은 몸에 누적되지 않고 배출되므로 유해하지 않다'는 결론이 났음에도 여전히 외면당하는 것과 마찬가지의 상황이랄까? 시대

대체불가토큰(NFT)
거품인가, 혁신인가

블록체인이 IT의 신경향으로 떠오르고 가상화폐가 투자시장의 지각변동을 일으킨 현재, 새롭게 주목받는 디지털 트렌드는 단연 대체불가토큰(NFT ; Non-Fungible Token)이다. 이 NFT 덕분에 그림판으로 대강 그린 듯한 무명 화가의 디지털 그림이 깜짝 놀랄 거액에 팔려나가고, 게임제작사들은 자사의 게임에 NFT를 접목할 방법을 앞다퉈 궁리하고 있다. 또 NFT가 돈이 된다는 소식에 관련 기업의 주가는 연일 고공행진 중이다. 대체 이 NFT가 무엇이기에 세계경제와 IT시장에 파란을 일으키는 것일까?

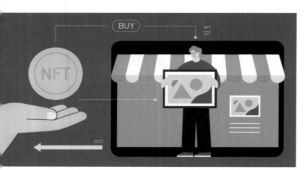

데이터 위·변조 방지 기술인 블록체인은 현재 사람들이 IT를 이야기할 때 가장 많이 꺼내는 단골 소재다. 블록체인 기술은 비트코인을 만든 사토시 나카모토가 창시했는데, 재미있게도 먼저 블록체인을 구축하고 비트코인을 만든 것이 아니라 비트코인을 개발하던 중 발생하는 문제를 해결하기 위해 블록체인을 만들었다고 한다. 그는 기존 통화 가치의 신뢰성을 문제 삼아 이에 대한 대안으로 비트코인을 창시했는데 현재 가상화폐 시장을 살펴보면 그의 의도가 잘 발현됐다고 말하기긴 어려워 보인다.

사토시 나카모토의 정체는 여전히 오리무중이지만, 그가 개발한 블록체인은 비트코인과 함께 세계 경제시장과 IT 업계에 엄청난 파장을 끼치고 있다. 이번 호에서 살펴볼 '대체불가토큰', 이른바 NFT 또한 그중 하나다.

모든 것에 가격표를 붙이다

NFT는 가상화폐와 같은 일종의 가상자산이다. 그러나 보통의 가상화폐와는 달리 상호교환이 불가능하다. 각각의 NFT가 저마다 고유한 가치를 가지고 있어 서로 대체할 수 없는 것이다. 고로 대체불가토큰이라는 이름이 붙었다. 블록체인 기술에 바탕을 둔 이 NFT는 삭제나 수정을 하는 등의 위·변조를 할 수 없고 모든 거래 내역이 저장되어 누구나 투명하게 이 기록들을 열람할 수 있다. 이러한 NFT를 다른 디지털 재화 또는 자산에 부여하면 해당 재화·자산에 대한 희소성을 인정받게 된다. 동시에 무단 복제도 불가능해져 원본 재화·자산만이 가진 고유한 가치를 보장받을 수 있다. 다시 말해 NFT는 디지털 재화를 온전히 나만 소유하고 있다는 일종의 공식 인증서가 되는 셈이다. 가령 레오나르도 다빈치의 걸작 '모나리자'의 사진을 찍은 후 이를 컴퓨터에 넣어 디지털 파일로 변환하고 NFT를 부여하면 그 '모나리자 사진'은 고스란히 나의 소유가 된다. 물론 '모나리자'의 진품은 아니지만 적어도 내가 찍은 사진이 진품임을 인정받고 시장에 넘겨 수익을 얻을 수 있는 것이다.

NFT는 대부분 온라인 경매로 거래되는데 주로 디지털 아트나 게임 아이템, 한정 상품 거래를 중심으로 시장이 성장했다. 특히 예술품은 NFT로 변환하기 여러모로 용이한데, 희소성 있는 진품임을 인정받기 수월하고 실물과 달리 보관하기도 편하며 온라인으로 거래가 이루어진다는 점에서 자유롭다. 이러한 특수성 때문에 NFT로 거래될 수 있는 디지털 재화는 무궁무진하다.

'트위터'의 창업자 잭 도시는 자신이 최초로 트윗한 한 줄의 문장을 NFT 경매에 올렸는데 그 가격이 무려 28억원 까지 치솟았다. 그런가하면 미국의 한 영화감독은

자신의 방귀 소리를 녹음한 파일에 NFT를 붙여 시장에 내놓았는데 이 또한 10만원에 낙찰됐다. 한편으론 이런 점 때문에 가상화폐처럼 NFT의 거품도 심하다는 지적이 있으며, 단순히 고유·희소성만 인정받았다고 해서 그 가치가 치솟는 것에 대한 회의적인 시선도 존재한다. 그래서 NFT 상품의 질과 가치에 대한 실질적인 고민도 필요해 보인다.

게임업계는 지금 NFT 앓이 중

한편 게임업계에서는 이 NFT를 새로운 수익 모델로 창출하기 위한 시도를 하고 있다. 게임 안에 존재하는 아이템이나 영상, 콘텐츠 등의 지식재산권에 NFT를 접목시켜 매매가 가능하도록 한다는 것이다. 이들은 이것을 'Play to Earn' 즉, '게임을 하며 돈을 번다'는 말로 설명했다.

게임업계는 게임을 하며 얻는 아이템에 NFT를 붙여 시장에서 거래할 수 있는 가상화폐로 환전할 수 있도록 한다는 계획이다. 이 과정에서 유저는 게임사에 수수료를 지불해야 한다. 사실 게임 시스템에 NFT를 접목한 사례는 이전에도 있었는데, 캐나다의 스타트업 대퍼랩스(Dapper Labs)가 지난 2017년 개발한 '크립토키티(CryptoKitties)'가 대표적이다. 이 게임은 NFT가 부여된 디지털 고양이를 교배해 희귀한 종을 만드는 단순한 시스템으로 진행된다. 고양이를 가상화폐인 이더리움으로 구입하고 교배하여 나만의 고양이로서 희소가치를 높여 팔아 수익을 남기는 것이 이 게임의 주된 목표다.

그러나 법률상 환금성과 사행성이 있다고 판단되어 현재로서는 우리나라에서 이 시스템을 서비스 할 수 없다. 게임물관리위원회에서는 "현행 게임법 상에서는 NFT 게임이 불가능하다"고 선을 그었다. 또한 이 시스템을 가동한다하더라도 단순히 게임을 하며 돈을 버는 것이 아닌 자금세탁용으로 변질될 우려가 있어 특정금융정보법의 적용을 받게 된다. 더군다나 금융위원회에서도 NFT를 과세 대상에 포함시키겠다는 입장으로 실제로 이 시스템이 우리나라에 도입될지는 아직 미지수다. 시대

골키퍼는 왜
1번을 달까?

축구 경기에서 최후방을 지키는 골키퍼. 골키퍼는 축구 경기에서 없어서는 안 될 존재다. 다른 포지션은 몰라도 골키퍼가 부상이나 퇴장으로 골대를 비우게 될 경우 그라운드 위의 다른 선수에게 골키퍼 장갑을 맡긴다. 결코 골문 앞을 비워두는 법은 없다. 그래서 그런지 이들의 등번호는 1번이다. 심지어 국제축구연맹(FIFA)은 월드컵 경기에서 등번호 1번을 반드시 골키퍼에게 부여해야 한다고 못을 박았다. 골키퍼는 왜, 언제부터 1번을 달고 경기에 나서게 된 것일까?

▲ 2002년 한일 월드컵 4강 신화를 이끈 이운재 골키퍼

월드컵 무대에서 선수들이 처음 등번호를 달고 뛴 것은 1950년 브라질 월드컵부터다. 그 이전에는 등번호는커녕 출전국도 적었을 뿐더러 경기 규정도 느슨했고 1·2차 세계대전의 여파로 1942년과 1946년에는 개최되지도 못하는 등 분위기가 어수선했다. 그러니 1950년 월드컵이야말로 제대로 개최된 첫 월드컵이라 할 수 있다. 다만 같은 시기 한반도는 전쟁의 포화에 뒤덮이기는 했지만. 덧붙이자면 우리나라가 사상 처음으로 월드컵 본선 무대를 밟은 1954년 월드컵부터 등번호를 의무적으로 달게 되었다(무려 마지막에 일본을 꺾고 본선에 진출했다).

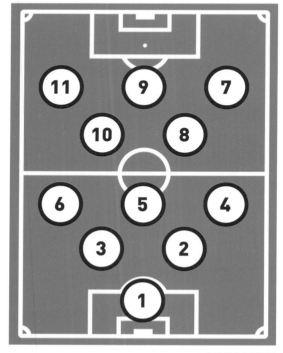

▲ 2-3-2-3 포메이션

축구는 진형(陣形), 즉 포메이션(Formation)의 싸움이라고 할 수 있다. 11명의 선수들이 어떤 대형을 만드느냐에 따라 전술이 달라진다. 현재는 다양한 형태의 포메이션이 개발되어 쓰이면서 관전 포인트를 제공하고 있지만, 당시 세계 축구계를 주름잡았

던 것은 이른바 공격에 크게 비중을 둔 2-3-5 포메이션과 2-3-2-3 포메이션이었다. 당시 포메이션에 따라 등번호가 배정되면서 시작점인 골키퍼는 자연스레 1번을 받게 됐다. 골키퍼 앞에 선 두 명의 수비수에게는 차례로 2번과 3번이 주어졌고 전방에 배치된 미드필더와 공격수들도 차례로 고유의 번호를 부여받았다. 이후 새로운 포메이션이 등장하면서 포지션과 번호의 위치도 달라졌지만 골키퍼는 변할 수 없었다. 공격적인 전술을 구사하겠다고 골키퍼를 상대 골대 앞에 배치시킬 순 없었기 때문이다.

여담으로 골키퍼를 제외한 나머지 포지션에도 나름의 의미가 존재한다. 특히 등번호 7번은 팀의 측면 공격수이자 슈퍼스타를 상징하고, 10번은 공격의 핵심이자 에이스를 의미한다.

월드컵 무대에서 등번호에 관한 규정이 더 엄격해진 것은 2002년부터다. 이전까지는 1번부터 99번까지 모든 번호를 자유롭게 사용할 수 있었지만 2002년 한일월드컵을 앞두고 FIFA는 국가대표팀 인원수에 맞춰 23번까지만 사용하되 1번은 무조건 골키퍼만이 사용해야 한다고 규정했다. 이로써 월드컵 경기에서만큼은 1번을 단 공격수가 그라운드를 누비며 골을 넣는 장면은 영원히 볼 수 없게 되었다.

▲ 소속팀에서 7번을 달고 뛰는 손흥민 선수

▲ 유니폼에 이름을 달지 않은 뉴욕 양키스

그렇다면 다른 종목은 어떨까? 미국 프로야구 메이저리그(MLB)에서 처음으로 등번호를 사용한 팀은 전통의 강호 '뉴욕 양키스'다. 1929년부터 선수의 유니폼에 등번호를 달기 시작했는데 당시의 번호는 그냥 타순으로 정해졌다. 1번 타자가 1번, 2번 타자는 2번을 달았던 식이다. 여담으로 뉴욕 양키스는 등번호는 맨 먼저 달았지만 특이하게도 홈·원정 유니폼 모두에 선수 이름을 현재까지 달지 않은 유일한 팀이다. 팀보다 선수 개개인의 이름이 우선할 수 없다는 철학 때문이란다. 그런가하면 농구에서는 국가전의 경우 1번과 2번, 3번의 등번호를 사용할 수 없다. 이유는 심판의 수신호와 헷갈릴 수 있기 때문이다. 심판은 경기 중 점수를 판정하고 기록원에게 수신호로 이를 알린다. 이 때 1~3번의 등번호와 수신호를 혼동할 수 있어 농구 국가대표 경기에서는 선수들이 4번부터 등번호를 선택할 수 있다. ·시대

다이어트의 시작
레시피는 바뀌어야 한다

식욕은 생존과 직결된 인간의 본능입니다. 광합성을 할 수 없는 생물은 먹어야만 살 수 있기 때문입니다. 효율적인 영양섭취는 곧 효율적인 생존으로 연결됩니다. 그러다 보니 우리 몸은 많은 영양소를 효과적으로 섭취하는 것을 선호하게 되었고, 그러한 음식들을 '맛있다'라고 느끼게 되었습니다.

맛과 건강 모두 지키는 레시피

인류의 레시피는 '맛의 욕구'를 충족하는 방향으로 발전을 거듭해왔습니다. 좀 더 맛있게, 그리고 살이 찌는 방향으로. 사람들은 계속해서 더 달고 더 기름진 맛을 원해왔고, 그에 맞게 레시피 또한 변화했습니다. 레시피의 변화와 함께 고도비만율도 해가 지날수록 높아지고 있는 추세입니다.

지금과 같은 상승세라면 2030년에는 우리나라 국민의 10명 중 1명이 고도비만이 될 것이라는 전망이 있을 정도입니다. 고도비만이 되면 몸을 가누기 힘들 뿐만 아니라 당뇨병, 고혈압 등 건강에 심각한 위협을 가하는 질환에 걸릴 확률이 높아집니다. 물론 이 원인을 개인의 의지력 탓으로만 돌릴 수는 없습니다. 많은 열량을 쉽고 빠르게 흡수할 수 있도록 음식들이 '맛있게만' 변해왔으니 몸도 이에 맞춰 변화한 것뿐이니까요.

그러나 음식은 맛에서 끝나는 것이 아닙니다. 마치 약처럼 몸속에 들어와 분명한 영향을 줍니다. 이제 우리는 약을 먹듯이 음식을 먹어야 합니다. 더 달고, 더 자극적인 맛을 위해 요리에 필요 이상으로 쏟아부었던 기름과 설탕을 줄여야 합니다. '탄수화물의 민족'으로 불릴 정도로 과도하게 섭취하던 정제 탄수화물을 줄이고 그 자리에 결핍된 영양소를 골고루 채워야 합니다. ˢᵈ

다이어트 도마의 맛보장 칼로리컷 레시피

요리하는 한의사 다이어트 도마의 25kg 감량비결 레시피! 구하기 쉬운 재료로 질리지 않는 아는 맛을 재현한다.

저자 다이어트 도마
다이어트에 한 맺힌 한의사로서 비만환자를 위한 프로그램을 운영하고 있다. 유튜브 채널 '다이어트 도마'를 운영중이다.

신라면

180kcal

다이어트 할 때 꼭 생각나는 매콤한 라면.
채소가 듬뿍 들어가 칼로리는 1/3, 양은 2배!

재료

청경채 1개(40g)	4kcal
양파 1/4개(50g)	14kcal
당근 1/5개(20g)	6kcal
표고버섯 2개(50g)	9kcal
고추기름 1큰술(5g)	45kcal
고춧가루 1큰술(5g)	16kcal
다진 대파 3큰술(15g)	3kcal
다진 마늘 1/2큰술(10g)	12kcal
다진 생강 1/4큰술(3g)	1kcal
간장 1큰술(5g)	5kcal
된장 1/4큰술(5g)	10kcal
볶음용 물 2큰술	
곤약면 300g	23kcal
물 1컵(250ml)	
다시다 1큰술(5g)	15kcal
소금 약간	
후추 약간	
전분물	17kcal

(감자전분 1작은술(5g)+물 2큰술)

고추기름, 고춧가루, 다진 대파, 다진 마늘, 다진 생강을 넣고 약불에서 볶습니다.

대파의 숨이 죽으면 간장, 된장, 볶음용 물 2큰술을 넣고 살짝 볶습니다.

미리 준비하기

청경채는 한입 크기로 썰고 양파, 당근, 표고버섯은 채 썰어서 준비합니다.

청경채, 양파, 당근, 표고버섯, 곤약면, 물 1컵, 다시다를 넣고 채소의 숨이 죽을 때까지 끓입니다.

🍵 요리꿀팁

★ 사골 엑기스를 소량 넣거나 물 대신 사골육수를 사용하면 시판 라면과 더욱 비슷한 맛이 나요.
★ 다시다 대신 같은 양의 치킨스톡을 넣어도 좋아요. 다만 신라면이 쇠고기맛 베이스를 사용하기 때문에 다시다를 넣어야 맛이 좀 더 비슷해요.
★ 간은 적당히 간간해야 시판 라면과 비슷한 맛이 나요.
★ 전분물을 넣어 국물이 살짝 걸쭉해져야 시판 라면과 좀 더 비슷해요.

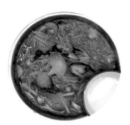

소금, 후추로 간을 한 뒤 전분물을 넣고 섞으면 완성입니다.

반려견을 처음 키우는 당신에게
첫 만남 준비하기

강아지를 좋아하는 사람이라면 누구나 어렸을 때 한 번쯤은 키워보고 싶다는 생각에 부모님을 졸랐던 경험이 있을 것입니다. 기억을 돌이켜보면 부모님의 반대에 부딪혀 예쁘고 귀여운 강아지를 키우지 못하게 됐다며 속상함을 토로하는 친구들을 주변에서 흔하게 볼 수 있었습니다. 당시 어렸던 친구들은 부모님을 이해하지 못했지만 부모님의 반대에는 다 그만한 이유가 있었습니다. 여러 이유를 들며 반대했지만 사실 부모님의 입장에서 강아지를 키우는 일은 아이를 키우는 것만큼 쉽지 않은 일이기 때문입니다. 하지만 그럼에도 불구하고 많은 사람들이 강아지를 키우는 이유는 그들이 우리에게 주는 사랑과 위안이 그 모든 어려움을 감싸고도 남기 때문입니다. 때로는 자고 있는 숨소리를 가만히 듣고만 있어도 위안이 될 때가 있습니다.

새 식구 맞이하기

강아지를 처음 식구로 맞이할 때 가장 중요하게 고려해야 할 것 중 하나가 바로 '건강상태'입니다. 장애견이나 아픈 강아지는 선택할 가치가 없다는 말이 아닙니다. 아픈 강아지는 식구로 맞이하기 위해서는 그만큼 더 많은 각오가 필요한데, 준비가 되지 않은 상태에서 아픈 강아지를 데리고 올 경우 여러 어려움에 부딪힐 수 있습니다. 그래서 식구로 데려오고자 하는 강아지의 건강상태를 확인하는 절차는 꼭 필요합니다. 만약 부담이 되거나 준비가 되어 있지 않다면 강아지를 식구로 맞이할 때 체크해야 하는 기본적인 항목을 꼭 확인하시길 바랍니다.

❶ 특히 3개월 미만의 어린 강아지의 경우 눈곱, 결막 충혈이 있다면 홍역과 같은 바이러스에 감염됐을 가능성이 있습니다.

❷ 코가 말라 있는 경우 열이 나거나 컨디션이 좋지 않다는 의미입니다. 또 누런 콧물은 홍역이나 감기와 같은 전염병일 가능성이 있습니다.

❸ 변 상태가 좋지 않거나 항문 주위가 지저분한 경우 어린 강아지는 장염의 위험이 있을 수 있으니 고려해야 합니다.

❹ 귀에서 누런색 또는 갈색 분비물이 나오거나 냄새가 심한 경우 귀 진드기, 세균, 곰팡이 등에 감염됐을 가능성이 있습니다.

❺ 심하게 마른 아이들은 잘 먹지 못해서일 수도 있지만 만성질환이나 종양 등으로 인해 말랐을 수도 있으니 고려해야 합니다.

❻ 똑바로 걷지 못하고 비틀대거나 다리가 벌어지면서 미끄러질 경우에는 뇌, 척수와 같은 신경계 문제가 있을 가능성이 있습니다.

❼ 가슴을 만졌을 때 손끝에서 기계가 돌아가는 소리 같은 떨림이 느껴진다면 심장혈관 기형일 수 있습니다.

위의 체크사항 중 해당되는 부분이 있다면 현재 건강하지 못하다는 신호입니다. 특히 3개월 미만의

어린 강아지가 바이러스에 감염됐거나 선천적인 질환이 있을 경우 치명적일 수 있으므로 신중하고 정확한 판단이 필요합니다.

새 식구 입양하기

"Don't buy, Adopt!"라는 문구를 들어본 적이 있을 것입니다. 우리나라에서만 한 해 버려지는 동물이 10만마리나 됩니다. 이 중 대부분은 보호자를 찾지 못하고 안락사되거나 보호소의 열악한 시설에서 질병으로 삶을 마감합니다. '반려동물을 키워야지!'라고 생각하면 당연히 어리고 예쁜 새끼 강아지를 분양받아 키우고 싶은 마음이 앞설 것입니다. 하지만 상처받은 생명을 내 손으로 보듬고 품어주면서 느끼는 사랑과 유대감은 그에 못지않습니다. 주저하지 말고 입양하세요. 작고 예쁜 강아지가 주는 행복, 그 이상의 감동을 느끼실 수 있을 것입니다.

분양과 마찬가지로 입양을 고려할 때도 건강상태를 체크하는 것은 필수적인 과정입니다. 특히 유기견의 경우 장애가 있는 경우가 많습니다. 물론 장애가 있는 강아지도 충분히 사랑받으면서 정상 강아지 이상으로 예뻐지고 활발해질 수 있습니다. 하지만 조금이라도 부담을 느낀다면 입양을 조금 더 고민하고 결정할 것을 권장합니다. 또한 간혹 분양비가 부담되어 입양을 결정하는 경우도 있습니다. 단언컨대 이런 이유로 입양을 결정해서는 절대 안 됩니다. 반려동물을 키우다 보면 분양비 이상으로 비용이 많이 들어가게 됩니다. 초기비용을 아끼기 위해 유기견을 입양한다면 추후 들어가는 양육비용도 당연히 부담스러울 수밖에 없습니다. 어떤 경우라도 비용을 이유로 입양을 결정해서는 안 됩니다.

무엇보다 반려동물을 키우는 모든 사람들의 마음에 꼭 새겨 넣어야 할 숙제가 있습니다. 바로 평생을 함께하겠다는 마음가짐입니다. 분양받은 아이든, 입양한 아이든 나의 반려동물은 평생 내 가족으로서 함께해야 한다는 사랑과 책임감을 잊지 말아야 합니다. 특히 유기견을 입양하고 난 후 쉽게 파양하거나 또 다른 사람이 입양하겠지 하는 마음으로 돌려보내는 것은 강아지에게 두 번 상처주는 일이 됩니다. 부모님, 형제, 자식을 버릴 수 없는 것처럼 또 다른 가족인 반려동물에 대한 마음도 잊지 말기바랍니다.

강아지도 꼭 필요한 예방접종

사람과 마찬가지로 반려동물의 예방접종은 꼭 해야하는 일입니다. 예방접종과 관련된 질환들은 대부분 접종하면 걸리지 않지만 걸리게 되면 치명적인 질환들입니다. 예방접종은 전염병을 일으키는 질환을 예방하기 위한 것입니다. 전염병을 일으키는 원인은 주로 세균, 진균(곰팡이), 바이러스 등이 있는데, 세균이나 진균은 항생제나 진균제를 사용해서 없앨 수 있지만 바이러스는 몸에 항체가 있어야 없앨 수 있습니다. 따라서 바이러스에 감염되기 전에 예방접종을 통해 최대한 항체를 많이 만들어놓는 것이 중요합니다.

특히 홍역이나 파보 장염처럼 감염되면 생명이 위험해질 수 있는 질환들은 감염되기 전에 항체가(특정 항원에 대한 항체의 정도)를 올려놓는 것이 중요합니다. 항체가가 높으면 바이러스에 감염되어도 이미 생성된 항체가 바이러스를 없앨 수 있어 병이 가볍게 지나가거나 무증상인 경우가 많습니다. 또 다른 개와 접촉할 때나 산책할 때도 안심할 수 있습니다. 감염된 개와 접촉해도 항체가가 높으면 전염될 가능성이 낮기 때문입니다. 다음은 필요한 예방접종을 정리한 내용입니다.

❶ 종합 예방접종(DHPPL)

가장 기본이 되는 필수접종으로 홍역, 간염, 파보 장염, 파라인 플루엔자, 렙토스피라의 항체를 만들기 위한 접종입니다. 반드시 권장 기간과 횟수를 지켜서 접종해야 합니다.

❷ 코로나 장염(Corona Virus)

코로나 바이러스 장염은 치사율이 높지는 않지만 설사와 구토를 발생시켜 탈수를 유발하고, 파보 바이러스나 세균성 장염 등의 2차 감염을 유발할 수 있습니다.

❸ 전염성 기관지염(Kennel Cough)

기관지염으로 생명에 지장을 줄 만큼 위험하지는 않지만 기침, 가래와 같은 호흡기 증상을 유발하고, 지속되면 체력감소로 인한 2차 감염이 발생할 수 있습니다.

❹ 광견병(Rabies)

동물뿐만 아니라 사람에게도 옮길 수 있는 인수공통질환으로 치사율이 매우 높습니다. 언제든 감염의 가능성이 있고 예방접종으로 충분히 막을 수 있는 질환이기 때문에 필수적으로 접종해야 합니다. 다른 개를 물거나 사람을 물었을 때도 접종 여부가 중요한 변수가 됩니다.

❺ 신종플루

최근 새로 발견된 인플루엔자 바이러스로 기침, 콧물, 열과 같은 일반적인 호흡기 증상이 나타납니다. 치사율이 높지는 않지만 전염력이 높기 때문에 항체가 없는 개들은 쉽게 감염될 수 있습니다. 예방접종은 아니지만 쉽게 변이될 수 있어 필수 노령견이나 어린 강아지에게 접종을 추천합니다.

일반적으로 생후 6~8주경부터 접종을 시작합니다. 이 시기에는 모견으로부터 받은 면역력이 떨어지기 시작하기 때문에 접종을 통해 항체를 늘려줘야 합니다. 종합접종은 2주 간격으로 5차까지, 코로나 장염과 전염성 기관지염은 2주 간격으로 2차까지, 광견병은 1회 접종하는 것이 기초접종 스케줄입니다. 종합접종 5차가 끝난 2주 후에는 항체가 검사를 통해 항체가 충분히 형성되어 있는지 확인하는 것이 좋습니다.

항체가 검사는 접종 후 항체가 충분히 형성되었는지 검사하는 것입니다. 가장 치명적일 수 있는 홍역, 파보 장염, 간염의 항체가 키트를 이용해 간단하게 검사할 수 있습니다. 검사상 항체가 충분히 형성되지 않았을 때는 접종을 1~2회 추가로 실시해야 합니다. 대부분은 기초접종 스케줄을 잘 따르면 충분한 항체가 형성되지만, 강아지에 따라 항체가 잘 형성되지 않는 경우도 있기 때문에 꼭 확인해보는 것이 좋습니다. 기초접종을 끝냈다고 모든 강아지가 안전한 것은 아니니 무조건 안심하지 마시고 항체가 검사로 확인해보시길 바랍니다.

또한 간혹 예방접종 후 알레르기 같은 부작용이 나타날 수도 있습니다. 만약 접종 부작용 증상이 관찰될 경우 바로 수의사에게 연락하거나 동물병원에 데려가는 것이 좋습니다. 🔲

동물병원 119 -강아지편-

부부 수의사로 유명한 저자진이 건강한 반려동물 생활을 위해 꼭 알아야 하는 모든 것을 담았다. 강아지를 사랑하고 아끼는 애견인들을 위한 필독서!

저자 이준섭
건국대학교 수의과대학 겸임교수
저자 한현정
건국대학교 동물병원 응급의학과 임상전담교수

영화와
책으로 보는
따끈따끈한
문화가 소식

비상선언 [영화]

송강호, 이병헌, 전도연 등 우리나라를 대표하는 배우들이 모여 화제가 된 영화 '비상선언'이 개봉한다. 한재림 감독이 연출한 국내 최초의 항공 재난 영화로, 테러 위기에 놓여 비상착륙을 선언한 항공기를 중심으로 급박하게 진행되는 사건을 담았다.

장르 드라마
감독 한재림
주요 출연진 송강호, 이병헌, 전도연 등
개봉일 2022년 1월

빛 : 영국 테이트미술관 특별전 [전시회]

서울시립 북서울미술관에서 해외소장품 걸작전인 '빛 : 영국 테이트미술관 특별전'을 개최한다. 이번 전시는 2019년 '데이비드 호크전'에 이어 두 번째로 열리는 해외소장품 걸작전으로 한국과 영국의 두 미술관이 공동으로 개최하는 흔치 않은 전시회다. 미술에서 생명과도 다름없는 '빛'을 주제로 한 이 전시에는 영국 테이트미술관이 선정한 43인의 유명 예술가들의 작품이 걸린다. 윌리엄 블레이크부터 클로드 모네, 바실리 칸단스키까지 미술계에 한 획을 그은 유수의 예술가들이 해석한 빛에 대한 이야기를 들을 수 있다. 이번 전시에서 더욱 특별한 점은 지난 2006년 작고한 비디오 아티스트 백남준의 작품을 만날 수 있다는 것이다. 백남준의 작품은 '촛불'이라는 소재로 관람객들에게 깊은 감명을 안겨줄 예정이다.

장소 서울시립 북서울미술관
날짜 2021.12.21 ～ 2022.05.08

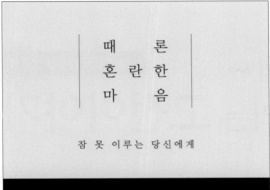

때론 혼란한 마음 [도서]

지금 이 세상에서 마음 편안히 살고 있는 사람이 몇이나 될까. 세상은 너무나 빠르게 변해가고 사람과 사람 간의 관계도 그만큼 베이고 아물기를 반복한다. 혼란한 마음에 눈을 감아도 편히 잠들기 힘든, 그런 시대를 우리는 살아가고 있다. '때론 혼란한 마음 : 잠 못 이루는 당신에게'는 그런 현대인들의 마음의 파동을 가라앉히게 하고, 또한 식어버린 삶의 동력을 덥힐 수 있도록 하는 책이다. 심리학자인 작가는 셰익스피어와 파스칼, 데이비드 흄 같은 저명한 문학가와 사상가가 쓴 구절을 빌려 자신의 생각을 잇는다. 그리하여 그들은 어떤 불안과 고통을 겪었고, 그들 마음에 자리 잡은 명암은 무엇이었는지, 아울러 그들이 통찰해낸 해법은 무엇인지 이야기한다. 또한 심리학자로서의 조언과 더불어 이 시대를 함께 살아가는 동반자로서의 위로를 덧붙이고 있다. 작가는 마치는 말에서 몸과 마음이 결국 따로 있는 것이 아님을, 마음을 가라앉히기 위해서는 몸을 먼저 편안히 다스려야 한다고 말한다.

저자 변지영
출판사 트로이목마

장면들 [도서]

국민이 가장 신뢰하는 언론인으로 손꼽히는 손석희 앵커가 오랜 시간 수많은 사건들을 보도하면서 느꼈던 소회와 잊지 못할 경험들을 전한다. 특히 JTBC의 보도부문 사장으로 재직하면서 맞닥뜨린 세월호 참사와 국정농단 사태에 대한 특별한 에피소드를 함께 담았다. 아울러 이 책에는 그가 강조한 '어젠다 키핑'에 대한 논조가 특유의 이지적인 말투로 선명하게 드러난다. 어젠다 키핑은 끊임없이 탐사하고 의문을 제기함으로써 대중적 의제가 되도록 하는 미디어의 역할을 말한다.

저자 손석희
출판사 창비

아직 오지 않은 날들을 위하여 [도서]

세계는 늙어가고 있다. 아이를 낳는 사람들은 나날이 줄어들고 죽음은 계속 뒤로 밀려나고 있다. 이런 세계적 고령화 시대에 나이듦은 이제 새로운 의미를 가져야 한다. 또한 하루하루 나이 먹는 우리도 늙음에 대한 다른 태도를 가져야 한다. 프랑스의 유명 작가인 파스칼 브뤼크네르는 이런 시대에 우리가 어떻게 나이 들어가야 하는지, 또 무엇을 해야 하는지 열 가지의 주제를 통해 역설하고 있다. 그는 나이든 삶도 젊음만큼 찬란하며 계속 새로운 것에 도전하고 욕망해야 한다고 말한다. 그럼으로써 우리가 계속해서 살아가야 할 의미와 이유를 찾아야 한다고 전한다.

저자 파스칼 브뤼크네르
출판사 인플루엔셜

박재희 교수의 마음을 다스리는 고전이야기

내 인생을 바꾸는 모멘텀

『 무에서 유를 창조하라

무중생유(無中生有) – 〈삼십육계(三十六計)〉

天下萬物生於有 有生於無
천하만물생어유 유생어무

천하의 모든 만물은 유(有)에서 생겨난다.
그러나 그 유는 무(無)에서 생겨난다.

제갈공명은 적벽대전에서 2만 5,000명의 병력으로 조조의 80만대군을 격파했습니다. 무기도 병력도 군량미도 없었지만, 빈 배를 적진에 보내 적의 화살 10만개를 획득해오는 등의 뛰어난 전략과 전술로 거머쥔 승리였습니다. 빈 배로 획득한 화살처럼 무(無)에서 유(有)를 창조하는 전략을 무중생유(無中生有)의 전략이라고 합니다. 없다고 주저앉지 말고 방법을 찾으면 길이 보인다는 것으로서 〈손자병법(孫子兵法)〉에 나오는 말입니다.

무중생유의 철학적 토대는 노자의 〈도덕경(道德經)〉입니다. '천하의 모든 존재는 유(有)에서 나오지만, 그 유(有)는 결국 무(無)에서 나오는 것이다', 즉 세상에 존재하는 모든 것은 결국 '없음'에서 시작되었다고 노자는 충고합니다. 밤이 지나면 아침이 오고, 겨울이 가면 반드시 봄이 오는 자연의 변화 또한 유(有)와 무(無)의 상생을 본뜬 것입니다.

살다 보면 얼마든지 위기에 빠질 수 있습니다. 중요한 것은 어떻게 위기에서 탈출하느냐입니다. 모든 것을 잃었다고 생각될 때가 어쩌면 가장 큰 행운 앞에 서 있는 것일 수도 있습니다. 무릇 진화는 오랜 시간 서서히 이루어진 것이 아니라 아무 대안이 없을 때 급박하게 이루어진다고 했습니다. 그러니 포기 말고 희망을 품으세요. 당신은 이제 큰 도약 앞에 서 있으니까요.

무(無)에서 유(有)를 만들어내려면
긍정이 힘이 필요합니다.

無	中	生	有
없을 무	가운데 중	날 생	있을 유

불균수지약(不龜手之藥)

중국 전국시대의 정치가 혜자(惠子)가 양(梁)나라 재상으로 있을 때였습니다. 하루는 벗이자 철학적 동반자였던 장자(莊子)에게 말했습니다.

"위(魏)나라 왕께서 내게 큰 박씨를 주셔서 심었더니 다섯 섬이나 들어갈 정도의 큰 박이 열렸습니다. 그래서 꼭지를 따고 물을 부었지요. 하지만 튼튼치 않아서인지 들면 모두 부서지더군요. 하는 수 없이 갈라서 표주박으로라도 쓰려 했지요. 하지만 이 역시 실패하고 말았습니다. 납작하고 얕아서인지 많은 물을 담을 수가 없지 뭡니까. 크기만 컸지 도무지 쓸모가 없더군요. 그래서 그것을 깨뜨려 버리고 말았습니다."

혜자의 이야기를 끝까지 듣고 있던 장자가 입을 열었습니다.

"큰 것을 다루는 데 서투르셨던 모양입니다."

"서투르다니 그게 무슨 말씀입니까?"

"옛날이야기를 하나 해볼까 합니다. 송나라 때 일입니다. 그 나라에는 대대로 솜을 물에 세탁하는 일을 가업으로 삼은 사내가 있었습니다. 그런데 겨울에도 일하다 보니 항상 손이 텄지요. 그래서 손을 안 트게 하는 약[不龜手之藥]을 만들어 사용했습니다.

하루는 한 나그네가 사내의 약이 성능이 좋다는 이야기를 듣고는 바로 사내를 찾아갔습니다.

'당신 약이 효과가 좋다 하니 그 약을 만드는 비법을 사고 싶소. 값으로 백금을 내겠소.'

사내는 고민을 하다 가족을 불러모았습니다.

'나는 대대로 솜을 세탁해왔지만, 그것으로 버는 돈은 기껏해야 몇 금이었다. 그런데 약 만드는 비법을 백금에 사겠다는 사람이 있구나. 내 생각에는 팔았으면 좋겠구나.'

가족들도 사내의 말에 동의했습니다. 그렇게 해서 약을 만드는 비법을 손에 넣게 된 나그네는 그길로 당시 월(越)나라와 치열한 싸움을 하던 오(吳)나라 왕을 찾아갔습니다.

'제게 월나라를 이길 수 있는 비법이 있습니다. 그러니 저를 장군으로 임명해주십시오.'

'그 비법이 무엇이냐?'

왕이 묻자 나그네가 대답했습니다.

'오나라는 월나라와 수전(水戰)을 하고 있는데, 겨울 탓에 손이 터서 제대로 싸울 수가 없었습니다. 하오나 제게는 손이 트지 않게 하는 비법이 있습니다. 이를 이용하면 전투에서 승리할 것입니다.'

그 말을 들은 오나라 왕은 즉시 나그네를 장군으로 임명했고, 나그네는 월나라를 상대해 큰 승리를 거뒀습니다. 이에 왕은 나그네에게 큰 땅을 주고 제후로 삼았습니다.

손을 트지 않게 한 것은 비법을 산 나그네나 비법을 판 사내나 똑같습니다. 그러나 미래를 본 사람은 그것으로 큰 땅의 제후가 되었지만, 코앞의 이익만 본 사람은 겨우 세탁일만 면했습니다. 이는 쓰는 방법이 서로 달랐기 때문입니다. 다섯 섬이나 들어갈 정도로 큰 박이 있는데 어찌하여 선생께서는 술을 채우고 배로 삼아 유유히 흐르는 강이나 호수에 띄워볼 생각은 하지 못하고, 얕고 납작하여 쓸모없다는 등의 불평만 하시는지요? 선생의 생각이 어지간히 융통성이 없다 하지 않을 수 없군요."

같은 물건이라도 누구에 의해, 그리고 어떻게 사용되는가에 따라 그 가치가 달라집니다. 또 기존의 가치에 연연해서는 발전할 수 없습니다. 새로운 시각으로 새로운 가치를 만들어내야만 하는 것입니다. 새로운 안목과 가치로 세상을 보는, 우물 속에서 과감하게 뛰쳐나와 새로움을 창조해나가는 한 해가 되기를 바랍니다. 🔲

不	龜	手	之	藥
아니 불	틀 균	손 수	갈 지	약 약

완전 재미있는
틀린 그림 찾기

❓ 참여방법 위 두 개의 사진을 비교해서 다른 부분을 찾아보세요. 다른 부분(모두 5곳)을 찾아 표시한 사진과 함께 〈이슈&시사상식〉 1월호에 대한 감상평을 이메일(issue@sidaegosi.com)로 보내주세요. 선물이 팡팡 쏟아집니다!

❖ 아래 당첨선물 중 받고 싶으신 도서와 주소, 전화번호를 함께 남겨주세요.

❗ 〈이슈&시사상식〉 12월호 정답

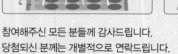

참여해주신 모든 분들께 감사드립니다.
당첨되신 분께는 개별적으로 연락드립니다.

당첨선물 ┄┄┄┄┄┄┄┄┄┄┄┄┄┄┄┄┄

정답을 맞힌 독자분들 중 가장 인상적인 감상평을 남기신 분께는 〈패스트푸드 인문학〉, 〈원어민 게이지 100% 살리는 스펜서쌤의 미국영어〉, 〈색연필로 칠하는 오늘의 풍경〉, 〈동물병원 119〉 등 푸짐한 선물을 드립니다!

❖ 참여하실 때는 반드시 희망 도서를 하나 골라 기입해주세요.

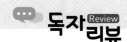

재미와 유익한 정보를 한 번에

 박*란(서울시 마포구)

오랜만에 〈이슈&시사상식〉을 읽게 됐는데 내용이나 구성에 많은 변화를 준 부분이 눈에 띄었다. 일단 시각적으로 눈에 잘 띄는 방향으로 편집되어 있었고, 평생 직장이라는 개념이 사라진 요즘 직장인들도 관심있을 만한 코너가 많이 생겨 최근 취업 시장의 트렌드나 자격증 인기도에 관한 정보를 얻을 수 있어서 좋았다. HOT이슈 31과 시사상식 기출문제 · 예상문제 등 핵심코너의 무료동영상을 함께 제공하고 있다는 점도 마음에 들었다. 특히 찬반토론은 찬성과 반대의 입장이 치우치지 않게 잘 정리되어 있어 재미와 유익한 정보를 함께 얻을 수 있는 코너라는 생각이 든다.

객관적인 시각으로 이슈를 분석

🔋 곽*훈(화성시 반송동)

취업준비생들의 필독서라고 불리는 〈이슈&시사상식〉은 매달 발행되는 월간지다. 필수 시사상식과 취업 실전문제, 상식 더하기 코너를 통해 다양한 분야의 유익한 정보를 얻을 수 있다. 또한 이 책의 핵심이라고도 할 수 있는 HOT이슈 31에서는 매달 가장 중요한 이슈에 대해 원인과 결과, 배경, 전망 등을 일목요연하게 정리해서 독자에게 전달하고 있다. 특히 장르에 국한되지 않는 다양한 영역의 기사를 다뤄주고 사회적 · 정치적으로 예민할 수 있는 주제에 대해서도 객관적인 시각으로 분석해주어 시사정보가 필요한 취업준비생들에게 도움이 될 것 같다는 느낌이 들었다.

취업준비생에게 맞춤형 정보를

 김*정(서울시 은평구)

〈이슈&시사상식〉은 빠르게 변하는 세상 속에서 넘쳐나는 이슈들 가운데 꼭 알아야 하는 유익한 정보들을 전문적으로 다뤄주는 도서다. 매달 중요 기사들이 정리된 HOT이슈 31과 취업준비 시 도움될 수 있는 여러 기출문제들이 수록되어 있다. 또 유튜브에 무료동영상 강의도 함께 업로드되고 있어서 활용도가 더 좋았다. 다양한 분야의 읽을거리가 수록된 상식 더하기 코너뿐만 아니라 채용시장 트렌드나 취업준비 시 필요한 시험 및 자격증 일정 등도 확인할 수 있다. 특히 바쁜 취업준비생들이 자신에게 필요한 정보를 얻을 때 도움이 많이 될 것 같다는 생각이 들었다.

실제 시험에도 출제되는 유용한 정보

⛳ 배*호(구미시 임은동)

〈이슈&시사상식〉을 읽으면서 지난 한 달간 어떤 이슈들이 있었는지 정리해볼 수 있었다. HOT이슈 31에는 매달 가장 이슈가 됐던 주제에 관한 기사가 수록되어 있는데 최근에 실시했던 시험에 실제로 출제된 내용들도 눈에 띄었다. 또 찬반토론을 읽으면서 논란이 되는 현안에 대해 개인의 생각을 정리하거나 시사용어브리핑을 통해 화제가 된 주요 시사용어들을 알 수 있다. 취업 실전문제를 풀어보면서 최신 출제경향을 파악할 수도 있고 이밖의 코너에도 다양한 분야의 내용이 담겨 있어 취업준비생뿐만 아니라 많은 사람들에게 유익한 도서라는 생각이 든다.

독자 여러분 함께해요!

저희 〈이슈&시사상식〉은 독자 여러분의 리뷰를 기다리고 있습니다. 분야 · 주제 모두 묻지도 따지지도 않습니다. 보내주신 리뷰 중 채택된 리뷰는 〈이슈&시사상식〉 2월호에 수록됩니다.

[참여방법] 이메일 issue@sidaegosi.com
[당첨선물] 리뷰를 보내주시는 독자분들 중 가장 인상적인 리뷰를 남기신 분께는 〈패스트푸드 인문학〉, 〈원어민 게이지 100% 살리는 스펜서쌤의 미국 영어〉, 〈색연필로 칠하는 오늘의 풍경〉, 〈동물병원 119〉 중 하나를 선물로 드립니다.

❖ 참여하실 때는 반드시 희망 도서를 하나 골라 기입해주세요.

나눔시대

함께 배우고 성장하는 배움터! (주)시대고시기획 시대교육(주) 입니다.
앞으로도 희망을 나누는 기업으로서 더 큰 나눔을 실천하겠습니다.
나눔은 행복입니다.

재외동포재단, 경인교육대학교
한국어능력시험 관련 교재 기증

장병 1인 1자격,
학점 취득 지원

전국 야학 지원
청소년, 어린이 장학금 지원

" 숨은 독자를 찾아라! "
〈이슈&시사상식〉을 함께 나누세요.

대학 후배들이 하루의 대부분을 보내고 있을
동아리 사무실에 〈이슈&시사상식〉을 선물하고
싶다는 선배의 사연

마을 도서관에 시사월간지가 비치된다면 그동
안 아이들과 주부들이 주로 찾던 도서관을 온
가족이 함께 이용하게 될 것으로 기대한다는
희망까지…

〈이슈&시사상식〉, 전국 도서관
및 희망자 나눔 기증

양서가 주는 감동은 나눌수록 더욱 커집니다. 저희 〈이슈&시사상식〉도 힘을 보태겠습니다.
기증 신청 및 추천 사연을 보내주세요. 사연 심사 후 희망 기증처로 선정된 곳에 1년간 〈이슈&시사상식〉을 무료로 보내드립니다.

* 보내주실 곳 : 이메일(issue@sidaegosi.com)
* 희망 기증처 최종 선정은 2022 나눔시대 선정위원이 맡게 됩니다. 선정 여부는 개별적으로 알려드립니다.

맞춤형
핏 모의고사

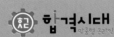

각종 자격증, 공무원, 취업, 학습, IT, 상식부터 외국어까지!

이 시대의 모든 "**합격**"을 책임지는

시대고시기획!

"100만명 이상 수험생의 선택!"

독자의 선택으로 검증된 시대고시기획의 명품 도서를 소개합니다.

"**취득**" 보장! 각종 '자격증' 취득 대비 도서

각 분야의 전문가들과 집필! 각종 기능사/기사/산업기사 및 국가자격/기술자격, 경제/금융/회계 분야 자격증 등 각종 자격증 '취득'을 보장하는 도서!

직업상담사 2급

사회조사분석사 2급

스포츠지도사 2급

사회복지사 1급

영양사

소방안전관리자 1급

화학분석기능사

전기기능사

드론 무인비행장치

운전면허

유통관리사

텔레마케팅관리사

"**합격**" 보장! 각종 '시험' 합격 대비 도서

각 분야의 1등 강사진과 집필! 공무원 시험부터 NCS 및 각종 기업체 취업 시험, 중졸/고졸 검정고시와 같은 학습 관련 시험 및 매경테스트, 그리고 IT 관련 시험 및 TOPIK, G-TELP, ITT 등의 어학 시험 등 각종 시험에서의 '합격'을 보장하는 도서!

9급 공무원

경찰공무원

군무원

PSAT

지텔프(G-TELP)

NCS 기출문제

SOC 공기업

공기업 · 대기업 고졸채용

ROTC 학사장교

육군 부사관

한국사능력검정시험

영재성 검사

일본어 한자

토픽(TOPIK)

영어회화

엑셀